高等职业教育精品教材·旅游酒店类

旅游文化

(第2版)

主　编　陈艳珍　赵德辉　于庆霞
副主编　李婉娜　章　杨　李晶晶
　　　　佟安娜

北京理工大学出版社
BEIJING INSTITUTE OF TECHNOLOGY PRESS

版权专有　侵权必究

图书在版编目（CIP）数据

旅游文化／陈艳珍，赵德辉，于庆霞主编．—2 版．—北京：北京理工大学出版社，2021.2（2021.3 重印）

ISBN 978 - 7 - 5682 - 7850 - 8

Ⅰ．①旅…　Ⅱ．①陈…②赵…③于…　Ⅲ．①旅游文化 - 中国 - 高等职业教育 - 教材　Ⅳ．①F592

中国版本图书馆 CIP 数据核字（2019）第 250548 号

出版发行　／　北京理工大学出版社有限责任公司
社　　址　／　北京市海淀区中关村南大街 5 号
邮　　编　／　100081
电　　话　／　（010）68914775（总编室）
　　　　　　　（010）82562903（教材售后服务热线）
　　　　　　　（010）68948351（其他图书服务热线）
网　　址　／　http：／／www.bitpress.com.cn
经　　销　／　全国各地新华书店
印　　刷　／　三河市天利华印刷装订有限公司
开　　本　／　787 毫米 × 1092 毫米　1/16
印　　张　／　11.5　　　　　　　　　　　　　　　　　责任编辑／赵　磊
字　　数　／　272 千字　　　　　　　　　　　　　　　　文案编辑／赵　磊
版　　次　／　2021 年 2 月第 2 版　2021 年 3 月第 2 次印刷　责任校对／周瑞红
定　　价　／　38.00 元　　　　　　　　　　　　　　　　责任印制／施胜娟

图书出现印装质量问题，请拨打售后服务热线，本社负责调换

再版前言

本书依据旅游管理及相关专业的教学指导方案及培养目标进行修订,以"理实一体化"和"仿真教学"为指导,围绕旅游职业岗位知识、能力、素质需求,以人文素养和职业能力培养为核心,以旅游客体文化为基础,构建了旅游和旅游文化、旅游历史文化、旅游建筑文化、旅游园林文化、自然景观文化、旅游民俗文化、旅游饮食文化、旅游文学艺术等八个学习项目,使学生具备较广博的历史、建筑、园林、自然景观、民族民俗、饮食、文学艺术等旅游文化知识,培养学生良好的职业道德,提高学生的文化内涵和人文素养,为学生的职业发展奠定坚实的文化基础。

本书再版修订以职业能力培养为主线,注重教学与实践一体化和仿真教学,教材以项目为导向,设计了旅游情景、学生分析决策、知识研修、学生讲坛、知识拓展、项目总结、同步测试、延伸阅读等模块,同时把延伸阅读部分做成二维码形式,体例新颖,结构上体现职业-技能导向,方法上突出以学生中心,做到教、学、做合一,化文化为素养,化知识为行动,实现知识传授、素质养成、能力培养一体化。

本书在修订过程中注意查漏补缺,删繁就简。教材在使用过程中,发现有一些遗漏和缺失待补。如古代建筑文化部分在宫殿建筑中只介绍北京故宫,本次修订根据需要进行了必要的补充,增加了沈阳故宫和布达拉宫的内容;同样在民俗文化部分也增加了汉族及其传统节日的内容。同时与时俱进,在拓展阅读环节更换了最新的素材供读者参考。

本书在修订过程中注重校企研发,课证融合,吸收部分企业专家参与,共同研发,增加企业行业前沿知识,实现教材随信息技术发展及时动态更新,使得教材应用性、实践性更强。同时注重对接职业资格技能,依据全国导游资格考试大纲,对部分内容进行更新补充,使教材内容更贴合实际,能够满足高职院校"1+X证书"人才培养模式以及多种类型学习者终身学习的需要。

本书由陈艳珍、赵德辉、于庆霞任主编,李婉娜、章杨、佟安娜、李晶晶任副主编,具体分工如下:项目一、项目六、项目八由陈艳珍、佟安娜(辽宁现代服务职业技术学院)编写,项目三、项目四由赵德辉、李婉娜(辽宁现代服务职业技术学院)编写,项目二、项目五由于庆霞、李晶晶(大连枫叶职业技术学院、辽宁海外国际旅行社有限公司)编写,项目七由章杨（辽宁经济干部管理学院）编写。全书由陈艳珍统稿，并进行了修改、补充和审阅。

重读和修订本书对作者而言，是一个再学习的过程，也是发现问题和改正错误的机会。我们真诚地希望读者在学习过程中能获得知识、经验和快乐，也欢迎读者提出宝贵的意见和建议。

编　者

目 录

项目一 旅游和旅游文化 ·· 1
  专题一 认识旅游 ·· 2
    一、旅游活动的产生与发展 ·· 2
    二、旅游的概念与特征 ·· 3
    三、旅游与文化的关系 ·· 3
  专题二 认识旅游文化 ·· 4
    一、旅游文化的产生与发展 ·· 4
    二、旅游文化的概念与特征 ·· 6
    三、旅游文化的内容和构成 ·· 7
    四、旅游文化与旅游业 ·· 8

项目二 旅游历史文化 ·· 13
  专题一 中国历史文化概述 ·· 14
    一、中国历史发展的基本脉络 ··· 14
    二、中国历史文化的基本精神 ··· 19
  专题二 历代官制科举 ·· 20
    一、历代中央、地方官制 ·· 20
    二、古代科举制度 ·· 24
  专题三 中国古代称谓 ·· 26
    一、古代姓氏渊源 ·· 26
    二、古代人的名、字、号 ·· 28
    三、帝王官僚及皇亲的特殊称谓 ·· 29
  专题四 中国古代思想文化及科技文化 ································ 31
    一、古代思想文化 ·· 31
    二、科学技术文化 ·· 36
  专题五 旅游历史文化传媒 ·· 40
    一、中国民族语言 ·· 40
    二、中国民族文字 ·· 41

三、中国文房四宝 ·· 43
　　四、中国古籍文献 ·· 43

项目三　旅游建筑文化 ·· 47
专题一　中国古代建筑概述 ·· 48
　　一、中国古代建筑的发展历程 ·· 48
　　二、中国古代建筑的主要特点 ·· 49
　　三、中国古代建筑的结构 ·· 50
专题二　中国古代城市与长城 ·· 51
　　一、中国古代城市 ··· 51
　　二、长城 ·· 54
专题三　中国古代宫殿建筑文化 ··· 54
　　一、宫殿建筑文化 ··· 54
　　二、现存著名宫殿建筑 ··· 55
专题四　中国古代陵寝文化 ·· 56
　　一、封土的沿革 ··· 56
　　二、陵园的建筑布局 ·· 56
　　三、墓室结构 ·· 57
　　四、中国现存著名的古代陵墓 ·· 57
专题五　其他建筑文化 ·· 58
　　一、楼文化 ··· 58
　　二、书院文化 ·· 59
　　三、亭文化 ··· 61
　　四、水利工程 ·· 61

项目四　旅游园林文化 ·· 65
专题一　中国古典园林概述 ·· 66
　　一、先秦时期——古代园林的雏形 ··· 67
　　二、秦汉时期——古代园林生成时期 ·· 67
　　三、魏晋南北朝时期——自然山水园林形成时期 ························ 67
　　四、唐宋时期——自然山水园林繁荣发展时期 ··························· 68
　　五、明清时期——顶峰时期，从自然山水式向写意山水式转变 ······ 69
专题二　中国古典园林构园、构景艺术 ·· 69
　　一、构园理念与构景要素 ·· 69
　　二、构景方法 ·· 73
专题三　中国古典园林的类型及特征 ··· 75
　　一、古典园林的分类 ·· 75
　　二、古典园林的特征 ·· 77
专题四　中国古典园林赏析 ·· 79
　　一、私家园林 ·· 79
　　二、皇家园林 ·· 82

项目五　自然景观文化 ... 86
专题一　自然景观文化概述 ... 87
 一、自然景观与文化 ... 87
 二、自然景观的文化特性 ... 87
专题二　地质景观文化 ... 88
 一、中国著名的地质景观 ... 88
 二、中国著名的地貌景观 ... 90
专题三　水体景观文化 ... 92
 一、河流景观文化 ... 92
 二、湖泊景观文化 ... 94
 三、瀑布景观文化 ... 96
 四、泉水景观文化 ... 98
专题四　生物景观文化 ... 99
 一、森林景观文化 ... 99
 二、草原景观文化 ... 102
专题五　气象气候景观文化 ... 103
 一、云雾冰雪景观文化 ... 103
 二、光学景观文化 ... 105

项目六　旅游民俗文化 ... 107
专题一　旅游民俗文化概述 ... 108
 一、民俗的概念 ... 108
 二、民俗的特点 ... 109
 三、民俗的构成 ... 109
 四、民俗和旅游的关系 ... 110
专题二　汉族及其传统节日 ... 111
 一、汉族概述 ... 111
 二、汉族的主要节日习俗 ... 112
专题三　西南地区部分少数民族民俗文化 ... 113
 一、苗族 ... 113
 二、藏族 ... 114
 三、彝族 ... 115
 四、白族 ... 116
 五、纳西族 ... 117
 六、傣族 ... 117
专题四　西北地区部分少数民族民俗文化 ... 118
 一、回族 ... 118
 二、维吾尔族 ... 120
专题五　中南地区部分少数民族民俗文化 ... 120
 一、壮族 ... 120

二、土家族 ··· 121
　　三、黎族 ··· 122
　专题六　东北地区部分少数民族民俗文化 ································· 122
　　一、满族 ··· 122
　　二、朝鲜族 ··· 123
　　三、蒙古族 ··· 124

项目七　旅游饮食文化 ··· 127
　专题一　饮食文化概述 ··· 128
　　一、饮食文化的定义 ··· 128
　　二、中国饮食文化的基本内涵 ··· 128
　　三、中国饮食文化的发展过程 ··· 130
　　四、中国饮食文化的旅游吸引力 ······································ 131
　专题二　丰富多彩的食文化 ··· 131
　　一、食文化的成因 ·· 131
　　二、中国食文化的特色 ··· 132
　　三、著名菜系及其名品 ··· 133
　专题三　博大精深的酒文化 ··· 135
　　一、酒史 ··· 135
　　二、酒俗 ··· 136
　　三、酒文化旅游 ·· 137
　专题四　源远流长的茶文化 ··· 137
　　一、茶文化在我国的发展历程 ··· 138
　　二、茶文化的功能 ·· 139
　　三、茶文化旅游 ·· 139

项目八　旅游文学艺术 ··· 142
　专题一　中国旅游诗词 ··· 143
　　一、旅游诗词的发展轨迹 ··· 143
　　二、旅游诗词的艺术特征 ··· 148
　　三、名篇选读 ··· 149
　专题二　中国旅游文学 ··· 150
　　一、旅游诗词 ··· 150
　　二、赋与散文 ··· 151
　　三、旅游楹联 ··· 153
　专题三　中国主要传统艺术文化 ··· 156
　　一、书法艺术文化 ··· 156
　　二、绘画艺术文化 ··· 160
　　三、雕塑艺术文化 ··· 162
　　四、戏曲艺术文化 ··· 165

参考文献 ··· 171

项目一

旅游和旅游文化

学习目标

知识目标：
1. 了解旅游和旅游文化的产生与发展。
2. 理解旅游文化的内容和构成。
3. 掌握旅游文化的概念和特征。
4. 认识旅游文化在旅游业发展中的地位和作用。

技能目标：
1. 能运用旅游文化的基本理论，理解和阐释旅游文化的含义、内容和特征。
2. 能运用旅游文化知识解决实际问题，为游客提供优质服务。

素质目标：
1. 具有较丰富的旅游文化审美知识，运用旅游文化知识提升学生的文化品位和文化素养。
2. 增强学生的民族自豪感和爱国情怀。
3. 通过合作探究，培养学生的团队合作意识。

旅游情景

建筑为型，文化为魂

杭州宋城旅游景区位于西湖风景区西南，北依五云山、南濒钱塘江，是中国最大的宋文化主题公园。

宋代（公元960—1279年）是中国封建社会发展成熟的朝代，其经济、科技、文化的发展在当时居世界领先地位。宋城就是反映两宋文化内涵的杭州第一个主题公园，它主要分为：《清明上河图》再现区、九龙广场区、宋城广场区、仙山琼阁区、南宋风情苑区等部分。

宋城是两宋文化在西子湖畔的自然融合，它使杭州宋文化旅游得到了定位。宋城旅游景区的建设运用了现实主义、浪漫主义、功能主义相结合的造园手法,源于历史、高于历史,依据宋代杰出画家张择端的《清明上河图》画卷,严格按照宋代营造法式再现了宋代都市的繁华景象。在景观上创造了一个有层次、有韵味、有节奏、有历史深沉感的游历空间。在中国传统山水园林艺术手法基础上,吸取了西方开朗、飘逸、注重功能的艺术处理手法,使之既有《清明上河图》再现区的古朴、凝重、严谨,九龙广场、城楼广场、宋城广场轴线式大人流的集散功能,又有景观的包容性和冲击力。斗拱飞檐,车水马龙,渗透出一幅浓郁的古宋风情。规模宏大的滴州飞瀑,营造出一个凝幻似真的传奇氛围,给悠古的宋城注入了一股生命的动感,构成了一幅宋城之水天上来的奇景。

文化是宋城的灵魂,它在表现自然山水美、园林建筑美、民俗风情美、社会人文美、文化艺术美上做了自己的探索。它模糊了时空概念,缩短了时空距离。宋城是我们对中国古代文化的一种追忆与表述,它应该成为一座寓教于乐的历史之城。

(资料来源:中国新闻网)

学生分析与决策

1. 结合案例,谈谈杭州宋城景区的亮点是什么。
2. 依据现有的知识,谈谈你对旅游和旅游文化的认识和理解。

知识研修

专题一 认识旅游

一、旅游活动的产生与发展

旅游是人类社会经济发展到一定阶段的产物。现代旅游活动是从人类历史上的旅行发展而来的,人类有意识的外出旅行则可以追溯到原始社会末期,是由商品交换引起的。从奴隶社会开始迅速发展,到封建社会时,除经商旅行外,相继出现各种非经济目的旅行活动,如帝王将相的巡游、文人墨客的漫游、宗教信徒的朝圣以及学术考察旅游和航海旅游等。但参加人数较少,路途也比较近,其消遣旅行活动没有普遍的社会意义。

19世纪60年代的产业革命,使人类社会有了一个飞跃的发展,这为人们的外出旅行创造了诸多有利条件。尤其是蒸汽机发明后,出现了火车、轮船等先进的交通工具,从而促使更多的人外出旅游。1841年7月5日,英国人托马斯·库克利用包租火车的方式组织了一次从莱斯特前往洛赫伯勒的团体旅游,去参加一次禁酒大会。这次旅游活动被认为是近代旅游开端的标志。

第二次世界大战后,世界经济迅速发展,人们的收入普遍增加,休假时间也增多,交通工具也不断更新、完善。20世纪50年代中期,喷气式客机开始用于民航,为人们外出旅游尤其是远距离旅游提供了更多的方便,创造了更好的条件。旅游活动得到新发展,出现新局面,人们普遍认为喷气式客机用于民航标志现代旅游的真正开始。

二、旅游的概念与特征

(一) 旅游的概念

对于什么是旅游,从不同的角度和目的出发,一些国际组织和学者曾经给旅游下过多个定义。1991年6月25日,世界旅游组织(WTO)在加拿大召开"旅游统计国际大会",对旅游的概念进行了重新定义,并以《国际旅游统计大会建议书》向联合国推荐。1995年,该定义经联合国统计委员会组织专家评审和修订后在全世界推广使用,即"旅游是人们为了特定的目的而离开他们通常的环境,前往某些地方并做短暂停留(不超过一年)的活动,其主要目的不是要从访问地获得任何经济收益"。

(二) 旅游的特征

1. 暂时性特征

旅游是人们一种特殊的短期生活方式,它是发生在旅游者人生中某一时段上的行为。具体地说,旅游活动在时间上的特点是"暂时性",即要求旅游者在目的地做短暂的停留,世界旅游组织规定时间不超过一年。

2. 异地性特征

旅游活动的发生要以行为主体的空间移动为前提,区别于日常的生活空间,即离开自己的惯常环境。旅游目的地的异地性带给旅游者的是不一样的情怀和感受,具有很大的吸引力。

3. 休闲性特征

旅游是在相对自由或闲暇的时间内进行的自由、随意的综合性体验活动,它是观光、游览、消遣、交流、健身、审美、求知等众多休闲活动的重新组合,呈现显著的休闲性质。

4. 消费性特征

旅游是一种消费活动。首先,旅游者要有足够的可自由支配时间和一定数量的金钱才能实现一次完整的旅游活动。其次,旅游是一种通过旅游者亲身参与从而获得感受的一种社会活动,它要求旅游者亲身体验,跟随全程,必然也会导致对人体力的消耗。

5. 社会性特征

一方面,人类最初的旅游活动只是少数人的个别行为,随着旅游者人数的不断增加和旅游规模的不断扩大,旅游活动逐渐成为一种集体的、社会性的行为,从而引起社会的广泛关注。另一方面,不同条件下的社会文化对旅游主体的旅游需求、旅游介体提供的旅游服务、旅游客体的文化内涵都会产生强烈的影响,使旅游活动体现出鲜明的社会属性。

6. 综合性特征

旅游活动是一种综合性的社会现象。一方面,旅游者的体验内容和体验层次具有综合性。另一方面,旅游活动涉及或影响的范围也具有综合性。

三、旅游与文化的关系

旅游是社会经济与文化发展到一定阶段的产物,旅游既是一种经济活动,也是一种社会文化活动,两者密切联系、相互促进。旅游活动是一种文化的经历和体验,是一种以体验异地他乡文化风情、丰富阅历、满足精神享受为主要目的的、涵盖物质文化和精神文化双重内容的特殊生活。旅游活动是一种移动的、路上的生活,是去感悟今日、追寻往昔、向往明天的别样文化生活。旅游本身就是一种大规模的跨文化交流活动。在这一过程中，旅游者不仅可以欣赏和吸收旅游目的地的文化，同时也可以把自己客源地的文化带到目的地，对目的地文化产生影响，形成不同文化的融合。

从旅游活动的要素来讲，旅游无不反映旅游主体的文化需要、旅游客体的文化价值、旅游介体的文化素质。旅游活动有物质上的消费，有精神上的享受。对于旅游介体来说，旅游是一种经济行为，而对于旅游主体来说则是一种文化行为，是一种对美的追求。当然，旅游活动在消费文化的同时，也在创造文化。

文化是旅游者的出发点和归宿点，是旅游活动产生的动机和本质属性；能提升旅游资源的品质，是旅游资源开发的灵魂；是旅游业的依托和持续发展的支撑。旅游是文化发展的重要载体，是文化交流与传播的有效形式，能促进民族文化的保护与发展。

专题二　认识旅游文化

一、旅游文化的产生与发展

旅游文化的发展历程，就是人类物质文明与精神文明的创造过程，也是旅游主体人格的塑造过程。因而，不了解旅游文化的历史演变轨迹，就无法洞察其深厚的底蕴，从而也就无法全面、具体进行旅游活动的文化审视。

从时间发展上来看，旅游文化先后经历了三个发展阶段：一是19世纪之前的古代旅游文化；二是19世纪至第二次世界大战前的近代旅游文化；三是第二次世界大战后产生的现代旅游文化。

（一）古代旅游文化

古代旅游文化内涵深邃而广博。孔子曰："知者乐水，仁者乐山。"老子云："譬道之在天下，犹川谷之于江海。"佛家云："青青翠竹皆是法身，郁郁黄花无非般若。"儒道释三家都在自然山水中投射和寄托了自己的文化理想。中国的风景名胜大多积淀着历朝历代的文化传统："山以贤称，境缘人胜"；"山水借文章以显，文章亦凭山水以传"。兰亭遇王羲之，永州山水遇柳宗元，黄州赤壁遇苏轼，岳阳楼遇范仲淹，滕王阁遇王勃，才成为声名赫赫、使游客流连忘返的旅游胜地。而《兰亭集序》《永州八记》《赤壁赋》《岳阳楼记》《滕王阁序》等千古名篇，则是使这些景观具有鲜明特色的和竞争垄断性的重要因素所在。

古代旅游文化活动的丰富，与中国古代旅游主体的多样性、多层次性有关。在古代，受交通条件的限制和传统思想观念的影响，观光式的旅游活动并不多见，而带有政治、军事、外交、宗教和学术考察性质的旅行活动却较为常见。帝王巡游、高僧云游、文人漫游、使节出访、航海旅行、百姓节庆出游等，成为古代旅行的常见形式。这些旅游活动不仅丰富了古代旅游文化的内涵，增添了旅游文化的魅力，而且促进了人与自然、社会的交往联系，丰富了精神创造的审美和情感维度。

1. 帝王巡游

帝王巡游是集视察官吏、暗访民情、观赏风景于一体的职务旅行活动。我国最早有记载的帝王旅行家是西周的周穆王。《左传》记载："穆王欲肆其心，周行天下，将皆必有车辙马迹。"在《史记·五帝本经》中还有关于黄帝、颛顼、虞舜、夏禹的巡猎传说的记载。史书中记载的还有秦始皇五次出游；汉武帝巡游全国名山；隋炀帝乘坐龙舟沿京杭大运河南下江都，北至涿郡；清朝乾隆皇帝下江南等。帝王所到之处给后世留下大量的史话和古迹，流传到今天成为宝贵的旅游资源。

2. 高僧云游

古代以求法、朝觐为目的的宗教活动颇为盛行。由于佛教宗派庞杂，教义分歧，为探明教理，解决争端，僧人纷纷西行求取真经。东晋法显出游到达天竺（今印度），把旅途见闻写成《佛国记》，此书成为世界上最古老的游记；唐代僧人旅行家玄奘曾到今印度一带讲经求佛，回国后写成了《大唐西域记》，记述了游历的138国的风土人情、地理文化等情况；唐代僧人鉴真六渡日本传佛出游等。

3. 文人漫游

古代的文人学者、隐士大夫，包括一些思想家、文学家、地理学家、旅行家为了探寻某方面的学术文化和实现人生志向，通过寻访游历、寄情于山水来实现对人生目标的追求，这些文人在漫游过程中所创造的山水画、山水诗及散文游记，丰富了我国的文艺宝库。

西汉历史学家司马迁足迹遍布西汉版图疆域，撰写了名著《史记》；唐宋时期漫游文人的游记甚多，苏轼的《石钟山记》、柳宗元的《小石潭记》、欧阳修的《醉翁亭记》等都是著名的游记；学术考察旅游著作有北魏郦道元的《水经注》，明朝医学家李时珍的《本草纲目》；明代旅行家徐霞客遍游全国名山大川，考察16个省区，著有《徐霞客游记》，他被世人称为"千古奇人"，他的书则被称为"千古奇书"；明清时期顾炎武遍游华北、西北，考察达20年，写成《天下郡国利病书》和《肇域志》两部地理名著。

4. 使节出访

春秋时外交游说活动很频繁。汉武帝时张骞两次出使西域，到达今伊朗、印度一带，了解了西域风俗、山川、地理等，促进了中外商业交流，开辟了著名的"丝绸之路"。以后历代随经济、交通的发展，商务、外交旅游日渐增多。

5. 航海旅行

秦汉时期，我国与日本、朝鲜、越南和印度就有海上往来。东汉末年，康秦和朱应就从海路出使过南洋各国，撰写了《扶南传》（已失传），记述了南洋景物。明代郑和七次下西洋，历经30个国家和地区，他亲自绘制的《郑和航海图》，成为我国第一部海洋地理图册，郑和也因此成为我国历史上涉程最远、历时最长的航海家。旅行记有郑和的随员马欢著的《瀛涯胜览》、费信著的《星槎胜览》和巩珍著的《西洋番国志》等。

6. 百姓节庆出游

据史书记载，殷商西周时就有民间出游活动，主要是观社、观猎、观乐、观祭祀等。后来，各代民间旅游观光规模不断扩大。作为农业国家，中国古代游乐活动的时间安排大多与气候节庆有关，如春节团圆、元宵灯会、清明游春、中秋赏月和重阳登高等，游乐主题以古代农业社会敬重神道、祈求丰年、追求"人和"为特点。

(二) 近代旅游文化

鸦片战争以后，中国步入近代社会，旅游方面的变化特别明显。这一时期，文官仕游、商业旅游有了新的发展，革命旅游也随之兴起，且休闲性旅游萎缩而劳作性旅游高扬，商业旅游、革命旅游的冒险性与探索性进一步改变了传统旅游的"稳健内敛"之风。

西方列强的入侵打乱了封建社会的秩序，使之沦为半殖民地半封建社会。隋唐以来的文官仕游在传统形式上又有了新的发展。清政府在列强的侵略下认识到学习西方的重要性，开始派官员出国考察以图改革，同时派留学生前往欧洲学习各类科学技术，力图振兴。

由于外国资本的侵入以及中国自发的洋务运动的兴起，中国自给自足的自然经济瓦解，商业经济的因素注入中国传统经济，商业旅游有了突破性发展，上海、广州、天津、青岛等重要的商业都市开始崛起。

进入近代社会以来，封建礼教在西方文化的冲击下风雨飘摇，而修身、齐家、治国、平天下的人生理想在乱世为人们所尊崇并身体力行，进而引发了以孙中山、黄兴、李大钊、瞿秋白、周恩来、邓小平等为代表的革命先驱者外游各国寻救国之途，内游各地宣传并组织革命，这一切催生了独具特色的革命旅游。

（三）现代旅游文化

新中国成立后，中国的旅游活动因安定团结的社会环境而得以恢复和发展。首先是劳作性旅游的恢复。在计划经济体制下，社会生产被分割而局限于一地，广大民众极少旅游。但是一些公务人员在计划体制的配置下游历各地进行考察，形成了庞大的劳作性旅游。其次是休闲性旅游的恢复。由于国力的逐渐强盛，各地建立大量的旅游园区、疗养院，设立旅游局等行政部门专业旅游开发与管理。

改革开放后，中国旅游进入发展期，即大众性商业旅游蓬勃发展。对外开放的国策一方面把大众性商业旅游推向世界，另一方面带来了方兴未艾的留学大潮。中国学子以民族昌盛为己任，辞亲别友，漂洋过海，学习国外先进的科学技术，成为当代中国最动人的乐章，从而使劳作性旅游从以公务人员的仕游为主转向以大众的商业、求学旅游为主。

这个时期的旅游文化内涵有了质的发展，劳作性旅游充满了不确定性，体现的不再是传统的观物修身、稳健内敛，而是求真逐利，探索冒险；休闲性旅游则旨在骋怀放情，以利身心之愉。

二、旅游文化的概念与特征

（一）旅游文化的概念

旅游文化是一个较广义的概念。一般认为，旅游文化应当包含"旅游"和"文化"两个领域，以及由其按不同方式组合的边缘领域。"旅游文化"一词最早出现在美国学者罗伯特·麦金托和夏希肯特·格波特合著的《旅游学——要素·实践·基本原理》一书中。20世纪80年代以来，我国学者开始重视旅游文化的研究，1984年出版的《中国大百科全书·人文地理学》首次将"旅游文化"作为专业词条收入该书。目前我国关于旅游文化的定义主要有以下3种：

（1）旅游文化是人类过去和现在所创造的与旅游有关的物质财富和精神财富的总和。

（2）旅游文化指的是旅游主体和旅游客体之间各种关系的总和。

（3）旅游文化是旅游主体、旅游客体、旅游介体相互作用所产生的物质和精神成果，旅游三要素中任何一项都不能单独构成或形成旅游文化。

（二）旅游文化的特征

1. 地域性特征

旅游文化的地域性特征主要是指文化的地域差异性。它的形成主要有两种因素：自然环境和社会环境。在我国古代就有"五里不同风,十里不同俗"的说法。在不同自然条件下,人们生活的结构、范围和对象等方面都会有所不同,以致形成带有强烈地域特点的文化形式。形成这种地域性文化的社会环境的因素之一就是民族环境,民族分布的地域性又是文化地域性形成的原因之一。正是这种文化的地域性、民族性构成了旅游资源的魅力,从而促进了国际旅游的发展。

2. 民族性特征

世界上有许许多多的民族,它们都有自己的文化传统,正是这种独特的文化传统,使一个民族与其他民族区别开来。每个民族都生活在特定的环境中,不同的环境造就了不同的生产、生活方式,形成了不同的语言、文字、艺术、道德、风俗习惯,构成了不同的民族文化。

3. 承袭性特征

旅游文化的承袭性特征,即文化的继承性。一种文化一旦形成,便会在特定的群体中代代相传。人们从前人那里不仅继承了有形的物质遗产,还承袭了传统的价值观念、思维习惯、情感模式和行为规范。文化的承袭性使文化具有相当的稳定性,文化经过潜移默化的内化过程,沉淀于显意识和潜意识底层,由此得以保存流传下来,从而积累了深厚的历史文化资源。

4. 交融性特征

旅游文化的交融性特征是指不同文化系统之间的冲突、交流和融合。历史上,中原定居农业文化与北方游牧民族文化的交融不断发生。汉、唐、明是中原地区与西域及边远地区文化交流的繁荣时期,尤以唐朝为盛。唐朝时的绘画、歌舞、服饰、器具大多带有西域文化的风尚。少数民族乐器传入内地,并且沿用至今。唐时胡舞龟兹曲风靡长安,形成了"洛阳家家学胡乐"的情景。

中国文化不仅在内部各族之间的相互融汇、相互渗透中得到发展,而且在与外部世界的接触中,先后受到了中亚游牧文化、波斯文化、印度佛教文化、阿拉伯文化以及欧洲文化的影响。文化交流促进了洲际、国际、族际的文化认知,并以此为基础进行新的文化创造,使整个文化机体保持旺盛的生命力,同时还给后人留下数量巨大、价值极高的文化遗存。

三、旅游文化的内容和构成

(一)旅游文化的内容

旅游文化的内涵十分丰富,外延也相当宽泛。从结构体系来说,旅游文化包括最外层的物质文化,如建筑、园林、器物、工具、饮食、服饰等,这些都是有形的,是能被人的感知器官感受到的物质形态。

旅游文化的中间层次包括制度文化和行为文化两个方面。旅游制度文化是旅游者和旅游经营者处理个人与他人、个体与群体之间关系的产物。它包括旅游活动参与者应遵守的法律、规章以及职业道德等约束机制,是旅游行为的定型化、程序化、道德化,主要由政府、集团、机构等运用手段制定和实施。旅游行为文化则主要是指旅游者和旅游经营者在旅游活动中约定俗成的习惯定式行为,如礼俗、礼仪、民风、民俗、行为举止和服务方式等。它实际上是旅游者或旅游经营者个体的自发行为,是其内在的价值观念、审美情趣、思维方式等因素在其行动中的表现。

旅游文化的核心层是精神文化或称为心态文化。它是旅游活动参与者的心态文化及其在观念形态上的表现，包括社会心理和社会意识形态，由价值观念、审美追求、道德情感、思维方式等因素构成。

物质文化、制度文化、行为文化、精神文化这四者之间的关系是由客体到主体紧密相连，不可或缺的关系。物质文化是旅游文化的外在显现或外在的物化，能够直接为人所感知，但也容易被人模仿和创造。精神文化是旅游文化的核心，必须有意识地外化于物态，才能为人所感知，为人所了解，从而使自己的观念、追求、情趣、情感等引起他人的共鸣。因此，物态文化和精神文化互为表里地统一于整个旅游活动中。而制度文化和行为文化则是由物态到心态的中间性过渡环节，具有承上启下的不可替代的作用。制度文化是保证服务质量，提高旅游层次，促进旅游业健康发展的必不可少的因素，具有保证方向和指南的意义。而行为文化对于提高旅游业的经营管理水平、保证服务质量、增强竞争力等方面也是不可缺少的。

（二）旅游文化的构成

旅游文化既涉及历史、地理、民族宗教、饮食服务、园林建筑、民俗娱乐与自然景观等旅游客体文化领域，又涉及旅游者自身文化素质、兴趣爱好、行为方式、思想信仰等旅游主体文化领域，更涉及旅游业的服务文化、商品文化、管理文化、导游文化、政策法规等旅游介体文化。因此，旅游文化的构成具有三方面的内容，即旅游主体、旅游客体、旅游介体。

1. 旅游主体文化

旅游主体文化，即旅游者文化。它包括旅游者的旅游审美体验、旅游求知体验、旅游交往体验、旅游情感体验。这些体验文化是旅游者在旅游活动中创造的，属于旅游主体文化。

2. 旅游客体文化

旅游客体文化，即旅游资源文化。学术界按旅游资源的成因或属性分类，将旅游资源分为自然旅游资源和人文旅游资源两大类型。前者是指由地貌、水体、气候、动植物等自然地理要素所构成的、吸引人们前往进行旅游活动的天然景观，具有明显的天赋性质；后者内容广泛、类型多样，包括各种历史古迹、古今建筑、民族风俗、饮食服饰、文学艺术等，是人类活动的艺术结晶和文化成就。

3. 旅游介体文化

旅游介体文化，即旅游业文化。旅游业有广义和狭义之分。广义旅游业是指与旅游有关的一切企业、事业、行政部门；狭义旅游业仅指其中的旅游企业。旅游业活动包括对内管理活动和对外服务、开发、宣传、调控等活动，由此形成对内的管理文化和对外的旅游服务文化、景观开发文化、旅游宣传文化、旅游规范文化等文化现象。旅游业对外服务、开发、宣传、规范等文化以旅游为基础，文化指向主要是旅游者。直接介入旅游者和旅游活动，属于旅游文化范畴。而对内管理文化不属于旅游文化范畴。

四、旅游文化与旅游业

随着现代社会的飞速发展，文化旅游正成为一种备受青睐、生机盎然的旅游形式。例如，山东的"一山一水一圣人"、杭州宋城的"给我一天，还你千年"等都是把文化融合在旅游产业中，极大地促进了旅游业的发展，同时旅游业的发展又促进了文化产业的提升。由此可见，文化因素对现代旅游活动的影响将会更加深刻和深远。所以，要加快中国旅游业的发展，提高国际竞争力，就必须高度重视文化旅游建设。旅游文化在旅游业发展中的地位和作用主要体现在以下几个方面。

（一）旅游文化将成为扩展国际竞争力的现代旅游现象

旅游者的旅游行为是一种文化消费行为，其外出旅游的动机和目的在于获得精神上的享受和心理上的满足；而旅游经营者要达到盈利目的就必须提供一种能满足旅游者文化享受的旅游产品。文化因素渗透在现代旅游活动的各个方面，无论是自然旅游资源还是人文旅游资源，要激起旅游者的旅游动机，就必须具有魅力无穷、独具特色的民族和地域文化内涵，满足人们对科学、史学、文学、艺术和社会学等方面的不同需求。因此旅游的文化本质特征必然要求在发展旅游业的过程中优先发展旅游文化。

（二）旅游文化蕴藏着巨大的经济潜能

实践表明，凡是旅游业发达的国家，大都以旅游文化取胜，世界上许多旅游业发达的国家先后实行了"文化经济"新战略。正如奥地利的旅游，几乎都与施特劳斯等音乐大师紧密关联；巴黎街道的命名，总是蕴含着法兰西民族的历史典故。因此，旅游业是一个国家、一个民族以其独特的文化招徕旅客以赚取外汇的文化经济。同时，发展旅游文化可以提供大量的就业岗位，带动建筑、商业、交通、文化的发展。可以说，旅游文化蕴藏着巨大的经济潜能。

（三）旅游文化是提高从业人员的素质和企业管理水平的关键

未来旅游业的竞争主要是旅游文化方面的竞争，人们对旅游资源、旅游服务的需求趋向于文化性强、科技水平高、富于参与性的项目。因此，旅游业管理者和从业人员的文化素质和经营管理水平必须达到更高的层次，才能适应时代的要求。

（四）旅游文化是一个国家旅游业保持自身特色的决定性因素

民族的东西是独特的，文化的流传是久远的。在旅游活动中，旅游者物质方面的需求是较低级的需求，易于满足，而精神方面的需求，是一种高级而复杂的需求，很难得到满足。旅游企业若不能满足旅游者精神文化的需要，便失去了存在的价值。同时，由于文化具有地域性、民族性、传承性等特点，往往为一个国家和地区所独有，很难模仿和复制。因此，在竞争中就减少了可比性，具有垄断的地位，易形成强有力的竞争能力，也易创造出自己的特色和品牌效应。品牌是旅游业竞争中的一股无形的力量，更是促进旅游业走上可持续发展道路的一种宝贵的文化资源。因此，旅游文化是一个国家在发展旅游业的过程中保持自身民族特色决定性因素。

总之，旅游文化是旅游业不可缺少的文化底蕴和灵魂，是旅游业保持特色、提高国家竞争力的关键。旅游业要获得较大的发展，必须高度重视旅游文化建设，深入挖掘旅游文化的内涵，营造旅游文化氛围，建立一套具有当地鲜明特色的旅游文化体系，从而为旅游业的发展提供服务和指南。

知识拓展　守护自然珍宝　传承文化瑰宝

6月6日，推进文化和自然遗产保护工作座谈会在北京召开。文化和旅游部、国家文物局、国家林业和草原局（国家公园管理局）相关负责人在会议上介绍了工作情况，部分专家学者也在会议上发言。

非遗保护日趋深入人心

文化和旅游部党组负责人表示，党的十八大以来，文化和旅游部以习

近平新时代中国特色社会主义思想为指导，深入开展非遗保护工作，非遗实践日趋活跃，社会认同不断增强。

文化和旅游部通过多种形式开展普法教育，组织开展非物质文化遗产法贯彻落实情况检查。颁布一系列部门规章和政策文件。目前，第一次全国非遗资源普查已完成，登记资源总量约87万项。建立起国家、省、市、县四级非遗名录体系，国务院批准公布了四批1 372项国家级非遗代表性项目，认定了五批3 068名国家级非遗代表性项目传承人。

"见人见物见生活"的工作理念深入人心，非遗保护传承能力建设成效明显。实施中国非遗传承人群研培计划，全国已累计举办培训班630余期，覆盖传承人群累计达9.5万人次。支持设立了15个传统工艺工作站，确定第一批10个"非遗+扶贫"重点支持地区。设立了21个国家级文化生态保护实验区、146个省级文化生态保护区。

人民群众参与非遗保护的积极性日益高涨。每年文化和自然遗产日期间的相关活动主题鲜明、丰富多彩，成为人民群众享受文化成果的重要节日，其间播出的《非遗公开课》成为社会热点。

2018年"藏医药浴法"列入人类非遗代表作名录。目前，我国共有40个非遗项目入选，位居世界第一。我国注重与"一带一路"国家联合开展非遗保护工作，积极开展对外和对港澳台交流合作，举办多项品牌性活动。

2013年以来，中央财政投入非遗保护经费64.22亿元，每年为每位国家级代表性项目传承人提供2万元传习补助。

"这些成绩的取得，最根本的在于以习近平同志为核心的党中央的坚强领导，在于习近平新时代中国特色社会主义思想的科学指导，在于社会各界的共同努力。"部相关人士表示，当前和今后一段时期，文化和旅游部将在习近平总书记关于文化和自然遗产重要论述精神指导下，不断增强责任感和使命感，抓住机遇、奋发有为，重点做好非遗保护工作。

坚守人民立场，着力让人民参与保护传承，让保护成果为人民共享。充分发挥非遗在国家重大战略中的独特优势和重要作用，推动非遗保护与精准扶贫、就业增收相结合，与乡村振兴相结合，与"一带一路"倡议相结合，使非遗保护工作成为促进经济社会发展、促进国际交流合作的重要支撑和新亮点。加强统筹协调，鼓励和引导社会力量广泛参与，充分发挥社会力量的积极性和创造力，推动形成政府主导、社会参与、多元投入、协力发展的非遗保护体制机制。

文物保护治理能力和水平不断提升

"全国文物系统以习近平新时代中国特色社会主义思想为指导，深入学习贯彻习近平总书记重要论述精神，深入贯彻落实党的十九大精神，解放思想、转变观念，砥砺奋进、锐意改革，推动新时代文物事业持续保持向上态势。"国家文物局相关负责人表示，党对文物工作的领导全面加强，各级党委、政府主体责任强化落实，文物资源家底基本摸清，文物安全形势大为好转，博物馆公共文化服务体系日臻完善，文物保护法律制度日臻完善，文物国际合作渐成规模，政府主导、部门协作、社会参与的文物保护格局基本形成，保护好利用好文物资源的社会共识深入人心，文物保护治理能力和水平不断提升。

加强协同配合，打击文物犯罪、整治火灾隐患、文物法人违法案件整治等专项行动取得重要成果，16个省份将文物安全纳入地方政府绩效考核评价体系。多措并举让文物"活"起来，博物馆改革发展日新月异，跨界融合创新方兴未艾，"博物馆热"渐成大势，文化创意产业成为新的经济增长点。

加强法律保障、制度设计和精准管理，文物保护法修改列入十三届全国人大常委会立法规划第一类项目和中央文化立法五年计划。革命文物保护利用工程稳步推进，第一批革命文物保护利用片区分县名单公布，赣南等原中央苏区革命遗址保护利用工程助力 54 个县脱贫攻坚。文物国际合作成为外交"重头戏"，文物展览成为国事活动"金名片"，近 8 年文物进出境展览超过 500 个，亚洲文明展闪耀亚洲文明对话大会。中国援外文物保护工程和合作考古成为"一带一路"文化领域的重要收获，合作项目覆盖 24 个国家。

负责人表示，全国文物系统将深入贯彻落实中央部署，奋力谱写新时代文物事业改革发展新篇章。坚守文物安全红线底线，加强长城保护、大运河文化带建设，统筹实施"一带一路"中外合作考古，推进亚洲文化遗产保护行动；有效推动文物保护利用改革重大举措落实落地，加快推进革命文物保护利用工程，统筹推进新时代文物事业改革发展开创新局面。

"应加大对城镇物质载体以及独具东方文化精神的城址环境和山水格局的整体性保护力度，创新保护方法，延续城市人文环境和生活场景，让每个时代的历史痕迹和生活记忆都有生动留存，延续人们祖祖辈辈传承至今的乡愁。"中国城市规划设计研究院相关负责人建议。

自然遗产实现科学规划有效监管

国家林业和草原局（国家公园管理局）相关负责人表示，我国自然文化遗产基础雄厚。全国目前已有世界自然遗产 13 项、自然与文化双遗产 4 项，数量均居世界第一。

我国对自然遗产、自然与文化双遗产地的科学规划和有效监管，不仅保护了总面积达 6.8 万平方公里的重要自然生态系统和自然遗迹，还保存了 200 多个文物保护单位、非物质文化遗产和众多的历史文化名城名镇名村与传统村落，更为遗产地每年带来超过 140 亿元的旅游直接收入，创造了良好的生态效益、社会效益和经济效益。我国自然和文化遗产保护与利用的积极探索，为全世界提供了中国经验和中国方案。

"自然遗产保护工作任重道远，责任重大。秉承尊重自然、顺应自然、保护自然的理念，认真履行管理职责，全面加强自然遗产保护工作。"负责人表示，将加大自然遗产申报和保护投入，做好遗产申报项目储备，科学调整遗产预备清单，有序安排自然遗产申报，把我国最典型、最优秀、最具保护价值的自然遗产资源列入世界遗产名录，使其价值为全世界所认可；进一步完善自然遗产保护制度，落实地方政府和遗产地管理机构监管责任，建立破坏遗产资源问责机制，打造高质量遗产保护管理队伍，保护好、传承好、利用好珍贵的自然与文化遗产资源。

（资料来源：中国文化报 2019 年 6 月 10 日）

学生讲坛

1. 谈一谈旅游文化概念的多种表达（结合自己所收集的资料）。
2. 举例说明旅游文化的构成和特征。

注：学生对上面所学知识进行复述、总结与拓展。鼓励学生课外自查资料。建议在该知识讲授结束时布置，在下一次课开始时进行。

项目小结

本项目主要介绍了旅游和旅游文化的产生、旅游和旅游文化的概念和特征,旅游文化的内容和构成,旅游文化和旅游业的关系。

同步测试

1. 旅游的含义以及产生发展过程。
2. 旅游文化的含义及产生发展过程。
3. 旅游文化的内容和构成。
4. 结合实际谈谈你对旅游文化特征的理解和认识。

延伸阅读

中国文化旅游网:http://www.cnctrip.com
中国文化网:http://www.chinaculture.net
中国旅游网:http://www.51yala.com
中国网:http://www.china.com.cn
中国旅游文化网:http://www.cntc.com

项目二

旅游历史文化

学习目标

知识目标：
1. 了解中国历史发展的基本脉络。
2. 熟悉中国古代思想及其科技文化的概况。
3. 掌握中国优秀传统文化的精华及其现实意义。
4. 掌握中华民族的发明创造对人类文明做出的巨大贡献及其意义。
5. 掌握中国古代称谓和科举制度概况。

技能目标：
1. 能够在历史遗迹的旅游景点说出相应历史年代及其朝代的名称等基本概况。
2. 能够向游客宣传中国文明史的悠久性、持续性和兼容性。
3. 能够说出诸子百家中的儒、道、法、墨、兵家的代表人物及其基本主张。
4. 能够向游客讲解中国优秀传统文化精华——和谐的基本内涵。
5. 能够列举祖先伟大的发明创造，说明中华民族对人类文明做出的巨大贡献。
6. 能够解释"名、字、号"以及"谥号、庙号、年号"的含义及其区别。

素质目标：
1. 具有丰富的旅游历史文化知识，提升学生的历史文化素养和品位，自觉传承中国传统历史文化。
2. 增强学生的民族自豪感和爱国情怀。
3. 通过合作探究，培养学生的团队合作意识。

旅游情景

中华文明起源于农业

仰韶文化中心地区在山西晋南。黄河流域的文明可以说是在旱地粟作农业的基础上发展起来的。大约从公元前5 000年开始，黄河中游出现了仰韶文化。其分布范围之大和遗址数目之多，为中国新石器时代诸考古学文化中所仅见，范围西达河西走廊、东至鲁西地区、北至河套一带、南抵汉水流域，关中—豫西—晋南为其中心。晋南主要有夏县西阴村遗址，芮城东庄村、西王村遗址，翼城北橄遗存。高平应属这一地区，其地下分布有待新的考古发现。

中华文明的起源与形成的物质基础是农业。农业也是人类文明的基石，它使我们有了家庭、有了民族。仰韶文化的核心就是在黄河流域的旱地粟作农业的基础上发展起来的。其分布范围就在陕西东部、山西的南部、河南的西部这一三角地带，高平就在其中。

"神农"与高平。中国先民在太行山从"蒙昧"走至"野蛮"与"文明"，从北向南，从山地走向平原，走向晋南、豫北与豫西。高平有"神农"的历史传说及新石器时代的高平考古遗存，高平附近有与"神农"及其"传人"的历史记载。考古发现：高平南有黄河南岸的"黄帝故居"，东有颛顼、帝喾与殷墟，西邻襄汾的"尧都平阳"（陶寺遗址），西南有"夏县""禹王镇""大禹渡"及"天下之中"的夏商的二里头遗址，从"三皇"到"五帝"，再到"夏商"，它们来于何方？来于晋南、来于高平？从"信古"到"疑古"与"释古"及"考古"，真相让人们越来越清楚。

（资料来源：光明日报）

学生分析与决策

结合案例，谈谈你对中华文明起源的认识。

知识研修

专题一　中国历史文化概述

一、中国历史发展的基本脉络

（一）原始社会时期

原始社会时期，指的是从人类出现到国家形成漫长的历史时期（从距今约170万年前到公元前21世纪），这个时代经历了二三百万年。

原始社会经历了原始人群和氏族公社两个时期。氏族公社又经历了母系氏族公社和父系氏族公社两个阶段。

在云南发现的元谋人，距今170万年，是已知的中国境内最早的人类。北京周口店发现的北京人，距今60万年左右，是原始人群时期的典型。这些人过着群居生活，利用打制的石器为工具，以狩猎和采集为生，会使用火。之后有广东的马坝人、陕西的大荔人、湖北的长阳人、山西的丁村人、内蒙古的河套人、广西的柳江人、北京的山顶洞人和四川的资阳人，距今20万到1万年左右，这是由原始人群进入初期氏族公社的阶段。

最能反映母系氏族公社文化的是分布在长江流域的河姆渡氏族和黄河流域的半坡氏族。这一时期人类能够建筑木结构的房屋，开始定居生活，学会饲养牲畜并种植水稻。

婚姻制度由群婚转向对偶婚，形成了比较确定的夫妻关系。在氏族内部，除个人常用的工具外，所有的财产归集体公有。有威望的年长妇女担任首领。每个氏族都有自己的名称、共同信仰和领地。

距今5 000年左右，中国进入父系氏族社会，具代表性的是山东大汶口文化中晚期、山东龙山文化、浙江良渚文化。这一时期男子在社会生活和生产中占支配地位，婚姻由对偶婚制过渡到一夫一妻制。手工业开始发展起来，纺织、陶器制造、榨油、酿酒已成为专门的行业。一些地区的居民开始掌握了金属冶炼技术。

随着生产的发展，产品出现了剩余，集体劳动逐渐被个体劳动所取代，由此产生了私有制，随之也出现了阶级。氏族中出现了贵族阶层和平民阶层。到了末期，以血缘关系结成的氏族开始破裂，一些氏族成员脱离自己的氏族，到别处和与他们没有血缘关系的人们杂居，同时氏族也不断接纳外来人，于是出现了按地域划分的农村公社。到了这时，原始社会基本上就已经瓦解了，不同阶级之间出现了斗争。随着情况的深化就出现了国家来对人民进行有效的统治。许多文明的原始社会解体后都进入了奴隶社会。

（二）夏商周时期

根据文献记载：大禹死后，其子夏启继位，建立中国历史上第一个王朝，中国由此进入奴隶社会。夏代生产力有了很大的提高，农业生产有明显发展，出现了私有财产，并且形成了奴隶制度，建立了比较完备的国家统治系统。

约公元前17世纪商部落首领汤灭桀建立商朝。商代已经是一个发达的奴隶制国家，国家机器也大大加强，社会生产力比夏代更为提高。商代曾六次迁都，公元前1384年盘庚迁都于殷，故商朝又称"殷商"。

周王朝崛起于中国西部，经约公元前1046年，武王伐纣建立周朝。建都于丰镐，史称西周。西周社会继续实行奴隶耕作的"井田制"，并且通过实行"封建制"，将土地分封给诸侯让他们建立诸侯国，诸侯又在自己的封国内拿出一部分土地分给卿大夫，称为"采邑"，以此来维护政治统治。同时还制定礼乐刑罚，区别尊卑等级，镇压人民。西周经济比商代又有所发展，青铜器制造是最重要的手工业，后世的主要农作物基本上都已具备。

（三）春秋战国时期

公元前770年，游牧部落犬戎攻破镐京，西周灭亡，周平王东迁洛邑，史称东周，前一段称春秋，后一段称战国。这一时期是中国社会由奴隶制向封建制过渡的时期。周王室日益衰微，对诸侯控制力日渐削弱。各诸侯国为争夺土地和财物不断发动战争，互相称霸，齐桓公、晋文公、楚庄王、秦穆公和宋襄公，史称"春秋五霸"。春秋时期由于铁器和牛耕的出现引起井田的破坏。农业生产的进步使大面积开垦成为可能，于是私田开始大幅增加，奴隶主开始向封建地主转化，奴隶开始向农奴转化。

以韩赵魏三家分晋为起点，进入战国时代，封建制度已基本确立。许多小国被吞并，形成齐、楚、韩、魏、赵、燕、秦七国，称为"战国七雄"。七国竞争激烈，需要强有力的理论指导和杰出人才，这为诸子百家的出现和争鸣提供了历史舞台。

（四）秦汉时期

公元前221年，秦王嬴政灭掉六国，统一了全中国，建立了中国历史上第一个封建王朝，皇帝称号从此出现。为了巩固统一的政权，秦始皇废除分封制度，实行郡县制，郡县长官由朝廷任免；下令统一文字、货币和度量衡。为了加强思想统治，秦始皇下令"焚书坑儒"，制定严苛的法律。无休止地征用人力和财力，伐匈奴，征岭南，修长城，造宫殿，弄得民不聊生，激起人民群众的反抗。

在起义队伍中，刘邦和项羽实力最强，经过四年楚汉之争最终刘邦打败项羽，建立汉朝。史称"西汉"。西汉建立后实行"休养生息"政策，国家逐步富强起来。汉武帝时期对内进一步削弱地方割据势力，加强中央集权制度；接受董仲舒建议"罢黜百家，独尊儒术"；对外北伐匈奴，出使西域，扩大了国家疆土，使汉朝达到极盛阶段，因此汉土的中原人被称为"汉人"，华夏族也改称为"汉族"，此后的"汉语""汉字""汉文化"都由此而来。

西汉末年，大批农民流离失所，社会动荡不安，大贵族王莽夺取政权，改国号为"新"。公元25年刘秀重建汉朝，定都洛阳，史称"东汉"。东汉初期社会经济比西汉时有了更进一步的发展，但中后期宦官外戚专权，政治黑暗腐败，使人民陷入水深火热之中。黄巾起义被镇压后，全国出现大小军阀割据混战局面。其中曹操统一了北方。曹操死后，其子曹丕废汉自立，建立了魏国，刘备控制四川建立了蜀国，孙权据江东建立了吴国，历史进入三国分立时期。

（五）魏晋南北朝时期

魏晋南北朝是中国历史上最纷乱复杂的时期。魏、蜀、吴三国虽然不断进行战争，但都采取了相对有益于本地区社会发展的政策，三国的经济也有一定程度的发展。后来魏国政权被司马懿父子控制，至司马炎时取代魏国自立，建立晋朝，史称"西晋"。西晋王朝仅存在了50余年即灭亡。此后中国分为南北两部分：南方为司马睿建立的东晋，前后延续了100余年。北方是历史上所称的"五胡十六国"，最后为北魏所统一。北魏统治北方100多年后分裂成东魏和西魏，不久分别被北齐和北周所取代，史称北朝。南方的东晋灭亡后相继出现了宋、齐、梁、陈四个小王朝，史称南朝。

南北朝虽然处于对立状态，但社会经济和文化还是在继续发展。尤其是长江以南地区，由于北方人口的南下，带去了先进的生产技术，促进了地区经济的发展。

（六）隋唐五代时期

公元581年杨坚取代北周建立隋朝，后大军南下灭陈，结束了南北分裂的局面，中国重新统一。隋朝初年加强法制，开拓疆土，生产发展，人口增加。但是到隋炀帝时大兴土木、强征暴敛，民不聊生。公元618年，驻守太原的大将李渊起兵反隋，隋朝灭亡，唐朝建立。

唐朝是中国历史上继汉代以后的又一个强盛时代。政治、经济、文化都超过了汉代，在世界上也排在前列。特别是唐太宗李世民执政时期，任用贤臣、广开言路、体恤民生，实行比较开明的政策，出现了国泰民安的局面，史称"贞观之治"。其后武则天称帝，改国号为"周"，成为中国历史上唯一的女皇帝，她善用人才，鼓励农业生产，维持了贞观以来的强盛之势。武则天死后，出现了激烈的宫廷政变，但经过唐玄宗的励精图治使唐帝国的兴盛达到顶峰，史称"开元盛世"。唐玄宗后期，纵情生色，政治腐败，最终引发了"安史之乱"，从此陷入了百余年的宦官专权、朋党斗争、藩镇割据，人民又陷入水深火热之中，最终爆发了黄巢起义。黄巢起义失败后，唐帝国土崩瓦解，中国又陷入分裂割据状态，即五代十国时期。

(七)宋元明清时期

五代十国分裂的局面很短暂,后周禁军统领赵匡胤发动陈桥兵变,夺取政权,建立北宋,并逐步统一了中国大部分地区。宋朝时期还有一些少数民族政权,北方有契丹族建立的辽国,西北有党项族建立的西夏,东北有女真族建立的金。1125年金灭辽;1127年金攻破宋都开封,北宋亡。赵构逃到南方在杭州建立政权,史称南宋。

在宋金南北对峙中,北方蒙古族在铁木真领导下建立蒙古国,先后灭掉西夏和金。1271年忽必烈正式建立元朝,之后挥师南下攻陷临安。元朝是中国历史上空前统一、疆土广大的王朝。但是元朝政府实行残酷的民族政策,造成尖锐的民族矛盾,统治不到百年就被朱元璋建立的明朝取代。

明初定都于南京,朱棣即位后,开始大规模营建北京城池和宫殿、坛庙,并于1421年正式迁都北京,加强了对北方的控制。明朝200年余年间,商品经济有了很大发展,商业资本活跃全国,工商业城市迅速繁荣,资本主义的生产关系已经萌芽。

明朝后期,东北境内的女真族日益强大起来。在努尔哈赤的领导下统一各部,建立了"后金",稍后定都沈阳。皇太极继位后改国号为"清",不时威胁明朝政权;明朝内部,农民在不堪重压的情况下爆发了李自成和张献忠起义。1644年李自成的军队攻入北京,崇祯皇帝于景山自尽,明朝灭亡。清军在明军山海关守将吴三桂的协助下,长驱直入北京,李自成败走,清朝建立了全国性的统治。

清朝在康熙、雍正、乾隆皇帝统治时期,认定了中俄边界,平定新疆准噶尔部落、青海和硕特部和新疆回部,把新疆、青海、蒙古、西藏都纳入中央政府的统一管理之下,奠定了中国今天的版图。对内采取鼓励农业生产和增加人口的政策,使社会经济发展也超过了明代。嘉庆、道光以后,日益衰败,开始走上末路。1840年英国发动"鸦片战争",清政府被迫开放通商口岸,割地赔款,中国进入半殖民地半封建社会。同时经过太平天国、义和团和辛亥革命,清王朝被推翻,结束了在中国延续了2 000多年的封建君主制。

中国历史年代简表

朝代		起止时间	都城	今地
夏		约前2070—前1600	安邑	山西夏县
			阳翟	河南禹县
商		前1600—前1046	亳	河南商丘
			殷	河南安阳
周	西周	前1046—前771	镐京	陕西西安
	东周	前770—前256	洛邑	河南洛阳
	春秋时代	前770—前476		
	战国时代①	前475—前221		
秦		前221—前206	咸阳	陕西咸阳
汉	西汉②	前206—公元25	长安	陕西西安
	东汉	25—220	洛阳	河南洛阳

续表

朝代		起止时间	都城	今地
三国	魏	220—265	洛阳	河南洛阳
	蜀	221—263	成都	四川成都
	吴	222—280	建业	江苏南京
西晋		265—317	洛阳	河南洛阳
东晋十六国	东晋	317—420	建康	江苏南京
	十六国③	304—439	—	—
南北朝	南朝 宋	420—479	建康	江苏南京
	南朝 齐	479—502	建康	江苏南京
	南朝 梁	502—557	建康	江苏南京
	南朝 陈	557—589	建康	江苏南京
	北朝 北魏	386—534	平城	山西大同
			洛阳	河南洛阳
	北朝 东魏	534—550	邺	河北临漳
	北朝 北齐	550—577	邺	河北临漳
	北朝 西魏	535—556	长安	陕西西安
	北朝 北周	557—581	长安	陕西西安
隋		581—618	大兴	陕西西安
唐		618—907	长安	陕西西安
五代十国	后梁	907—923	汴	河南开封
	后唐	923—936	洛阳	河南洛阳
	后晋	936—947	汴	河南开封
	后汉	947—950	汴	河南开封
	后周	951—960	汴	河南开封
	十国④	902—979	—	—
宋	北宋	960—1127	开封	河南开封
	南宋	1127—1279	临安	浙江杭州
辽		916—1125⑤	皇都（上京）	辽宁巴林右旗
西夏		1038—1227	兴庆府	宁夏银川
金		1115—1234	会宁	阿城（黑龙江）
			中都	北京
			开封	河南开封

续表

朝代	起止时间	都城	今地
元	1271—1368⑥	大都	北京
明	1368—1644	北京	北京
清	1644—1911	北京	北京
中华民国	1912—1949	南京	江苏南京
中华人民共和国1949年10月1日成立，首都北京。			

附注：

① 这时期，主要有秦、魏、韩、赵、楚、燕、齐等国。

② 包括王莽建立的"新"王朝（公元9年—23年）和更始帝（公元23—25年）。王莽时期，爆发大规模的农民起义，建立了农民政权。公元23年，新王莽政权灭亡。公元25年，东汉王朝建立。

③ 这时期，在我国北方和巴蜀，先后存在过一些封建割据政权，其中有：汉（前赵）、成（成汉）、前凉、后赵（魏）、前燕、前秦、后燕、后秦、西秦、后凉、南凉、北凉、南燕、西凉、北燕、夏等国，历史上叫做"十六国"。

④ 这时期，除后梁、后唐、后晋、后汉、后周外，还先后存在过一些封建割据政权，其中有：吴、前蜀、吴越、楚、闽、南汉、荆南（南平）、后蜀、南唐、北汉等国，历史上叫做"十国"。

⑤ 辽建国于公元907年，国号契丹，916年始建年号，938年（一说947年）改国号为辽，983年复称契丹，1066年仍称辽。

⑥ 铁木真于1206年建国；1271年忽必烈定国号为元，1279年灭南宋。

（八）民国到新中国时期

1911年孙中山领导的辛亥革命推翻了清王朝的统治，建立了中华民国。但是革命果实很快被袁世凯窃取。1921年中国共产党诞生，开始了新民主主义革命。前后经历了北伐战争、土地革命战争、抗日战争和解放战争四个历史阶段，中国共产党于1949年成立中华人民共和国，中国历史进入一个崭新的时期。

二、中国历史文化的基本精神

（一）悠久博大

中国历史源远流长，若从黄帝时代算起，已有将近5 000年；若从夏朝开始，也有4 000余年了。举世公认，中国是历史最悠久的文明古国之一。中华文明自从产生以来就持续不断、一脉相承地发展到现代，这是其最基本的特征。世界文化的支脉很多，在最古老的文明中，如古埃及、古印度、古巴比伦等两河流域文明以及古美洲玛雅文明、古希腊克里特文明等已经消失了；曾辉煌一时的古希腊、古罗马文明也经历了中断发展、长期湮没无闻的厄运。而在漫长的岁月中，我们中华民族屡经曲折磨难，甚至几临倾覆的厄运，却一次再一次地衰而复兴，蹶而复振，转危为安，巍然屹立。我们华夏文明5 000年来绵延不绝，并且代代都有伟大成就，都是绝无仅有的世界奇迹，这是特别值得我们庆幸、骄傲和自豪的。同时我们也要深省，大家都有责任续传薪火，务必让优秀的传统文化继续辉煌灿烂地发扬光大。

（二）兼容并蓄

中华文明是在不断吸收、消化各种文化的过程中兴旺发达起来的。在相当长的历史阶段，中华民族充满自信，非常开放，气势恢宏。中国历史上从没有发生大规模排除异端的宗教战争，世界三大宗教都能在中国大地上传播。千百年来，西方的各种宗教始终未能征服我们这个民族的头脑，这是世界史上罕见的现象，也是中华文明兼容性很强的缘故。历史上任何外来文化传入中国，最终还是被中华文化所融合，成为颇具特色的中国文化组成部分，如古代的佛教，现代的马克思主义，都是外来文明中国化的典型。所谓"夏夷之辨"，并不是按人种、血统来划分，而是按文化来区分，随着历史的发展，"夏"的范围逐步扩大，包括了陆续接受汉文化的其他民族。中华民族在长期的民族融合过程中发展壮大，中华文明也正是在不断兼容并蓄中辉煌灿烂。

专题二　历代官制科举

一、历代中央、地方官制

（一）夏商周时期官制

1. 中央官制

大约在公元前 21 世纪建立的夏朝，是我国历史上第一个奴隶制国家，共传 14 世 17 王，历时 470 年左右。夏有官"百二十员"。相传，自禹始即设官分职。据载，夏有"三正"（《尚书·甘誓》）、"四辅臣"（《史记》卷 2《夏本纪》）。"三正"，即奴隶制王朝的大臣、长官；"四辅臣"，即"古者天子必有四邻，前曰疑，后曰丞，左曰辅，右曰弼"。夏代的政务官员是"六卿"（《通典》认为"六卿"，即司空、司徒、士正、虞、秩宗、纳言。），夏中央还设有道夫、羲和、啬夫、牧正、车正、庖正等职官。

商朝从汤到纣，中央政务官有尹、司徒、司空、司寇等。尹主持国政，相当于后世的相；司徒掌管征伐劳役；司空掌管工奴；司寇掌管刑狱。

商朝掌管王室事务和宗教事务的职官队伍很庞大。掌管王室事务的主要是宰和臣。掌管宗教事务的职官中，掌管占卜的叫多卜、左卜；充当人神之间媒介方面的叫巫；掌管著作简册，为国王发布文告命令的叫作册。商朝在文化方面的职官有司理、典册、册命等，在军事方面的职官有司马、亚、旅、戍、卫等。

从公元前 11 世纪末到公元前 8 世纪，是中国历史上的西周时期。西周设太师、太傅、太保，合称"三公"，执掌国政，地位很高。

春秋时期（前 770—前 476）有 140 多个诸侯国，中央官制既有相同之处，也存有诸多差异。总体来说，春秋列国在治事众官之上，有一人总领全国大政，相当于后世的相职。春秋列国重要的职官有司徒、司马、司空还有司寇，这些都是掌管诸侯国朝政的官。

战国时期（前 475—前 221）为了强化封建中央集权，各诸侯国都十分重视官僚统治机构的设置，从总体上看，在国君之下中央政府设文相武将，分掌行政和军事。

2. 地方官制

夏代地方诸侯称为君、伯，更多的是称为某某氏。地方诸侯对夏王朝的责任有"宾"和"御"两种。远方部族要向朝廷纳贡，称"宾"；附近部族除纳贡以外，还要服从夏王朝指挥和调遣，称"御"。商代称地方诸侯国为"外服"，设置的官吏有侯、甸、男、卫、邦伯等。西周实行分封诸侯制，地方行政区划为国、都、邑三级。国是诸侯所在地；都是大邑；邑是居民点，相当于村镇。地方行政管理分为乡制和遂制两种。乡制适用于王畿和都畿地区；遂制则适用于王畿和都畿之外以及边疆地区。

春秋时期地方行政制度为郡县制。县的长官为县大夫，下设有县师、司马、司寇等职官。县下出现了乡、里基层组织。战国时期，郡县制得到进一步确立。郡的长官叫郡守或太守，既是行政长官，又是军事长官，郡守一职由国君直接任免。县的长官叫县令，下设县丞、县尉、御史等属官。

3. 选官制度

夏、商、西周的官吏选拔制度主要是世袭制。王朝的官由王任命，诸侯由王册命，诸侯国的官由诸侯任命。王朝的官、诸侯以及下属官员都是世袭的，基本上是"公门有公，卿门有卿"。考试制度作为世袭制辅助措施在这一时期也出现了。到了春秋战国时期，世袭制逐渐衰微，荐举、游说自荐、对策或献策、军功入仕等选拔官吏的制度相继出现。

（二）秦汉时期官制

1. 中央官制

秦代确立了"三公九卿"中央官僚机构。西汉、东汉基本承袭这一制度，但是"三公九卿"的职权屡有变化。秦代的"三公"是指丞相、太尉、御史大夫。"三公"之下设有"九卿"：奉常，掌管宗庙、礼仪、文教；郎中令，掌管宫廷警卫；卫尉，掌管宫门警卫；太仆，掌管宫廷车马仪仗及全国马政；廷尉，掌管司法；典客，掌管诸侯、少数民族及外交事务；宗正，掌管皇族事务；治粟内史，掌管财政事务；少府，掌管皇帝私人财政和宫廷服御诸物。

西汉初年的中央官制基本承袭秦制。武帝以后，"三公"的名称发生了变化：丞相改为大司徒；太尉改为大司马，御史大夫改为大司空。"九卿"也有所变化：奉常改为太常，郎中令改为光禄勋，卫尉改为中大夫令，廷尉改为大理，典客改为大鸿胪，宗正改为宗伯，治粟内史改为大司农，其他诸卿名称没有变化。东汉仍旧沿袭"三公九卿"制。"三公"指太尉、司徒、司空。"三公"之上有太傅一人为上公。"九卿"名称没有变化。

2. 地方官制

秦代地方设郡、县二级。秦始皇分天下为36郡，后来增加到40余郡。郡下设若干县，万户以上的县设县令，万户以下的县设县长。县下设若干乡，乡设三老、啬夫、游徼。三老掌管教化百姓；啬夫掌管司法、税收；游徼掌管地方治安。乡下设里，里有里正。里下设亭，亭置亭长。亭下还有什、伍等基层组织。

西汉初年，郡国并行。改郡守为太守、郡尉为都尉，西汉又允封异姓诸侯王国和同姓诸侯王国，推行王国制。东汉地方官制是州、郡、县制与王国制并存。

3. 选官制度

秦汉时期选拔官吏有以下几种主要形式：

（1）察举。地方政府的长官在他们的辖区定期考察、选拔人才推荐给朝廷，经朝廷考核任命官职。

（2）征辟。由朝廷征聘为官员的，叫作"征"；由高级官员征聘为属官的，称为"辟"。

（3）任子。勋臣子弟依靠父兄的官秩和功劳而被保任为官。

（4）军功。两秦时即有按军功大小赏赐爵位和官职的，两汉时得到进一步发展。

（5）纳赀。秦代"入粟拜爵"，开纳赀取官之先河。东汉时期较为盛行。

（6）考试。汉代已经开始采用考试的方法来选拔官吏。

(三) 魏晋南北朝时期官制

1. 中央官制

魏、蜀、吴三国中以曹魏的中央官制最为完备和典型。曹操建立了以丞相为首的外戚台阁制。丞相下设东曹、西曹、法曹等。建安十年，曹魏设置尚书、侍中以及六卿。尚书省自此出现。曹丕称帝，增设中书省，行政长官称中书监，掌管机要，负责起草和发布诏令。魏时虽也设有太尉、司徒、司空"三公"，但没有实际职务，也不参与朝政。九卿官称虽沿汉制，但建置和职能有所变革。

两晋时期，丞相废置。丞相之下设有八公，即太宰、太傅、太保、太尉、司徒、司空、司马、大将军。两晋时的九卿空有其名，职权多被侵夺。

南朝宋、齐、梁、陈四个政权的中央官制大体承袭魏晋之旧制。

北魏初年，设官分职，多沿晋代旧例。改革后的中央官制如下：三师，即太师、太傅、太保；二大，即大司马、大将军；三公，即太尉、司徒、司空；尚书省、中书省、门下省的建置与两晋、南朝相比相差无几。东魏、西魏以及北齐政权的中央官制都是仿照北魏而建立的。北周官制比较完备。设有太师、太傅、太保"三公"，配置少师、少傅、少保"三孤"。仿《周礼》六官之制，设置六卿，即天官府大冢宰、地官府大司徒、春官府大宗伯、夏官府大司马、秋官府大司寇、冬官府大司空。

2. 地方官制

魏晋南北朝时期，地方行政制度比较混乱，没有形成整齐划一制度。但大体上来说仍旧是州、郡、县三级。

3. 选官制度

魏晋南北朝主要的选官制度是九品中正制，也称九品官人法。各州郡置"中正"官负责考察本州人才，这是实施九品中正制的关键。"中正"官的选择标准是：本地德高望重的上品人。除九品中正制以外，察举、征辟、考试等选官制度在魏晋南北朝时期仍旧存在，但不作为定制。

(四) 隋唐时期官制

1. 中央官制

隋朝重新确立了三省六部制。隋朝的三省包括尚书省、内史省、门下省。尚书省是由汉魏以来的尚书台发展而来的；内史省是由汉魏时期的中书令演化而来的；门下省也是承袭汉魏之制而来的。除三省之外，隋中央还设有秘书省和内侍省以及御史台，御史台是隋代的监察机关，长官为御史大夫，次官称治书侍御史。

唐代中央官制基本因袭隋之旧制。在继承隋朝三省六部制基础上，唐朝又发展了这一制度。与隋朝相比，唐朝的三省六部制要更加完备和严密。作为制令机关的中书省、封驳审议机关的门下省和行政事务机关的尚书省，既有明确分工，又有密切合作。

2. 地方官制

隋初地方官制为州、郡、县三级。全国约有州 201 个、郡 508 个、县 1 124 个。公元 583 年，隋文帝废除了郡级建制，以州直接统县，同时合并了一些州县。公元 607 年，隋炀帝改州为郡，这样地方官制就变成了郡、县两级。除州（郡）县以外，隋代地方还有两类行政机构。一是行台省，统辖所辖州县军政事务；二是总官府，掌管一州或数州军政事务。

唐初因袭隋朝旧制，地方官制基本是州、县两级制。

3. 选官制度

隋唐时期选拔官吏的主要措施是科举制度。

（五）宋元时期官制

1. 中央官制

宋代虽然设有三省六部，但已经不是实权部门，几乎形同虚设。国家中枢机构的实际权力归属于"两府三司"。两府：中书门下，掌管国家行政事务；枢密院，掌管国家军事。三司，掌管国家的财政大权。御史台是国家最高监察机构，下设察院、殿院、台院。皇帝临时加派转运使、观察使、按察使等监察御史。地方的通判是常设的监察官员。

元代"遵用宋法"，在中央设中书省统领全国行政，枢密院掌管军事，御史台负责监察。枢密院是最高军事机关，设有知院、同知、副枢、佥院、同佥、院判、参议等官，分管各项军政事务。御史台设御史大夫、中丞、侍御史、治书侍御史等官，分管御史台及所属各部门的监察事务。元代中央还设宣政院掌管宗教、通政院掌管驿站、翰林院掌管制诏、将作院掌管手工工匠、集贤院掌管学校。

2. 地方官制

宋代地方行政机构分为三级，最高一级是路，路下设府、州、军、监（同级），其下是县。路作为最高一级地方行政机构，设有帅、宪、仓、漕等司，各司互不统属，直接对中央负责。府、州、军、监的长官分别称作知府、知州、知军、知监，副长官为通判。长官都由皇帝直接任命中央文职官员担任。

元代的地方官制分为行省、路、州、县四级。

3. 选官制度

宋元时期的选官制度主要是科举制度。

（六）明清时期官制

1. 中央官制

明代对以前历代官制在继承基础上又有了新的发展。明代撤销中书省，废除丞相，分相权于吏、户、礼、兵、刑、工六部，由皇帝直接统率六部。建立了内阁制度，创设了前、后、左、中、右五军都督府，改御史台为都察院。明代中央还设有通政使司、翰林院、詹事府、国子监、太常寺、光禄寺、鸿胪寺、太仆寺等官僚机构。

清代中央官制如下：

（1）内阁。清初设内三院，即内国史院、内秘书院、内弘文院。顺治十五年（公元1658年）改三院为内阁。内阁办公的大学士，称作殿阁大学士，下有协办大学士、学士和侍读学士等，内阁实际上是承旨出政的中央最高办事机构。

（2）军机处。清代最重要的中央最高决策机构。军机处设有军机大臣若干人，大多由殿阁大学士、六部尚书充任。

（3）六部。吏部，为管理文职官员机关；户部，掌管全国疆土、田地、户籍、赋税、俸饷、财政等事宜；礼部，掌管全国的祀典、庆典、国礼、丧礼、学校、科举以及接待外宾等；兵部，下设武选、车驾、职方、武库4司。军机处，凡用兵大事悉归皇帝直接领导，这样兵部权力就变小了；刑部，掌管全国的刑罚政令。

（4）都察院。清代都察院设有左右都御史、左右副都御史等职官，和明代职能基本一样。

（5）理藩院。理藩院是专门管理少数民族政务的中央机构。

2. 地方官制

明代废除行省，改设承宣布政使司，并将原来行省的权力一分为三，承宣布政使司掌管行政，都指挥使司掌管军事，提刑按察使司掌管司法，三司之间互不统属，全归中央管辖。承宣布政使司下设府、县两级。明代初年，改路为府。府分上、中、下三等。全国有府159个。府下设县，全国有县1 171个。明代的州有两种：一种是同府平级的，叫直隶州；一种是和县平级的，叫散州。在边疆少数民族地区，明代设置一种特殊行政机构叫土官衙门，任命少数民族首领做该地区的官吏统治当地人民，这一制度叫土官制度。后来又在个别地区实行"改土归流"，即改土官制度为流官制度，由中央派遣官吏到那里充任官吏，从而加强了对少数民族的统治。

到了清代，总督、巡抚统领省政作为一种制度确定下来。总督是兼管两省或三省政务的高级地方官，巡抚主管一省。清代每省除设巡抚以外，还设承宣布政使司（简称布政使司）和提刑按察使司（简称按察使司）。府是清代地方的第二级行政机构，府下设县。

3. 选官制度

明清两代选拔官吏的主要制度都是科举制度。

二、古代科举制度

科举即分科举拔的意思。科举制度是中国封建时代选拔官吏的制度，确立于隋，完善于宋，延续至明清，直到1905年才被废止，前后经历1 300余年，是中国历史上延续时间最长的人才选拔制度，对中国封建社会产生了广泛而深远的影响。

（一）科举制度的产生与发展

隋朝建立以后，隋文帝废除九品中正制，规定采用考试的方法选拔官吏，于开皇十八年（598年）、大业三年、五年（607年、609年）诏诸州分二科、十科、四科荐进，由朝廷策试授官，这就是科举制的开始。科举制的实施是中国用人制度的一次历史性变革。

唐代继承发展和完善了隋代的科举制度。唐代的科举考试方式有两种：一种是常科；一种是制科。常科就是每年举行一次考试，设立的科目不下几十种，常见的有秀才、明经、俊士、进士、明法、明字、明算等，其中以明经、进士两科最为重要。制科是皇帝临时设立的科目，也叫特科，内容繁杂，是朝廷特选人才的一种方法。

州县的预试在秋季举行，称"秋闱"，考中的人由县长官设乡饮酒礼招待，称"鹿鸣宴"。每年10月随地方向京城进贡的粮税一起解赴朝廷，称"发解"，所以州县预试又称"解试""发解试"，第一名称"解元"。朝廷考试由尚书省的礼部主持，在春季举行，称省试或礼部试，又称"春闱""礼闱"。考试合格初录取称为及第、擢第、登科，考不上称落第。进士及第称进士第，第一名称状元或状头。及第者称考官为"座主"，自称"门生"，同科及第者互称"同年"。赐宴给新进士及诸科及第者，称"闻喜宴"。新进士还要到长安南郊的风景名胜的曲江杏园宴游，称"曲江宴""杏园宴"，杏花因此也称"及第花"。宴游后还要到大雁塔题名留念，称"题名会"或"雁塔题名"。

唐代从武则天开始还创立武举，由兵部主持考骑射等武艺，合格者可以直接授官，但是不被举子们看重，影响不大。

宋代吸取唐代科举制度的缺陷和弊端，通过改革进一步完善科举制，主要包括以下几个方面：一是礼部的考试，主考官由皇帝直接任命，而不是由礼部侍郎担任。这加强了皇帝对科举考试的控制。二是建立三级考试制。在唐代解试、省试两级考试外设立殿试，由皇帝亲自主持，并决定录取名次。殿试合格者授本科及第、出身、同出身等身份。北宋时殿试第一名称榜首，二、三名称榜眼，一、二、三名都可以称状元。南宋以后，专以第一名称状元，第二名称榜眼，第三名称探花。解试、省试、殿试都考第一，称"连中三元"。此外，宋英宗治平三年（1066年）起，改每年一次的科考为三年一次，此后成为定制。三是扩大取士名额，使科举出身成为上下各级官员最基本的来源。唐代取士最多时每年不过30人，宋代最多一科达900人，宋仁宗时对取进士名额作了限定，规定每科不超过400人。

元代科举考试，分乡试、会试、御试（殿试）三级，试题内容都出自朱熹的《四书章句集注》。

科举考试的完备阶段在明清两代。朱元璋建立明朝以后，规定"中外文臣皆由科举而进，非科举者勿得与官"，奠定了明清两代全面恢复北宋以来文官政治的基础。

明清两代考试分院试、乡试、会试三级录取。考试内容以八股为主，会试还要经过朝考才能分配官职。

明清的院试要经过三次考试，即县试、府试、院试，合称"童生试"。应试者无论年纪大小一律称童生。这三次考试及格以后就叫"生员"，也叫"诸生""庠生"，俗称"秀才"。考中秀才享有免除赋税徭役、见官不跪的特权。秀才不能当官但是可以参加乡试。

乡试相当于唐代的解试，每三年一次，逢子、午、卯、酉年为正科，遇庆典加科为恩科，时间在秋八月，因此也称"秋闱"。在各省城贡院举行，共考三场，由朝廷派翰林或部属官主持。考中者称"举人"，第一名称"解元"。中举以后算正式进入统治阶级，既可以参加会试，也可以要求担任教职，去做学官，甚至还可以参加大选，候知县。

会试是全国范围的考试，也是每三年一次，于乡试第二年举行。时间在春三月，由礼部主持，因此也称"礼闱"或"春闱"，发榜时正值杏花开放，故称"杏榜"。主考官由皇帝直接任命，必须是进士出身，参加考试的人必须是举人。各省举人进京，由地方政府发放路费。考试地点在京城贡院。会试考中后通称"贡士"，第一名叫"会元"。

会试后是殿试，地点在今故宫保和殿，由皇帝主考，考中者称为"进士"。发榜时采用金榜，因此考中进士又叫金榜题名。殿试分三甲录取，第一甲取三名，分别称为状元、榜眼、探花。殿试之后还有一次考试，叫朝考，目的是分配官职。状元、榜眼、探花不参加朝考，按例状元授翰林院修撰，榜眼、探花授翰林院编修。

（二）科举制度的利弊

科举制度作为封建社会的人才选拔制度，对历史发展有其进步的积极意义。科举制度打破了门阀制度的限制，给更多的中小地主阶级知识分子提供了实现抱负的机会与渠道，保证了封建社会的长期稳定和发展。唐宋以来著名的政治家、思想家、文学家、史学家，如韩愈、柳宗元、白居易、范仲淹、欧阳修、王安石、朱熹、文天祥、王守仁、张居正、林则徐等，绝大多数是进士出身。科举使统治阶级内部成员不断更新，使国家机器保持了相对的活力，相对缓和了社会矛盾。科举制度还促进了古代文化的繁荣，由于科举与功名富贵相关联，客观上促进了古代教育的发展，不只有国子监、州府县学等官学，还有书院、塾馆等各种形式的私学，形成勤奋好学的风气。此外，唐代取士重诗赋，宋代取士重策论经义，这对于唐诗、宋词有举足轻重的影响作用。

科举制虽然有积极的历史作用，但同时也伴随着钳制、束缚知识分子等消极作用，且越到后来越明显。科举制把"学"与"仕"联系起来，强化了中国封建社会固有的权力至上的

"官本位"意识,使读书应试,从政做官成为知识分子的必由之路。但是录取名额有限,只有极少数者能考中,绝大多数最后一无所成。科举考试以儒家思想为内容和标准,没有其他学术思想的立足之地,到明清两代采用八股文取士,连文章格式都有严格规定,将知识分子的头脑嵌入官方既定模式,不允许有任何独立的思想。这就使中国知识分子成为政治权力的依附者,缺乏独立的社会地位和自我意识。科举考试中的考官和考生作弊现象更是层出不穷,屡见不鲜。

专题三 中国古代称谓

一、古代姓氏渊源

姓氏是标志社会结构中一种血缘关系的符号。姓氏的产生、分化、演变,从一个特定的角度反映着中国古代文化的特点。姓氏作为一种文化符号,它的内涵是非常丰富的,作为一种制度文化,它的综合性的文化特征又是非常明显的。

(一)姓氏的产生与发展

中国姓氏的产生一般可以追溯到母系氏族社会。那时的人们按母系血缘分成若干氏族,每个氏族都以图腾或居住地形成互相区别的族号,这个族号就是"姓"。《说文解字》中说"姓,人所生也。古之神圣,母感天而生子,故称天子,从女从生。"在母系氏族社会里,人们"聚生群处,知母不知父",子孙世系的计算只能依据母亲方面而行,所以中国最古老的姓如姬、姜、姚、妫、嬴、娄等都含"女"字。姓表明女子世代相传的血统关系,所以上古人称姓,其重要作用在于"明血缘""别婚姻",实行"同姓不婚",即实行族外婚。外婚制能避免近亲结婚,有助于人类的繁衍,并且可以通过通婚加强各氏族之间的联系。

氏的产生要比姓晚一些,是姓所衍生的产物,即姓的支族。起源于母系氏族社会之后的父系氏族社会,盛行于周代的分封制度。随着一夫一妻制家庭形态的出现和私有制的产生,子女不仅知其母,也知其父,世系的计算改变为依据父亲,于是"男子称氏"。最初,氏是同姓部落的名称,后来则逐渐演变为专指部落首领相沿承袭的尊号。中国古代传说中的英雄人物如伏羲氏、神农氏、轩辕氏等都以氏称。

到了夏、商、周三代,姓氏又带上了浓厚的阶级色彩,特别是氏,都是由统治者赐封而得到的。如果封邑、官职或居住地发生变化,氏也就跟着变化。如商鞅原为卫国公族,可称"公孙鞅",也可称"卫鞅",后来他被封于商,故而又称"商鞅"。这就是史书上所说的"男子称氏以别贵贱"。而女子,在家只能按孟、仲、叔、季等排行相称。此外,夏、商、周三代严格实行"同姓不婚"制度,因此,女子出嫁时都要用姓标明血统,而在姓之前冠以孟、仲、叔、季等排行,如孟姜、仲姜、孟姬、仲姬等,人们所说的"孟姜女",意思是姜姓长女。女子出嫁后可以在自己的姓前冠以出嫁前本国国名,如齐姜、晋姬、秦嬴等。嫁给别国的国君,要在姓上冠以丈夫受封的国名,如秦姬、芮姜、江芈等。

氏不仅是部族、宗族的徽号,也是社会地位尊卑、贵贱的标志。这种以"氏"别贵贱的风尚,在从父系氏族社会到先秦时期这一历史阶段,相当盛行,形成"同姓异氏,一姓多氏"社会格局。

这样随着父权制的确立和氏的形成,母系氏族逐渐被父系氏族所取代,所有的血缘关系,均由父系来确认。所以母系姓族之解体,父系氏族之兴起,成为姓氏演变过程中又一个重要的里程碑。

秦汉以来，姓氏合而为一。《通志·氏族略》载"秦灭六国，子孙该为民庶，或以国为姓，或以姓为氏，或以氏为氏，姓氏之失，由此始……兹姓与氏浑为一者也。"自此以后，姓即氏，氏即姓，姓氏或氏姓成了姓或氏的一种书面用语。

中国姓氏文化历经了5 000年，始终延续和发展着。姓氏一直是代表中国传统宗族观念的主要外在表现形式，以一种血缘文化的特殊形式记录了中华民族的形成，在中华民族文化的同化和国家统一上曾起过独特的民族凝聚力的作用。

（二）姓氏的主要来源

姓氏的来源相当复杂，历史上有许多研究专著。东汉应劭《风俗通姓氏篇》归纳为9大类，宋代郑樵《通志氏族篇》细分为32类。这里概括为下以几类：

（1）最早产生的姓。它们多带女字旁，如姜、姬、姚、姒、嬴等。

（2）以国邑名为姓氏。如夏、商二代均封侯赐地，西周初年更是实行大封建，大大小小的诸侯国遍布九州，这些国名便成为其国子孙后代的氏。如程、房、杜、戈、雷、宋、郑、吴、秦等。周文王封少子于狄域，其子孙便姓狄。白狄族一支在今河北省无极县建立鼓国，后代便有姓鼓。有的姓是秦汉以后外邦人带来的，如米姓出自西域米国，安姓出自安息。

（3）以官职为姓氏。如西周的官职司徒、司马、司空后来均成为姓。又如汉代有治粟都尉，后代便姓粟。

（4）以先人的字或名为姓氏。如周平王的庶子字林开，其后代姓林。又如齐国大夫童刁的孙子以刁氏传世。

（5）以排行为姓氏。周代以孟（伯）、仲、叔、季为排行次序，其后代就可称孟氏、伯氏、仲氏、叔氏、季氏，如春秋鲁国有孟孙氏、叔孙氏和季孙氏。

（6）以爵号、谥号为氏。爵号中以王、侯二氏最为突出，特别是王氏来源不只一处，但都与祖先封王或称王有关，故有姬姓王，子姓王，姒姓王，还有少数民族的王，成为中国一大姓。以谥号为姓，如庄氏原为楚庄王之后，康氏原为周武王之弟康叔之后，又如文、武、简、闵、穆、宣等。

（7）以居住地为姓氏。这类人没有资格取得封地便以居住地为氏。如住在池边人以池为姓，住在柳下的以柳为姓。又如东郭、南郭、西郭、北郭、南宫、西门等。

（8）以职业、技艺为姓氏。商朝有巫氏，是用巫占卜的创始者，后世便有巫姓。又如卜、陶、甄、屠等姓均是如此。在夏、商、周时代这些人属于低级贵族，不得封土，但可称氏，当时称作百工，后人即以所从事的职业为姓。

（9）因皇帝赐姓、避讳而改姓。如宋代西夏李继迁被赐姓赵，明末郑成功被赐姓朱；又如唐玄宗李隆基即位，姬姓改为周姓；唐宪宗李纯即位，淳于姓改为于姓等。

（10）由少数民族的称呼转化而来的姓氏。如慕容、尉迟、宇文、长孙、呼延等。

（三）全国姓氏数量

宋代初年，钱塘的一位读书人编过一本《百家姓》，收录当时常用单姓408个，复姓76个，国尊"国姓"，故以"赵"居首。钱塘所在的吴越国皇帝姓钱，故居第二。孙、李、周、吴、郑、王都是贵戚之姓，居第三至第八。但《百家姓》所收姓氏太少，不足以反映全国的姓氏情况。宋代的姓氏书籍还有《姓氏急就篇》《姓解》《古今姓氏书辨证》等。

后世又有许多有关姓氏的书出现，所收录的姓氏数目各不相同。明初吴沈据全国户口黄册纂成《千家姓》，收录姓氏1 968个。近代臧励和所编《中国人名大辞典》，收入4 129个。1984年人民邮电出版社出版的《中华姓氏大辞典》统计，中国历史上共有姓氏11 969个，其中单姓5 327个，双姓4 329个，其他姓氏2 313个。2010年由江西人民出版社出版的《中国姓氏大辞典》是中国目前姓氏大辞典中最新最全的一本，共收录23 813个姓氏，其中单姓6 931，复姓和双姓9 012个，但据专家估计，中国古今实际使用过的姓氏不会有这么多，大约有18 000个。

虽然中国有这么多的姓氏，但姓氏的使用却非常集中，其中人口数量排名前一百位的姓氏人口占全国总人口的87%，再细分，前10大姓氏又占了全国总人口的一半左右。根据国务院人口普查办公室2015年最新统计显示，李王张刘陈——中国五大姓人口近4亿，其中李姓占全中国汉族人口的7.94%，王姓占全中国汉族人口的7.41%，张姓占全中国汉族人口的7.07%，刘姓占全中国汉族人口的5.38%，陈姓占全中国汉族人口的4.53%。

二、古代人的名、字、号

（一）名与字

名与姓氏不同，姓氏是个人的，也是家族的，由继承而来。姓氏是一个人的根基和归属，一般不可以随意改动或一人姓两姓，而名字是个人独有的，是自我的存在。古代除了有名还有字。今人只有名没有字，名与名字是一样的。

中国的人名出现很早，大概原始氏族社会就已经出现了，如传说中的盘古氏、女娲氏、伏羲氏、有巢氏、燧人氏。《说文解字》中说"名，自命也，从口夕，夕者冥也，冥不相见，故以口自名"。这大概就是人们常说的"小名"或"乳名"，后来随着社会的发展和社会交往的扩大产生了大名（学名）。过去人一出生，家中长辈就给取个小名。小名，又叫乳名、幼名、奶名。比如司马相如小名"犬子"，曹操小名"阿瞒"，刘禅小名"阿斗"，刘裕小名"寄奴"。上学后，才有了正式的名，这名又叫学名、大名、大号。

《礼记》中说："男子二十，冠而字；女子许嫁，笄而字。"说的是在古代，小孩子生下来3个月由父母命名，男子到了20岁，由父亲在宗庙主持冠礼，把头发束起来，在头顶盘成髻，这表示可以娶媳妇了，有资格参军与参加祭祀了。然后由身份高的老人根据男孩的名取字。有了字的男人，才算是成年男子汉。女子到15岁举行笄礼，取字。所谓笄就是在头发上插簪子，这表示女孩可以找婆家了。过去说的"待字"就是待嫁，"未字"就是未嫁，"字人"就是出嫁的人。

自古以来中国人对命名是比较讲究的，名字往往折射出不同时代的文化心理。商代社会迷信盛行，社会生活简单，人们都以生日命名，30几个商王几乎都是以天干为名，其他人则以地支为名。周朝礼制规范有很多命名的规定。如《左传》说："名有五：有信、有义、有象、有假、有类。"以出生时的情况命名为"信"；以道德品行命名为"义"；以某一物的形象命名为"象"；借用某一物体的名称为"假"；取婴儿与其父相同之处命名为"类"。如孔子的儿子出生时，鲁昭公送了一条鲤鱼，即命名孔鲤，字伯鱼。春秋战国以后"礼崩乐坏"，命名更多反映了社会下层的风貌，以贱、丑命名，如鲁文公的儿子取名"恶"。汉代国力强盛，祈求长生不老，取名多用"安国""去病""延年"等。西汉末年王莽禁取复名，人名多取单字。到魏晋南北朝，因单名重名太多，复名兴起，由于受士大夫清高风气影响,人们取名喜欢用"之"字,如祖冲之、王羲之、王献之、顾恺之等。又因佛教盛行,取命又多取佛语,如王僧辩、王僧智、柳生景、柳生习等。后世取名则多受社会地位、文化修养、信仰爱好、时代风气等影响,或誉美,或褒德,或喻义,或励志,或祈福,或吉祥……中国人的姓名虽十分繁杂,却总能从一个人的姓名中窥见其民族、家庭、身世、文化、教养、爱好等。

古人不但有名还有字。《颜氏家训》说:"名以正体,字以表德。""表"就是表达,所以字又叫表字。上面说的归纳起来就是,字是从名派生出来的,它的作用是表达名的意思。字与名的关系密切,如屈平,字原,广平曰原,意思相同;陆机,字士衡,机、衡都是北斗中的星名,互为辅助;曾点,字皙,点为黑污,皙为白色。曹操,字孟德,《荀子·劝学》篇说:"生乎由是,死乎由是,夫是之谓德操。"字和名在一句话里,合成德操,即道德操守,字对名做了修饰性解释和补充。再如三国时,孙坚为长子取字伯符,为次子取字仲谋;孙翊排行老三,取字叔弼;孙匡排行老四,取字季佐,以在家中排行为字。

(二)号

号也叫别字、别称、别号。号的流行在唐宋以后,明清盛行。号初为自取,称自号,后来才有别人送上的称号、雅号等。号以明志,古人的号往往是其心境心态的展现,大都能体现其思想、志趣、爱好、倾向等。如宋代大诗人、大书法家黄庭坚在安徽潜山时,因流连山谷寺风光而自号山谷道人;在贬谪涪州后,又号为涪翁。明代书法家黄道周自幼坐卧石室中读书养性,故号石斋。书画家陈洪绶在明亡后浪迹佛门,冷眼尘世,自号悔迟。书法家傅山于明亡后着朱衣(明朝皇帝为朱姓)、居土穴,以表抗清复明之志,因号朱衣道人等。

三、帝王官僚及皇亲的特殊称谓

(一)谥号、庙号、年号、尊号

1. 谥号

谥号是人死之后,后人给予评价的文字。长短字数不定,因官职地位而定。谥号是周开始的,除了天子,诸侯、大臣也有谥号,周王室和春秋战国各国广泛施行谥号制度,直至秦始皇认为谥号有"子议父、臣议君"的嫌疑,因此把它废除了。直到西汉建立之后又恢复了谥号。

谥号初起时,只有"美谥""平谥",没有"恶谥"。善、恶"谥号"则源自西周共和以后。最高的褒扬就是文、武,还有成、桓、昭、穆、景、明等也是褒字;厉、幽、炀都是贬字;冲、殇、愍、哀、悼等谥表示同情且兼有不同程度的贬义。谥号最初用一个字,后来有两个字的,例如战国时赵武灵王、魏安僖王,还有三个字的,例如贞惠文子;后世又有增字,甚至多至一长句的。被杀或被废的帝王多没有谥号。

谥号还可以由朝廷赐给公卿大臣。朝廷赐谥,很多时都是有褒有贬的,有的还既扬善又不讳恶。例如唐代萧瑀谥号贞褊,贞表示他端直,褊表示他多猜疑。美谥亦可追夺,如秦桧死后,宋高宗赐谥忠献,意思是褒扬他危身奉上、智质有圣,至宋宁宗时追夺原谥论,改谥缪丑,那是指斥他名实相悖、怙威肆行。明清的情况则较为特别,规定礼部奏请才能得谥。换句话说,获得请谥者必是朝廷眷念怜惜之臣,其谥号自然没有贬义,只不过赞美程度有轻重之别。

2. 庙号

庙号是皇帝于庙中被供奉时所称呼的名号，源于重视祭祀与敬拜的商朝。自从始皇帝建立华夏第一个集权皇朝——秦朝之后，将庙号连同谥号制度一并废止。汉朝以后承袭了庙号制度。汉朝对于追加庙号一事极为慎重，不少皇帝因此都没有庙号。刘邦是开国君主，庙号为太祖，谥号为高皇帝。两汉皇帝人人都有谥号，但有庙号者极少，尤其是西汉，非有大功大德者不能拥有。到了魏晋南北朝时期，庙号开始泛滥（"降及曹氏，祖名多滥"）。而到了唐朝，除了某些亡国之君以及短命皇帝之外，一般都有庙号。

庙号常用"祖"字或"宗"字。开国皇帝一般被称为"太祖"或"高祖"，如汉太祖、唐高祖、宋太祖；后面的皇帝一般称为"宗"，如汉太宗、唐太宗、宋太宗等。但是也有例外。"祖"之泛滥，始于曹魏。到十六国时期，后赵、前燕、后秦、西秦等小国，其帝王庙号几乎无不称祖。

在称呼时，庙号常常放在谥号之前，同谥号一道构成已死帝王的全号。习惯上，唐朝以前对殁世的皇帝一般简称谥号，如汉武帝、隋文帝，而不称庙号。唐朝以后，由于谥号的文字加长，则改称庙号，如唐太宗、宋太祖等。

3. 年号

年号是封建皇帝即位后用于纪年的名号。第一个年号出现在西汉汉武帝时期，年号为建元（前140—前135）。此前的帝王只有年数，没有年号。记录年代的开始之年称为"纪元"，改换年号叫作"改元"。新皇帝即位必须改元，一般是在即位后第二年开始使用新年号，也有一些从本年年中算起，极个别的也有沿用旧年号者。同一皇帝在位时也可以改元，如汉武帝曾改元为元光、元朔、元狩、元鼎、元封、太初、太汉、太始等。历史上最长的年号是清圣祖玄烨所用的康熙，长达61年。历史上改用年号最多的人是武则天，17年中改元18次，平均不到一年改一次。明清两朝除明英宗因两次登位有两个年号外，其余都是一帝一号，所以人们也常用年号指皇帝。

4. 尊号

尊号是指帝、后在世时臣下奉上的、表示尊崇颂扬的称号。它由大臣们议定后上奏，经皇帝批准并向全国臣民公开发布。其政治上的用意是对在位皇帝进行歌功颂德，赞美他的文治武功等业绩。也有个别是死后才奉上的，如唐高宗死后直到玄宗天宝十三年才上尊号为神尧大圣大光孝皇帝。

尊号是从唐朝武则天开始的。武则天为满足自己的虚荣心、扩大影响力，先后加了四次尊号，她死前被迫让位给中宗，中宗又奉上尊号则天大圣皇帝。

唐五代时，尊号一般为四字或六字，后面再加上"孝皇帝"三个字。如唐高祖的尊号为神尧大圣大光孝皇帝，唐中宗的尊号为大和圣昭孝皇帝。自宋代以后尊号越来越长，例如宋太祖尊号为启运立极英武睿文神德圣功至明大孝皇帝，共16个字，明太祖的尊号更长达20个字。

皇后、皇太后的尊号后来称为徽号。如清代同治帝生母那拉氏为圣母皇太后，上徽号为慈禧。皇帝几乎都有尊号，但帝后则多无徽号。

（二）帝王其他称谓

帝王常用的自称有：朕、孤、寡人等，具有自谦的意思。臣子不能直接称呼"皇帝"，而是采用别的称呼，常用的有：上、皇上、陛下、天子、万岁、万岁爷、九五之尊、大家、天家等。

(三) 皇族与皇亲称谓

古代皇族或皇亲属特殊高级权贵，称谓也很复杂，主要有：

太皇太后：皇帝的祖母。

皇太后：皇帝的母亲。

皇后：皇帝的正妻。

嫔妃：皇帝诸妾的通称，根据地位的高低有不同的称号。

皇太子：皇帝诸子中皇位的法定继承人，也称太子。

公主：帝王、诸侯之女的称号，汉代开始专指皇帝之女。

驸马：中国古代帝王女婿的称谓，又称帝婿、主婿、国婿等。

专题四 中国古代思想文化及科技文化

一、古代思想文化

(一) 儒家思想

儒家哲学的核心思想是"仁"。"仁"是中国古代一种含义极广的道德范畴，指人与人之间相互亲爱。孔子把"仁"作为人的最高道德原则、道德标准和道德境界。他第一个把整体的道德规范集于一体，形成了以"仁"为核心的伦理思想结构，包括孝、悌、忠、恕、礼、知、勇、恭、宽、信、敏、惠等内容，对后世产生很大的影响。

"仁"字的基本含义是表示人与人之间的相亲相爱，即像爱自己一样体贴、亲爱别人。孔子的仁爱思想，包含了原始人道主义的成分，重理性、道德、人生的人本主义等，主要是指"爱人"。这里的"爱"是爱惜、爱护之意，为广义之爱，即大爱。孔子"仁"学思想的提出在哲学史上是一个具有理论贡献的创新。他是第一个将"仁"提到哲学高度的人，他把"仁"这一概念提炼为最高伦理范畴，赋予广泛的意义，并把它同"礼"有机结合在一起，组成了他庞大思想体系的核心。

"礼"是伴随"仁"产生的另一重要思想。孔子所谓的礼，已经不是周礼的原貌，而是经过"损益"有所发展的"礼"了。他以仁释礼，提出"人而不仁，如礼何？"把不仁视为礼崩乐坏的主要原因。他提出"仁者爱人"的观点，用爱人亲人之心推及他人就是仁，这就以血缘为纽带而又不拘守血缘的限制，从而突破了以血缘为基础的周礼，把礼推到了社会各阶层。人殉、人祭本是古礼，孔子却斥之为"非礼""不仁"，这反映出礼因为有了仁的精神，出现了新的面貌。孔子还把礼列为人人可学的对象，同求仁一样，"复礼"也不假外求而完全取决于自己，"一日克己复礼，天下归仁焉"，不论门第出身，职位高低，谁具有克己复礼的功夫，谁就是仁人。从而将治政的途径，引向诲人自省的道德修养，形成了儒家政治思想的中心内容。

什么是"礼"呢？"登降揖让，贵贱有等，亲疏之礼，谓之礼""礼者，尊卑之差，上下之制也"。这无疑讲的是周礼。孔子所主张的礼既有周礼的继承，又增添了新的内容，即"仁"。而周礼是不包含有全新含义的"仁"之内容的。

孔子眼见春秋末期的社会大动乱，想用传统的礼的形式拨乱反正，但感到原样恢复礼的传统内容不合于其仁的原则和要求,也解决不了主要问题。于是采用了礼的形式而变革了礼的内容。这就把西周奴隶主统治者专门用以维护其专制统治的礼(即一系列礼仪制度等),改变为密切伦理关系、改善社会关系、调整政治关系的礼了。孔子要人们——包括统治阶级和被统治阶级,要"知礼""立于礼"。他说,"不知礼,无以立",要人们"非礼勿视,非礼勿听,非礼勿动"。

孔子针对当时的社会现实,认为"合诸侯,艺贡事,礼也"。这反映了他的政治倾向——大一统思想。他将"仁者爱人"的精神融入"礼"之中,将"爱而无私,上下有章"称为"知礼"。他告诫统治者要依礼行事,对人民要"道之以德,齐之以礼",使人民"有耻且格",从而遵循礼的规则。"以礼会时,夫民见其礼,则上下不援,不援则乐,乐斯毋忧,以此怨省而乱不作也",从而达到和谐的"礼治"境界,即"至礼不让而天下治"。

孔子提倡"复礼"收到了一定效果。所谓"仲尼为政于鲁,道不拾遗……""孔子弟子七十,养徒三千人,皆入孝出悌,言为文章,行为仪表,教之所成也"。由上可知,孔子思想的主流不是复古,而是改良和革新。孟子称孔子是"圣之时者",是很中肯的评价。孔子实际上是借恢复周礼的口号,托古革新。孔子虽然"知其不可而为之",到处碰壁,困难重重,但主观思想上也有合理的积极因素。他用"仁德"赋予"礼"以新的内容,而并不机械地照搬一切繁琐的礼仪形式。他把殷周统治者借天命和神权建立起来维护统治秩序、等级制度的一切典章制度,用现实生活中的人道主义和理性主义加以合理的改革和解释,推陈出新,使人们乐于接受,从而调整已经混乱的社会秩序,建立一个和谐讲"礼义"的社会。

(二) 道家思想

道家哲学思想的核心是"道"。"道"究竟是什么呢?归根到底,"道"是宇宙之本,万物之根,人类之始,运动之理。《老子》开篇就说:"道可道,非常道。名可名,非常名。无名天地之始,有名万物之母。"老子还把"道"归结为天的生成原理。天究竟是怎样生成的?似乎更复杂了。《易经》说:"无极生太极,太极生两仪,两仪生四象,四象生八卦,八卦生万物。"老子说:"道生一,一生二,二生三,三生万物"。其实这是一种思想的两种表述而已。从根本上说,无论是宇宙,还是我们身边的鸡毛蒜皮都是由于"阴"和"阳"的对立统一形成的。《易经》和道家思想都认为在生成原理上,天和万物是一样的。只是老子说得更清楚和明白而已。这就是老子的"天下母"的思想。他说:"天下有始,以为天下母。既得其母,以知其子。既知其子,复守其母,没身不殆。"归结起来这就是"天人合一"的哲学思想的来源。

从这里可以看到,"道"是指天地"始",而更重要的是"天"和"人"的运动规律,以至于中国文化中出现了很多关于"道"的规律的概念。比如,大道、正道、邪道、道理等。符合规律的就是正道,不符合规律的就是邪道。后来封建统治者又把"道"作为自己的化身,认为维护君王的就是正道,不符合君王的就是邪道等。道的这一概念,无论在中国哪一学派中,包括政治、军事、文化等任何一个领域都可以找到它的影子。所以,如果抽去了"道"的思想,中国文化就要散架。

道家主张顺其自然,无为而治。老子认为"我无为,而民自化;我好静,而民自正;我无事,而民自富;我无欲,而民自朴",而且一再强调无为才能无不为。所以"无为而治"并不是什么也不做,而是不过多的干预、顺其自然、充分发挥万民的创造力,做到自我实现。

(三) 墨家思想

墨家是中国东周时期主要哲学派别之一，与孔子（儒家）、老子（道家）为代表的三大汉族哲学体系形成了诸子百家争鸣的繁荣局面。墨家约产生于战国时期。创始人为墨翟（墨子）。墨子，名翟，大约生活在公元前479—公元前381年之间。对于他是哪国人一直有不同看法，有人认为他是鲁国人，有人认为是宋国人。《墨子》一书由他的弟子编辑而成，是墨家的代表著作。

墨家思想更多地代表了下层劳动者的利益要求。墨子的基本思想包括"兼爱""非攻""尚贤""尚同""节葬""节用""非乐""非命""尊天""明鬼"等十大主张。

墨家的贡献不仅在思想理论方面，在自然科学和形式逻辑方面也有突出成就。墨子第一个提出机械设计三大定律，以规范机械师的设计标准，这三大定律在《墨子》中称"三表"：一要根据历史的经验；二要考察人们的反应；三要考察实际效果是否有利于国家人民。在墨子的著作中还阐述了对杠杆、斜面、滑车等机械原理。后期墨家对"故""理""类"等古代逻辑的基本范畴作了明确的定义，区分了"达""类""私"等三类概念，对判断、推理的形式也进行了研究，在中国古代逻辑史上占有重要地位。

(四) 法家思想

法家是战国时代后起的一个学派，也是产生重大影响的一个思想流派。法家的代表人物是韩非。韩非子（约前280—前233），韩国人，出身贵族，天生口吃，善写文章，与李斯同为荀子的学生，到秦国后被李斯所害，著有《韩非子》。

法家思想先驱可追溯到春秋初期的齐国管仲和郑国子产，实际创始者是战国前期的商鞅、慎到、申不害等。商鞅、慎到、申不害三人分别提倡重法、重势、重术，各有特点。到了法家思想的集大成者韩非子时，他提出了将三者紧密结合的思想。"法"是指健全法制；"势"指的是君主的权势，要独掌军政大权；"术"是指的驾驭群臣、掌握政权、推行法令的策略和手段。韩非子认为法、术、势三者都是"帝王之具"。专制主义的统治者有这三种工具就可以有效地统治臣下和劳动人民。这就是韩非子为当时的地主阶级提供的一整套的统治术。

法家重视法律，而反对儒家的"礼"。他们认为，当时的新兴地主阶级反对贵族垄断经济和政治利益的世袭特权，要求土地私有和按功劳与才干授予官职，这是很公平的，正确的主张。而维护贵族特权的礼制则是落后的，不公平的。法家反对保守的复古思想，主张锐意改革。商鞅明确地提出了"不法古，不循今"的主张。韩非子则更进一步发展了商鞅的主张，提出"时移而治不易者乱"。

法家也有其不足的地方。如极力夸大法律的作用，强调用重刑来治理国家，"以刑去刑"，而且是对轻罪实行重罚，迷信法律的作用。秦国灭六国统一中国，法家的作用应该肯定，尽管它有一些不足。

(五) 汉代经学

经学是指中国古代研究儒家经典学说，并阐明其含义的学问，内容几乎涵盖了中国古代文化的一切领域，涉及中国传统社会的政治、经济、伦理、文学、教育、艺术、法律、史学、宗教等。经学是从研究"六经"开始，一直发展到十三经。孔子晚年编订和整理了一些传统的文献，形成了《诗》《书》《礼》《易》《乐》《春秋》六经。

由于秦始皇采纳李斯的建议——焚书坑儒，另外秦亡后，项羽又焚烧了咸阳，致使大量先秦典籍消失于历史舞台，六经除了《易经》之外，其他未能幸免于难。汉代从文景时期开始展开了古籍收集工作，这时的经书大都没有先秦时的旧本，而是由战国时代的学者师徒之间口头传授，到汉代才用当时流行的隶书写成，因此称为今文经。

汉景帝末年鲁恭王兴建王府，坏孔子宅，从旧宅墙中发现一批经典；汉武帝时，河间献王刘德从民间收集了大批的古典文献，其中最重要的就是《周官》，皆收入秘府（即官方皇家图书馆）；汉宣帝时又有河内女子坏老屋，得几篇《尚书》。这些出土的文献都是用战国古文字书写，与通行的五经相比，不仅篇数、字数不同，而且内容上也有相当差异，此后即统称为古文经。

汉武帝即位后，为了适应大一统的政治局面和加强中央集权统治，实行了罢黜百家、独尊儒术，改变博士原有制度，增设弟子员，有五经博士之说。从此儒学独尊，由于《乐》已无书，《诗》《书》《礼》《易》《春秋》五经超出了一般典籍的地位，成为崇高的法定经典，也成为士子必读的经典。汉代儒生们即以传习、解释五经为主业。自此经学正式宣告诞生，可以将经学视为先秦原初儒学的继承和发展。

今文学家以董仲舒为代表，认为孔子删订六经是托古改制，是为万世立不易之法，尊孔子为经学之祖，微言大义地阐发说明孔子的思想，继承和发扬儒家学说。其主要思想包括大一统、大居正、大复仇、通三统、统三世、更化改制、兴礼诛贼等，为大一统政治提供了完整的理论体系。今文经学深受汉朝皇帝的重视，始终在汉朝政治中处于主导地位。古文学家则尊崇周公，认为六经不过是孔子整理过的古籍史料，真正的古意还有待研究，因而比较重名物训诂，多以考据为特色。

东汉时先后出现了马融、许慎等一批经学大师，特别是马融的弟子郑玄成为古文经学的集大成者，他网罗众家、遍注群经，对今古文经学进行了全面总结，自成一家之言。郑玄以古文经学为基础，但又能吸收今文经学中的优点，态度严谨，实事求是，无征不信，从而超过了前人。自此以后郑学兴盛。这不仅标志着今古文经学之争的终结，也标志着汉代经学的衰亡，之后今文经学也随之消失。

（六）魏晋玄学

玄学是魏晋时期出现的一种崇尚老庄的思潮，也可以说是道家之学以一种新的表现方式，故又有新道家之称，其思潮持续时间自汉末起至宋朝中叶结束。玄学是魏晋时期取代两汉经学思潮的思想主流，也是除了儒学外唯一被定为官学的学问。

"玄"这一概念，最早出现于《老子》："玄之又玄，众妙之门。"玄学即是研究幽深玄远问题的学说，把《老子》《庄子》《周易》称作"三玄"，而《老子》《庄子》则被视为"玄宗"。东汉末年至两晋，是200多年的乱世，随着东汉大一统王朝的分崩离析，统治思想界近400年的儒家之学也开始失去了魅力，士大夫对两汉经学的烦琐学风、谶纬神学的怪诞浅薄，以及三纲五常的陈词滥调普遍感到厌倦，于是转而寻找新的"安身立命"之地，醉心于形而上的哲学论辩。风雅名士聚在一起，谈论玄道，当时人称之为"清谈"或"玄谈"。

据清代学者赵翼《二十二史札记》称，清谈之风始于魏齐，何晏、王弼可以说是创始人，他们都是当时贵族名士，影响所及，便成一代风气。何晏、王弼主张"贵无论"，说"天地万物皆以无为本"（《晋书·王衍传》），又提出"名教"出于"自然"说；认为

"无"是世界的本体,"有"为各种具体的存在物,是本体"无"的表现;并认为世界的本体"无"是绝对静止的,现象的"有"是千变万化的,运动着的万有最后必须反本,归于"虚静"。他们崇尚老子的无为而治,认为儒家的名教出于道家的自然,治理社会要以道家的自然无为为本,以儒家的名教为末,主张调和儒道两家的思想。后来的阮籍与嵇康从道家自然无为思想出发,提出了"越名教而任自然"的主张,带有强烈的反儒倾向。同时他们又都欣赏庄子的遁世逍遥的思想,希图以消极的手段反抗司马氏的强权政治。所以他们在老学之外,同时重视对庄学的研究。阮籍、嵇康的老庄学,为玄学从老学向庄学的过渡起了承前启后的作用。

西晋时期玄学的代表人物是郭象与向秀。郭象的玄学,是在魏晋之际向秀《庄子》思想基础上发展起来的。郭象的玄学,以庄学为主,以反对何晏、王弼"贵无论"玄学的面目出现,提出了自己的玄学崇有论思想。他主张"有"之自生独化说,以此否定"无中生有"说和"以无为本"说,认为"有"是自生自化的,并不需要一个"无"做自己存在的根据。由于他割裂了事物之间的联系,把自生独化说成各自孤立的毫无联系的东西,最后得出了神秘主义的独化于玄冥之境的思想。

魏晋玄学在中国哲学发展史上占有重要的地位。它不仅上承先秦两汉的道家思想,克服了汉代经学的弊病,开创了糅合儒道学说的一个新的哲学时期,还对之后的佛学,乃至宋明理学都产生了深远影响。它提出的"本末""体用"等宇宙本体论思想,与西汉讨论宇宙生成论的哲学相比,在理论思维上是一个很大进步。

(七) 宋明理学

理学开创于北宋初期,当时名儒孙复等人有感于五代君臣父子纲常的破坏,大力提倡"以仁义礼乐为学",宣扬儒家道统说。宋代儒士解经,大都不顾旧有传注,往往抛弃传统的训诂义疏,直接从经书原文中阐释义理性命(即人的本性及其根源),因此被称为"性命义理之学",简称为"理学"。

宋明理学的发展可以大致划分为三个主要阶段,即宋明理学的奠基阶段、宋明理学的发展阶段、宋明理学的瓦解阶段。这三个阶段的代表人物分别是张载、朱熹和王阳明。

张载的思想都集中体现在《正蒙》一书里。张载提出"心统性情""天理人欲""天地之性""气质之性""德性所知"等命题,基本上为理学思想的建立起了基础的奠基作用。

朱熹把张载的"天理""人欲"之分、"天地之性"与"气质之性"之分、"德性所知"与"见闻之知"的区别,以及道、气、形上、形下做了理论上更能自圆其说、贯彻到底的系统区分。所谓永恒、无限、普遍、必然的"理"取代了物质性更多的"气",成为不增不减、无所欠缺的本体存在。天—命—性—心统统由理贯穿其中:"在天为命、在义为理、在人为性、主于身为心,其实一也"。但是,强调理而贬抑气,"天"变成了"天理"或"理",规律(理)在思辨中脱离物质载体(气),便日益丧失其本来就具有的现实的丰富性和多样性,"穷理"日益狭隘为对那个普遍必然的"理"的把握或领悟。宇宙论落实到人性论,就是"理"世界落实到"性""命"。就是说,人世的伦常道德,行为规范来自"绝对命令",来自"天理"。朱熹把体用、中和、性情、静动、未发、已发等做了明晰的区别,具有鲜明的二元体系特色而极大地突出了理性本体的主宰、统率、命令、决定作用。

王阳明的哲学思想阐发了"心"与"物"、"知"与"行"的关系,主张"致良知"

"灭人欲"。他以"心"为本体，指出"心外无物"。凡是人们意念所能感受到的就是客观的物，否则此物便不存在于心中，"物理"皆然，他强调意识的主导作用，在认识上有局限性，忽视了人们感知的有限性。他主张"知行合一"，"知"即人的意识，"行"即在意识指导下的行为，"知"是行为基础，"行"是意识的体现，"一念发动处便即是行了"。正因为他把思想意识看得如此重要，所以他提倡人们从思想深处加强修炼，革除心中的"贼"，"致良知"，以封建伦理道德为准则，弃恶从善。要在心中去体验善恶标准。所谓"致知格物"，就是以"良知"来正行，凡是不善的念头都必须"克制"。于是，他和朱熹一样，极力宣扬"去人欲，存天理"，把个人私欲视为"天理"的对立物，要求人们绝对服从封建的纲常制度。他的"心学"思想，实际上是由认识论上的倒置而导致的主观唯心主义，是封建伦理制度下的特定产物。

（八）清代朴学

理学在清代走向衰微，儒家学者又开始走向经学。明末清初，在顾炎武、黄宗羲等学者的影响下，朴学在与宋明理学的对立和斗争中发展起来，注重于资料的收集和证据的罗列，主张"无征不信"，以汉儒经说为宗，从语言文字训诂入手，主要从事审订文献、辨别真伪、校勘谬误、注疏和诠释文字、典章制度以及考证地理沿革等，少有理论的阐述及发挥，也不注重文采，因而被称作"朴学"或"考据学"，成为清代学术思想的主流学派。针对理学的空疏而言朴学又称考据学。朴学的成熟与鼎盛期在清乾隆、嘉庆年间，因而又被称为"乾嘉学派"。"乾嘉学派"的特点是重汉学、识文字、通训诂、精校勘、善考证。

清代自雍正、乾隆以后，屡兴文字狱，思想控制极严，一般学者更加埋头著述，多在考据训诂上下功夫，朴学因此空前繁荣。根据治学目的、取向、宗旨、对象等不同细分为"吴派""徽派"（有称"皖派"）"浙东学派"等小的学派分支。"吴派"的代表人物有惠栋、江永、钱大昕，其特点是稽考汉代学者的经书旧注，意在摆脱后人的附会之说，以求近古，因而在许多方面难免迷信汉说。"皖派"主要代表人物是戴震、段玉裁和王念孙、王引之父子，特点是宗古求是，注重文字、校勘和训诂，注意总结考据中的规律，并能超越汉代学者而有所突破。"浙东派"的代表人物有全祖望和章学诚，特点是受黄宗羲的影响，注重史学研究，在撰史、补史、史料、史论方面有重大成果。

晚清的朴学又重今文经，并且从纯学术的研究中解放出来，与议政、改良的现实政治活动相结合，形成新的探求"微言大义"的义理学派，主要代表人物有龚自珍、魏源、康有为等，还有专以学术研究见长的学者俞樾和孙诒让。之后有章炳麟和王国维，他们不但注重文献资料，也注重考古资料。

清代朴学的影响力一直延续至当代，在保存和传递古代文化遗产方面具有积极的意义与重要的价值。

二、科学技术文化

（一）天文与历法

1. 天文

中国古代天文学是从天象观测开始。历代对天象的观测，积累了丰富的天文学资料，也留下了早于世界各国的天文学古迹。河南省登封县（今为登封市）告成镇有一座测景台，据碑文所载为东周时创建，唐代天文学家一行（张遂，683—727）曾在此改革历法，观测天文。现存最早的天文台遗址则在古洛阳南郊（今河南省偃师县），名"灵台"。汉代天文学家张衡（78—139）在此领导天文学研究10余年，写成天文学专著《灵宪》，提出了"宇之表无极，宙之端无限"的科学见解，并创制了"浑天仪"和"候风地动仪"。位于登封县告成镇的观景台至今仍保留着的观测日影的"圭表"是元代天文学家郭守敬（1231—1316）创建的。

由于我国人民的天文观测开始很早，所以早就发现了太阳黑子。目前世界公认的关于太阳黑子的记录是汉成帝河平元年（28年）"三月己未，日出有黑气大如线，居日中央"（《汉书·五行志》），这一记载把太阳黑子的时间和位置叙述得很详尽。而欧洲记录黑子最早的一次是公元807年，比中国记录晚8个世纪。据统计，从公元前43年到1638年，中国共有关于太阳黑子的文字记录106条。又如对彗星，从殷商到清末也有500余次的记录。《春秋》保存了世界上关于哈雷彗星的最早记录。书中记载"鲁文公十四年（前613年）秋七月，有星孛入于北斗"。这个记录比西方早600多年。哈雷彗星每76年回到太阳附近一次，而中国又是唯一每次都有记录的国家。此外，中国对新星、超新星的记录，也是世界上最早和资料最丰富的。

战国时期的《甘石星经》是世界上最早的天文学著作。其中《石氏星表》记载了120颗恒星的位置，比公元前2世纪希腊的希帕克编制星表记载的恒星多三分之一，体现了我国观测恒星的水平。

2. 历法

中国的历法是随着原始农业生产的发展而逐步建立起来的。也就是说，中国的历法与农业生产直接相关，所以在中国的历法里有二十四节气的安排。《尚书·尧典》中已经记载了一年分四季，有366天及闰月。汉武帝时制定了"太初历"，形成了中国第一部完整的历法。到元代郭守敬创"授时历"，历法基本定型。

为了让历法更好地配合天象和自然季节，用以安排农业生产，古人还创制了"二十四节气"。从史料来看，中国最早出现的是"二分"与"二至"，即春、秋分，冬、夏至。《吕氏春秋》又出现了立春、春分、立夏、立秋、秋分、立冬等节气。到西汉初年的《淮南子》，则出现了全部的二十四节气。

（二）农学

考古证明，大约在距今7 000年前的新石器时代早期，中国已经有了比较发达的原始农业。在浙江省余姚县（今为余姚市）的"河姆渡遗址"中，就发现了世界上最早栽培的稻谷。在春秋战国以前，人们基本上使用石、骨农具，其中主要是双齿的耒和铲形的耜，至少在春秋时期，人们已部分使用铁器，并逐渐代替石器，从而大大提高了劳动生产率，促进了农业生产的快速发展。

《管子·地员篇》可以看作我国最早的土壤分类学文献。《尚书·禹贡》则记载了依据土壤肥沃程度划分土地等级的方法。《吕氏春秋》的《上农》《任地》《辨土》《审时》四篇文章，不但提出了流行数千年的重农思想，阐述了土地利用的原则，而且从农业生产的三要素天、地、人，论述了三者之间的关系，总结出"不违农时"的生产规律。

北魏贾思勰所著的《齐民要术》系统总结了黄河流域的农业生产经验，阐述了古代因地制宜、因时制宜的农学思想，提出了一系列精耕细作、保壤施肥的方法，成为中国历史上最重要的农学著作之一。明清时代，西方科技逐渐传入中国，对中国的农学研究产生了一定的影响。徐光启所著的《农政全书》，内容涉及农业耕作、土地开垦、水利建设、食品制造、果树技艺等众多方面，尤以系统而集中地叙述了屯垦、水利工程和备荒为一大特色，是对宋代以来农桑经验和种植建设的全面总结。

鸦片战争以后，为了富国强兵，一些有识之士提出了振兴农业的主张，并注意吸收西方国家和日本的农业技术，到"戊戌变法"前后，人们已开始兴办农业教育。1897年，罗振玉等人编辑出版了《农学丛书》，借以推动中国近代农业的发展。

中国的农学研究着重解决农业生产中的实际问题，为全人类的生存与发展做出了应有的贡献。

（三）算学

算学也称为"数学"，在我国的起源可以追溯到原始社会的新石器时代。具体地说，它产生于结绳记事。大约在原始社会后期已发现了"十进制"的计算方法，并把它运用到生活和生产之中。在中国算学发展的辉煌史上，不能不提到《周髀算经》和《九章算术》。前者记载周代的商高提出的直角三角形"勾三股四弦五"的关系，即所谓"勾股定理"，成为世界上关于勾股定理的最早记录；后者对以后历代算学产生了深刻影响。《九章算术》的作者无考，所谓"九章算术"就是九个问题的解法，合计有246个数学问题，记载了当时世界上最先进的四则运算和比例算法。刘徽在《九章算术》注中第一次提出了"极限思想"，并创造性地运用割圆术，计算出圆周率的精确值为3.141 6。继刘徽之后，南北朝时的大数学家祖冲之（429—500）进一步把圆周率精确到3.141 592 6至3.141 592 7之间，这在当时的世界上是最先进的，比荷兰人安托尼兹求得此值的时间要早1 000多年，直到15世纪的阿拉伯数学家阿尔·卡西和16世纪的法国数学家维叶特才打破这个纪录。

宋元时代的算学成就更是达到光辉的阶段，先后涌现出不少的数学家。数学家贾宪最先绘出"开方作法本源"图，贾宪三角，揭示了二项式高次幂（正整指数）展开式各项系数所遵循的规律，比欧洲的巴斯加提出同样成果早了600多年。贾宪还创立了任意次幂的"增乘开方法"。南宋李冶的名著《测圆海镜》是第一部系统论述"天元术"的著作。中国算学的一大特色计算法是"珠算"，于13世纪的元朝创造出来，很快得以普及应用并流传到日本、朝鲜。

（四）医学

我国的中医学在世界医学史上独树一帜，是中国传统文化中最珍贵的遗产之一。它的最大特点就是诊断和治疗的整体观念，先把人体的生理机能看作一个整体，进而把人体的生理机能与自然环境看作一个整体，把治病过程看作一个统一性运动，认为自然环境影响人体的生理功能，人的病理过程实际上就是外在环境作用于内部机体的过程，是一个由表及里、由虚到实的过程，因此中医诊治强调"四诊""八纲"。"四诊"即"望（望色）、闻（闻味）、问（问情）、切（切脉）"，"八纲"即"阴、阳、表、里、寒、热、虚、实"。医生正是在"四诊"的基础，依照"八纲"之间相互对立统一的关系，对病人进行综合的辨证施治。

春秋战国时期的《黄帝内经》，全面奠定了中医理论的基础。司马迁在《史记》中描写的战国扁鹊和西汉淳于意（仓公），可说是早期杰出医学家的代表。汉代名医首推张仲景与华佗。张仲景写成医学巨著《伤寒杂病论》（即今《伤寒论》和《要略》两部分）。华佗首创中医外科，他发明的一种名叫"麻沸散"的中药，具有全身麻醉的作用。汉末成书的

《神农本草经》，收载药物达360余种，大大推动了后世中药学的发展。

魏晋隋唐，中医中药在理论和实践上都有新的总结和提高。先是晋代王叔和在总结前代经验的基础上，编写详细描述脉象所反映的各种病症的《脉经》；由晋代葛洪编撰的《肘后方》一书，搜集了大量治疗有效的处方；隋代巢元方等人编写的《诸病源候论》，专门描述病情，分析病理，对诸多病症确定了病名；唐代名医孙思邈耗毕生精力从事治疗，并编著了《千金要方》和《千金翼方》，载方6 000余条，涉及中医百科，被称为中医百科式的巨著。唐显庆二年（公元657年），唐朝政府组织人员在南北朝医学家陶弘景补充的基础上，将《神农本草经》扩编为《唐新本草》，并颁布天下，这就是我国的第一部国家药典，也是世界上最早的国家药典。

宋元以后，学术上形成了许多流派，其主要者有"金元四大家"，即主张用药首应泻火清热的刘河间，被称为"泻火派"；主张脾胃为本，治法使用补气升阳的李东垣，被称为"补气派"；主张攻邪去病，反对滥用补药的张子河，被称为"攻邪派"；取三家之长，主张泻火养阴的朱丹溪，被称为"养阴派"。明代医学的伟大成就是李时珍编定药典巨著《本草纲目》，录入1 892种药物，为中国医学写下了光辉的篇章。

中国医学的又一突出成就是针灸，它在世界上是独一无二的疗法。对针灸疗法的探讨与总结，至魏晋时已有皇甫谧的《针灸甲乙经》，这是世界上最早的针灸学专著。至北宋时针灸专家王惟一，以针灸疗法制造针灸铜人，作为针灸的样本，他又写成《铜人腧穴针灸图经》，进一步普及和规范了针灸疗法。明代杨继洲所著《针灸大成》、徐凤所著《针灸大全》和高武所著《针灸聚英》被称为明代"三大针灸巨著"。

（五）四大发明

四大发明是指中国古代对世界具有很大影响的四种发明，是古代汉族劳动人民的重要创造，一般是指造纸术、指南针、火药及印刷术。

1. 造纸术

早在西汉时期古人就用丝絮制成薄片，叫"絮纸"，标志着我国造纸的萌芽，后来又出现了植物纤维纸，但质地都比较粗糙不能用于正式书写。东汉和帝元兴元年（105年），蔡伦在总结前人制造丝织经验的基础上，用树皮、破渔网、破布、麻头等作为原料，制造成了适合书写的植物纤维纸，改进了造纸术，才使纸成为人们普遍使用的书写材料。他的造纸工艺更为精细，造纸术到他这里，摆脱了纺织品附庸的地位——此前都是利用纺织之后抛弃的副产品来造纸的，蔡伦将造纸发展为一种独立的工艺。

造纸术在7世纪经朝鲜传到日本，8世纪中叶传到阿拉伯，到12世纪，欧洲才仿效中国的方法开始设厂造纸。造纸术的发明和推广，对于世界科学、文化的传播产生深刻的影响，对于社会的进步和发展起着重大的作用。

2. 指南针

指南针的始祖大约出现在战国时期。它是用天然磁石制成的，样子像一把汤勺，圆底，可以放在平滑的"地盘"上并保持平衡，且可以自由旋转。当它静止的时候，勺柄就会指向南方。古人称它为"司南"。

春秋时代，人们已经能够将硬度5度至7度的软玉和硬玉琢磨成各种形状的器具，因此也能将硬度只有5.5度至6.5度的天然磁石制成司南。东汉时的王充在他的著作《论衡》中对司南的形状和用法做了明确的记录。明万历年间（1573—1620年），传教士来华，带来西方的指南针理论、地球学说以及相关科技知识。受其影响，中国学者开始从新的视角探讨指南针理论问题。

3. 火药

火药是由炼丹家发明于隋唐时期，距今已有 1 000 多年了。火药的研究开始于古代道家炼丹术，古人为求长生不老而炼制丹药，炼丹术的目的和动机都是超前的，但它的实验方法还是有可取之处，最后导致了火药的发明。炼丹家虽然掌握了一定的化学方法，但是他们的方向是求长生不老之药，火药的发明是副产品。中国在唐朝时期就已将火药用于军事。10 世纪初的唐末，出现了火炮、火箭，宋时火器普遍用于战争。蒙古人从与宋、金作战中学会了制造火药、火器的方法，阿拉伯人从与蒙古人作战中学会了制造火器。欧洲人大约于 13 世纪后期，又从阿拉伯人的书籍中获得了火药知识；到 14 世纪前期，又从对回教国家战争中学到了制造火药、使用火器的方法。火器在欧洲城市市民反对君主专制中发挥了巨大作用。火药的发明大大推进了历史发展的进程。

4. 印刷术

印刷术被称为"文明之母"，是中国四大发明之一。印刷术发明之前，文化的传播主要靠手抄的书籍。手抄费时、费事，又容易抄错、抄漏。既阻碍了文化的发展，又给文化的传播带来不应有的损失。社会的发展迫切需要一种新的技术出现，我国人民在印章和石刻的启示下发明了雕版印刷术。公元 9 世纪的时候，我国用雕版印刷来印书已经相当普遍了。世界上现存最早的印刷物是唐咸通九年（868 年）印制的《金刚经》。

11 世纪中叶毕昇发明了活字印刷术，被认为是世界上最早的活字印刷技术。活字印刷术进一步提高了我国的印刷技术。

中国的印刷术先后传到朝鲜、日本、中亚、西亚和欧洲地区。活字印刷术的发明是印刷史上一次伟大的技术革命。

专题五　旅游历史文化传媒

一、中国民族语言

中国是一个多民族的国家，也是一个多语言的国家，55 个少数民族几乎都有自己的民族语言，有的甚至使用两种及两种以上的语言。据统计，中国的语言正在使用的超过 80 种，分属 5 个语系，已经消亡的古代语言更是不计其数。汉语是跨民族、跨地区的国家通用语，也是世界上使用人数最多的一种语言。

（一）汉语的历史

汉语是世界上历史悠久，发达精密的语言之一，是随着汉民族的形成而发展起来的语言。"汉族"这个名称起源于汉代，西汉时期人口众多，经济发达，"丝绸之路"更是促进了中国和西方的经济文化交流。当时，无论是中国人还是外国人都把生活在中国的民族称为"汉族"或"汉人"，将他们所说的语言称为"汉语"。

在漫长的历史岁月中，语言的各个要素（语音、词汇、语法）发生了不同程度的变化，其中语法发展变化最为缓慢，其次是语音，词汇发展变化最快。

（二）汉语的特点

汉语从语法结构角度看属于孤立语，从语言亲属并系角度看属于汉藏语系，它历史悠久，在发展过程中从未中断过，使用它的人数约占世界人口的五分之一，它又是联合国承认的官方六大工作语言之一，和其他语言相比，有着许多独特之处。这些特点可以从语音、词汇和语法三个方面来分析。

在语音方面，音节界限分明，乐音多噪声少，声调高低曲折，语调抑扬顿挫，具有音乐性强的特点。

在词汇方面，汉语的第一个特点就词形简短，单音节语素较多，双音节词占优势。古代汉语中单音节词占优势，到现代汉语逐渐的趋向双音节化，过去的单音节词也逐渐地被双音节词代替。三音节词很少，多音节词一般使用简称，多数缩减成双音节。第二个特点是构词广泛运用词根复合法。第三个特点是同音语素多。比如"yī"有232个古今语素和字，这是汉语同音化的原因之一，也使汉字长期适应于汉语。

在语法方面，第一，汉语表示语法意义的手段主要是用语序和虚词。第二，汉语中量词和语气词十分丰富。第三，词类和句法成分不是一一对应的关系。外语中大体是一类词充当一种成分，汉语中的同一类词能充当多种的成分，词在语法方面呈现出多功能性。如动词也可以做主语、宾语、定语、状语。

在长期的发展过程中，汉语对东亚、东南亚许多邻国的语言都产生过深远影响。日本、朝鲜、韩国、越南的语言同汉语的关系十分密切，这些语言中有大量的汉语词汇。这些国家过去还长期使用汉字。新加坡把现代汉语普通话作为该国通用语言之一。

二、中国民族文字

从文化学的角度来看，文字是文化的一种载体。它记载了文化发展的历史轨迹和丰硕成果。人类的文明是靠文字的记载才得以流传。从人类文明的进化过程来看，是先有语言后有文字，文字是记录语言的书写符号系统，有了文字才有了书面语言，有了书面语言才使得语言更加稳定。文字的产生是人类文明进步的一个标志。语言的发展离不开社会，同样文字的发展也离不开社会，它也是随社会的发展而演变。汉字是书写汉语的符号系统，是中华民族的通用文字，也是世界上最古老的语言之一。

（一）汉字的历史

从来源上看，世界上的文字可以分为两种类型：自源文字和他源文字。自源文字是由使用这种文字的民族的祖先首创的文字，如古苏美尔文字，古埃及文字等。他源文字是借用他民族的文字或者在其他文字的基础上创制的文字，如日文、韩文等。汉字是一种自源文字。

关于汉字的起源，历史上有诸多说法，如汉字起源于八卦，汉字起源于结绳记事，汉字起源于刻画符号，汉字起源于原始图画等。学术界普遍认为汉字起源于图画。我们现在所能看到的最早的文字是殷商时期的甲骨文。

汉字在历史上出现过甲骨文、金文、篆书、隶书、楷书五种正式字体和草书、行书等辅助字体。

（二）汉字的特点

汉字属于表意体系的文字。世界上的文字可以分为两大类：表意文字和表音文字。表意文字是指用符号（字形）直接表示语义，造出义符，凭义符间接表音的文字，如汉字、古巴比伦楔形文字和古埃及文字。表音文字是用符号（字形）直接表示语音（音素或音节），造出音符，凭音符间接表示语义的文字，如英文、日文。

1. 汉字的形体和意义关系密切

从汉字的造字法中足以看出汉字是从意义入手创造出来的。汉字的造字法主要有四种：象形、指事、会意、形声。象形，是用描摹事物形状来表示字义的一种造字方法，这种方法造出来的字就是象形字。如"山"，像山的样子；"雨"，像下雨的样子；"口"，像张开的嘴巴。早期汉字多是象形字，便于对字义的理解。指事，包括两类：一类是用象征性符号直接表义，如"二""三"都是用抽象符号表达意义的。另一类是在象形字基础之上加提示性符号。如"本"，在"木"下方加一横表示树根的位置；"末"，在树上方加一横表示树梢的位置。会意，是把两个或两个以上的字合在一起表示一个新的意义的造字方法，用这种方法造的字就是会意字，如双木为"林"，三人为"众"，人困在牢中为"囚"。形声，是一个表意成分和一个表音成分合起来组成一个新字的造字方法，用这种方法造出来的汉字就是形声字，汉字中90%都是属于形声字，如"闻"，从耳，门声；"姿"，从女，次声；"梧"，从木，吾声。

2. 汉字是形体复杂的方块结构

从字体构造上看汉字是由笔画组成的，笔画在构字时不是一个笔画接着一个笔画呈线性展开的，而是在一个二维平面里按一定的顺序和结构多向展开，汉字形式比拼音文字要丰富得多，如汉字的结构可以有左右结构、上下结构、包围结构等结构模式。拼音文字只能构成一维的左右结构。汉字的结构不管笔画多还是少总是分布在一个方块里，因而有方块字之称，这也是汉字的一大特点。在一个方格内纵横交错地组成形体各异的字形，结构自然会很复杂，笔画多的汉字，一个字二三十笔，这也是汉字难写、难读、难记、难排检的一个原因。汉字又是世界上为数极少的可以作为艺术品的文字。汉字书写是一门独特的艺术。

3. 汉字具有超时空性

我国历史悠久，地域广阔，方言复杂，汉字与读音没有直接联系，所以即使阅读一两千年前的古书，只要具备中等以上文化程度的人读起来都不是问题。汉字的这一特点也使各方言区的人们进行交流成为可能。对所有的汉族人来说，汉字的形体和意义都是一致的，尽管语音差异悬殊，依靠汉字就可以进行交流，用汉字书写的文章各地人都可以读懂。统一的文字带来统一的文化，在客观上促进了民族间的团结和国家的稳定统一，对保存和传播中国传统文化起着巨大的作用。

4. 汉字记录的语音单位是音节

一种文字必须适应自己所记录的语音特点和结构特点。汉语的语素以单音节为主，缺乏词形的变化，记录汉语的汉字，一般用一个字表示一个音节，即一个语素，使用方便。另外，汉语中有很多同音语素，如果用拼音文字，同音就同形，无法与汉语的特点相适应。汉字则可以把这些同音语素区分开，这是与汉语的特点相适应的。

5. 汉字书写具有独立自由性

从汉字记录汉语的方式上看，汉字记录汉语不实行分词连写，拼音文字记录语言一般是自左向右展开，词与词之间留有空隙，即分词连写。而汉字记录汉语是一个字挨着一个字，字与字之间不留空隙，词与词之间没有分界，这说明汉字具有较高的独立性。正因为汉字中字与字的独立，所以能给我们带来独特的艺术享受。

三、中国文房四宝

文房四宝指中国汉族传统文化中的文书工具，即笔、墨、纸、砚。文房四宝之名，起源于南北朝时期。笔、墨、纸、砚在宋代已成为书房中最重要的书写绘画用具。

（一）笔

毛笔，是古代汉族独具特色的书写、绘画工具。当今世界上虽然流行铅笔、圆珠笔、钢笔等，但毛笔却是替代不了的。据传毛笔为蒙恬所创，所以被誉为"毛笔之乡"的河北衡水县（今为衡水市）侯店每逢农历三月初三，如同过年一般，家家包饺子，饮酒庆贺，纪念蒙恬创毛笔，至今如此。自元代以来，浙江湖州生产的具有"尖、圆、健"特点的"湖笔"成为全国最著名的毛笔品种。

（二）墨

墨，是书写、绘画的色料。在人工制墨发明之前，一般利用天然墨或半天然墨来作为书写材料。史前的彩陶纹饰、商周的甲骨文、竹木简牍、缣帛书画等到处留下了原始用墨的遗痕。至汉代，终于开始出现了人工墨品。这种墨原料取自松烟，最初是用手捏合而成，后来用模制，墨质坚实。唐代制墨名匠奚超、奚廷父子制的好墨，受南唐后主李煜的赏识，全家赐国姓"李氏"。从此"李墨"名满天下。宋时李墨的产地歙县改名徽州，"李墨"改名为"徽墨"。徽墨产于徽州地区的屯溪、歙县、绩溪等地。距今已有千年历史。徽墨以松为基本原料，渗入20多种其他原料，精制而成。成品具有色泽黑润、坚而有光、入纸不晕、经久不褪、馨香浓郁及防腐防蛀等特点，宜书宜画。

（三）纸

纸，是汉族的一个伟大发明，世界上纸的品种虽然以千万计，但"宣纸"仍然是供毛笔书画用的独特的手工纸。宣纸质地柔韧、洁白平滑、色泽耐久、吸水力强，在国际上享有"纸寿千年"的声誉。

（四）砚

砚，也称"砚台"，是汉族书写、绘画研磨色料的工具。汉代时砚已流行，宋代则已普遍使用，明、清两代品种繁多，出现了被人们称誉的"四大名砚"：甘肃洮州的洮河砚、广东肇庆的端砚、安徽歙县的歙砚、山西绛州的澄泥砚。砚台的讲究是：质细地腻、润泽净纯、晶莹平滑、纹理色秀、易发墨而不吸水。

四、中国古籍文献

（一）经书

封建社会把儒家的主要典籍称为"经"。经书，即儒家经典著作。战国时期，儒家学派把他们传习的书籍称为六经，即《诗》《书》《礼》《乐》《易》《春秋》。汉武帝时专立儒学的《诗》《书》《易》《礼》《春秋》五经博士。到了东汉时期，又增加了《论语》《孝经》，是为"七经"。唐代初年有"九经"之称。"九经"实际上是汉武帝时所尊"五经"的延续。除《易经》《诗经》《书经》之外，《礼》衍为三，即《周礼》《仪礼》《礼记》；又将解说《春秋》的三部书《春秋左氏传》《春秋公羊传》《春秋谷梁传》列之于经。至太和（唐文宗李昂年号，公元827—835年）年间，又加上了《论语》《孝经》和《尔雅》，成"十二经"。北宋初年，宋太宗翻刻蜀石经时，已将《孟子》列于经部。这样，在唐代十二经的基础上，加《孟子》而成"十三经"。

（二）史书

以其运用的体裁来看，史书可分为"编年体""纪传体""纪事本末体"三大类；以其记述的内容来看，又可分为"正史""实录""制度史""杂史""传记"等类。编年体以《春秋》（鲁国史）为起始，以司马光《资治通鉴》为代表，是按历史编年分述历史事件，并加以评论，借以总结历史的经验教训。纪传体以司马迁的《史记》为开端，此后历代相沿，成为我国记载正史的主要体裁。纪传体以人为纲，穿插史实，并用专章记载典章制度。纪事本末体是以历史事件为纲，按类组织史料，每一类记述一个大的历史事件，可以单独成篇，如《宋史纪事本末》《元史纪事本末》和清高士奇的《左传纪事本末》等。

再说其他史书："实录"是忠实记录帝王言行的史书，故称"实录"，如汉武帝时就有《禁中起居注》。"制度史"一类的史书是记述历代典章制度的专书，这类史书的首创者是唐代史学家杜佑，他用30多年的时间写成《通典》。记述典章制度的史书还有一类叫"会要"，它只记述一朝一代的典章，具有断代史的性质。德宗时的苏冕首作《会要》，记述唐高祖至唐德宗九代史实，后又有杨绍复等人作《续会要》，记德宗以后史实。"杂史"一类的书很多，其中以东汉赵晔的《吴越春秋》、北魏杨衒之的《洛阳伽蓝记》和唐代吴兢的《贞观政要》等比较重要。"传记"一类的史书有汉代刘向的《列女传》，记述古代妇女的贞烈事迹，开中国为妇女立传的先河。清代阮元的《畴人传》，是我国古代科学家的唯一传记汇编。

（三）类书和辞书

类书是辑录各个门类或某一门类的资料，经过编排供人查阅的工具书。现存最早的类书是隋代末年虞世南编的《北堂书钞》。宋代著名的两大类书：一是《太平御览》；二是《册府元龟》。明代规模最大的类书就是举世闻名的《永乐大典》。清代的大类书叫《古今图书集成》。

因为我国的历史文献异常丰富，为研究这些文献的需要而产生了众多的辞书。东汉许慎编撰的《说文解字》不但是我国最早的字典，恐怕也是世界上最早的字典。《尔雅》，其作者已无考，一般认为是汉代的著作，是一种训诂性质的辞书，不仅我国最早的训诂学专著，而且是后世字典的雏形。《广韵》，宋代陈彭年、邱雍等编撰，是我国现存最早的韵书，全书收入26 194字，按韵编排。后来，宋代的丁度等人以《广韵》为基础，增补成《集韵》，收入50 000多字。

（四）方志

"方志"是"地方志"的简称。所谓地方志，就是以行政区划为记述内容的历史书，"志"即"记"的意思。地方志的种类有大多。全国性的叫"一统志"，如《大元一统志》《大明一统志》《大清一统志》等；一省的地方志叫"通志"，如《湖北通志》《河南通志》等；郡、州、府、县的地方志则分别叫"郡志""州志""府志""县志"；此外还有"关志""山志""寺志""庙志"，有的地方还有"乡志""村志"。当然，地方志的名称也不都叫"志"，有的叫"图经"，即地图再加上文字说明，如宋代的《吴郡图经续记》；有的叫"考"，即"考证、研究"的意思，如清代的北京地方志叫《日下旧闻考》。

（五）官藏与私藏

为了保护和利用古籍，古人早有藏书之举。汉朝建立以后，对文化事业给予了应有的重视，首先确立了我国藏书史上的皇家藏书制度，习惯上称之为"官藏"。汉桓帝时特设"秘书监"一职，专管收藏艺文图书，这便是我国历史上最早设立的专职国家图书馆馆长，以后历代相沿此职。私藏在我国也是很早的。据史书记载，战国名辩学派的代表人物惠施"有书五车"，算得上是当时的一位藏书家。东汉中叶造纸术发明推广以后，书籍的传抄才变得比较方便，私藏才可能起步发展，汉末蔡邕才能够家藏万卷。魏晋以来盛行卷轴抄书，至唐犹然，书肆也比前代增多，中唐时的李泌是那时的一位大藏书家，据说藏书量达30 000卷。明代，印刷业更加发达，私藏也更加兴盛，出现了许多著名的藏书家和藏书楼。明清两代著名的藏书楼有浙江宁波的"天一阁"，江苏省常熟市的"汲古阁"和"绛云楼"，山东省聊城市的"海源阁"等。

（六）版本与善本

"版本"最初的含义，是指用雕版印刷的书本。与抄本、写本相对而言。随着印刷技术的进步和文化事业的发展，图书典籍不断增加，不同时间、不同地点、不同纸张、不同字体印刷的同一种书大量出现，于是版本的含义发生了很大的变化，其内容包括了书籍抄印的时代源流、纸墨刀法、装帧形式以及书籍的优劣等。在版本辨别的基础上，就产生了"善本"的概念。善本，就是好的版本。今天，我们对善本的含义规定为"三性"：一是因年代久远而具有的"历史文物性"；二是内容有重要参考价值的"学术资料性"；三是印刷考究、装帧精美的"艺术代表性"。

（七）图书分类

西汉时刘向的《别录》是我国最早的"目录学"专著。之后，刘向的儿子刘歆继承父业，在《别录》的基础上写成《七略》，就是按性质把书的内容分成七类。到晋代产生了"四分法"。"经、史、子、集"四分法始于魏晋，被称为"四部"。"经部"包括儒家经典以及研究、解释这些经典的著作；"史部"包括了研究、评论这些史书的著作；"子部"包括除儒家经典之外的兵、法、农、医、天文、算术等各家著作；"集部"包括历代作家的文学作品，如诗、词、赋、曲、散文等。由于我国的典籍浩瀚，历代所编的目录便十分复杂，大致说来有"史志目录""官修目录""私家目录"三大类。史志目录是指史书中所记载的图书目录；官修目录始于刘向父子，它是由政府主持对国家图书整理后编写的目录，如宋代的《崇文总目》、明代的《文渊阁书目》和清代的《四库全书总目》等。私家目录是由藏书家编纂的目录。

知识拓展

道家与道教

"道家"与"道教"常被混为一谈，其实它们有很大的区别。道家与道教产生于不同的时代，道家是由老子、庄子开创的哲学思想流派，在春秋末年创立，而道教则形成于东汉末年，源于张陵所创的五斗米教。道家与道教有各自不同的代表人物，道家的代表人物在先秦有老子、庄子、杨朱、列子等。道教的代表人物有张角、张陵、张鲁等。道家与道教的性质不同，道家仅仅是一种思想文化流派，而道教是一个宗教团体，两者在文化形态上具有完全不同的性质。

学生讲坛

1. 由学生对所学知识进行复述、总结与拓展。
2. 查阅关于古代科举制的资料,思考如何客观评价科举制。

注:由学生对上面所学知识进行复述、总结与拓展。鼓励学生课外自查资料。建议在该知识讲授结束时布置,在下一次课开始时进行。

项目小结

本项目主要介绍了旅游从业者应该了解的中国古代历史文化常识。其中包括中国历史文化概述、历代官制科举、中国古代称谓、中国古代思想文化及科技文化、旅游历史文化等知识。

同步测试

1. 中国历史文化的基本精神是什么?
2. 儒家的主要思想是什么?
3. 姓氏是如何产生的?

延伸阅读

中国传统文化网:http://www.zgctwh.com.cn/
中国旅游网:http://www.51yala.com/

项目三

旅游建筑文化

学习目标

知识目标：
1. 了解中国古代建筑的发展历程和基本特点。
2. 熟悉中国古代建筑的主要形式和代表性建筑。
3. 掌握中国古代建筑的结构。
4. 掌握中国古代建筑的主要类型和各自的特点。

技能目标：
1. 能运用建筑文化知识，阐释各主要建筑形式的特点、功能及旅游价值。
2. 能运用建筑文化知识和理论，对现存的中外建筑精品进行鉴赏和讲解。

素质目标：
1. 具备较强的旅游建筑文化知识，提升对旅游建筑的文化欣赏和审美能力，提高文化修养。
2. 增强学生的民族自豪感和爱国情怀。
3. 通过合作探究，培养学生的团队意识和合作精神。

旅游情景

徽派民居

独具特色的徽州民居是中国传统民居中的重要组成部分，其最突出的特点是马头墙和青瓦。马头墙高大，能把屋顶都遮挡起来，起到防火的作用。门楼用石雕和砖雕进行装饰，装饰纹样富有生活气息。宅院大多依地势而建，分三合院、四合院，合院又有二进、三进之分。徽州民居屋顶的处理以"四水归堂"的天井为特点。四水归堂是指大门在中轴线上，正中为大厅，后面院内有二层楼房，四合房围成的小院称天井，目的是为了采光和排水。四面屋顶的水流入天井，俗称"四水归堂"。

（资料来源：宋文，《中国传统建筑图鉴》，东方出版社2010年版第126~127页。）

学生分析与决策

结合上述徽州民居建筑的材料,分析中国民居建筑的特点,并谈谈徽州民居的旅游价值。

知识研修

建筑被誉为"人类历史文化的纪念碑"。我国的古建筑历史悠久,在目前保存的文物古迹中,古建筑有相当大的比重。世界历史上遗留的古建筑遗址,也都以其独特的艺术魅力和民族文化内涵,成为旅游者热烈追捧的对象。经过历史的沧桑而如沧海遗珠一样能留下的古建筑是诸多旅游资源中品位最高、价值最大和最具旅游吸引力的旅游文化资源。

专题一 中国古代建筑概述

一、中国古代建筑的发展历程

人类的建筑历史要比史书记录的年代更久远,中国的建筑历经几千年,作为世界三大建筑体系之一,与西方建筑、伊斯兰建筑并列于世界文化之林。

(一)我国古建筑体系形成时期——从远古到汉代

人类最初居住在天然洞穴中,到了原始社会晚期,我们的祖先便开始利用木架和草泥建造简单的房子,很少有人工装饰,原始而质朴。夏、商、周及春秋时期,是建筑发展的一次飞跃,灿烂的青铜文化为木构技术及版筑技术提供了发展基础。尤其在西周,筑城和宫室的技术日趋完善,四合院居民形成已经较完整。至战国秦汉,人们已掌握夯土技术、砖瓦烧制技术,木架建筑渐趋成熟,砖石建筑和拱券结构有了很大发展。直棂窗、人字拱等已得到广泛使用,建筑形制上出现了庑殿、悬山、折线式歇山、攒尖、囤顶等五种基本形式。

(二)我国古建筑体系发展时期——魏晋南北朝

这个时期,由于战乱、国家分裂等原因,社会生产的发展比较缓慢,在建筑上也不及两汉期间有那么多生动的创造和革新。但是,由于佛教的传入引起了佛教建筑的发展,高层佛塔出现了,并带来了印度、中亚一带的雕刻、绘画艺术,不仅使我国的石窟、佛像、壁画等有了巨大发展,而且也影响到建筑艺术,使汉代比较质朴的建筑风格变得更为成熟、圆淳。

(三)我国古建筑体系成熟时期——隋唐五代

建筑在形制艺术上更趋成熟,在施工技术和组织管理上也更加严密完善。

隋朝建筑主要是兴建都城——大兴城和东都洛阳城,以及大规模的宫殿和苑囿,并开凿南北大运河、修长城等。留下的建筑物著名的有河北赵县安济桥(又称赵州桥)。

唐朝社会经济繁荣,建筑技术和艺术也有巨大发展和提高,主要特点有:规模宏大,规划严整;建筑群处理日趋成熟;木建筑解决了大面积、大体量的技术问题,并已定型化;设计与施工水平有所提高;砖石建筑有进一步发展;建筑艺术加工更加真实和成熟。

(四) 我国古建筑体系大转变时期——宋元时期

由于两宋手工业与商业的发达，从而使建筑水平也达到了新高度，出现了各种形势复杂的殿阁楼台，有了建筑理论著作《营造法式》。

其转变反映在城市结构和布局起了根本变化；木架建筑采用了古典的模数制；建筑组合方面，在总平面上加强了进深方向的空间层次，以便衬托出主体建筑；建筑装修与色彩有很大发展；砖石建筑的水平达到新高度；园林兴盛。

元朝由于统治者崇信宗教，使宗教建筑异常兴盛。尤其是藏传佛教得到元朝统治者提倡后，不仅在西藏发展，内地也出现了喇嘛教寺院。其都城规模巨大、规划完整。

(五) 我国古建筑体系的高峰时期——明清时期

此时建筑上进一步发展了木构架艺术技术，装修陈设上也留下许多砖石、琉璃、硬木等不朽之作。建筑类型得到进一步分化，并留下了大量可供参考的建筑实体。

自鸦片战争以后，我国建筑进入近代时期。由于大量接受西方文化，使部分建筑出现了中西合璧的新形象，园林里也常有西洋门面、西洋栏杆、西洋花样等，成为我国建筑演进过程的一个重要阶段。

二、中国古代建筑的主要特点

(一) 使用木材作为主要建筑材料

创造出独特的木结构形式，以此为骨架，既达到实际功能要求，又创造出优美的建筑形体以及相应的建筑风格。

(二) 保持构架制原则

以立柱和纵横梁坊组合成各种形式的梁架，使建筑物上部荷载经由梁架、立柱传递至基础。墙壁只起围护、分隔的作用，不承受荷载。

(三) 创造斗拱结构形式

用纵横相叠的短木和斗形方木相叠而成的向外挑悬的斗拱，不仅是立柱和横梁间的过渡构件，还逐渐发展成为上下层柱网之间或柱网与屋顶梁架之间的整体构造层，这是中国古代木结构构造的巧妙形式。

(四) 实行单体建筑标准化

中国古代的宫殿、寺庙、住宅等，往往是由若干单体建筑结合配置成组群。无论单体建筑规模大小，其外观轮廓均有阶基、屋身、屋顶三部分组成：下面是由砖石砌筑的阶基，承托着整座房屋；立在阶基上的是屋身，由木制柱额做骨架，其间安装门窗隔扇；上面是用木结构屋架造成的屋顶，屋面做成柔和雅致的曲线，四周均伸展出屋身以外，上面覆盖着青灰色或琉璃瓦。单体建筑的平面通常都是长方形，在有特殊用途的情况下，也采取方形、八角形、圆形等；而园林中观赏用的建筑，则可以采取扇形、字形、套环形等平面。屋顶有庑殿顶、歇山顶、卷棚顶、悬山顶、硬山顶、攒尖顶等形式，每种形式又有单檐、重檐之分，进而又可组合成更多的形式。

(五) 重视建筑组群平面布局

其原则是内向含蓄，多层次，力求均衡对称。除特定的建筑物，如城楼、钟鼓楼等外，单体建筑很少露出全部轮廓。每一个建筑组群少则有一个庭院，多则有几个或几十个庭院，组合多样，层次丰富，弥补了单体建筑定型化的不足。平面布局取左右对称的原则，房屋在四周，中心为庭院。组合形式均根据中轴线发展。唯有园林的平面布局，采用自由变化的原则。

（六）灵活安排空间布局

室内间隔采用隔扇、门、罩、屏等便于安装、拆卸的活动构筑物，能任意划分，随时改变。庭院是室内空间相互为用的统一体，又为建筑创造小自然环境准备条件，可栽培树木花卉，可叠山辟地，可搭凉棚花架，有的还建有走廊，作为室内和室外空间过渡，以增添生活情趣。

（七）运用色彩装饰手段

木结构建筑的梁柱框架，需要在木材表面施加油漆等防腐措施，由此发展成中国特有的建筑油饰、彩画。常用青、绿、朱等矿物颜料绘成色彩绚丽的图案，增加建筑物的美感。以木材构成的装修构件，加上着色的浮雕装饰的平棋贴花和用木条拼镶成各种菱花格子，是实用兼装饰的杰作。北魏以后出现的五彩缤纷的琉璃屋顶、牌坊、照壁等，使建筑灿烂多彩、晶莹辉煌。

三、中国古代建筑的结构

一般来说，一座精美的古建筑，最底部是承托全体的"台基"部分。所以，欣赏古建筑，除了要知道古建筑有"中轴线"的左右对称，还应该从构成这座精美古建筑的三大部分去了解和欣赏其艺术特征。

（一）台基

台基是属于古建筑基本结构部分，也称基座。精美古建筑的基座，常常饰有精美花纹的石雕。不仅如此，与台基有连带关系的石栏、石基、辇道等。其前后各有三座石基，中间石阶用巨大的石料雕刻出的蟠龙，衬托以海浪和流云构成的石阶"御路"，十分壮观。

（二）木构架结构

台基上的结构主要是木架构成。这种结构是我国古建筑（城垣、佛塔、桥梁等不在此列）重要的特征之一。也就是说，一座古建筑，除建筑的屋顶和台基使用瓦和砖石等外，其建筑的主要骨干部分，如柱、梁、枋等，则完全使用木材。如故宫的金銮殿面阔十一间，进深五间，外有廊柱一列，全店内外立有大柱84根。面积2 300多平方米，高35.05米，为全国最大的木架大殿。有的宫殿建筑不仅使用木材，而且讲究使用名贵木材，如天安门东侧的太庙，其主要梁柱外包沉香木，其余构件均为金丝楠木。

（三）大屋顶

古代建筑上的"大屋顶"也可看作是扩张出檐部分呈现向上的仰翻曲线现象，其作用有两点：一是防止雨水下流之急剧；二是避免因檐深而阻碍光线射入。至于说屋顶出檐部分组成四角之檐，除实用价值以外，还是美观的需要。其四角之檐的仰翻曲度犹如妇女的裙子展开，给人一种自然轻快的感觉。

中国古代建筑最常用的屋顶有以下6种，其中以重檐庑殿顶、重檐歇山顶为级别最高，其次为单檐庑殿顶、单檐歇山顶。

1. 庑殿顶

四面斜坡，有一条正脊和四条斜脊，屋面稍有弧度，又称四阿顶。庑殿顶分为单檐和重檐两种。重檐庑殿顶，是在庑殿顶之下，又有短檐，四角各有一条短垂脊，共九脊。

2. 歇山顶

其是庑殿顶和硬山顶的结合，即四面斜坡的屋面上部转折成垂直的三角形墙面。由一条正脊、四条垂脊、四条依脊组成，所以又称九脊顶。歇山顶主要分为单檐和重檐两种。重檐歇山顶的第二檐与庑殿顶的第二檐基本相同，在等级上仅次于重檐庑殿顶。

3. 悬山顶

屋面双坡，两侧伸出山墙之外，屋面上有一条正脊和四条垂脊，又称挑山顶。

4. 硬山顶

屋面双坡，两侧山墙同屋面齐平，或略高于屋面。

5. 攒尖顶

平面为圆形或多边形，上为锥形的屋顶，没有正脊，有若干屋脊交于上端。一般亭、阁、塔常用此式屋顶。

6. 卷棚顶

屋面双坡，没有明显正脊，即前后坡相接处不用脊而砌成弧形曲面。

专题二　中国古代城市与长城

一、中国古代城市

（一）古代城市的形成

"城"和"市"在最初是两个不同的概念，正是它们的有机结合，才产生了完美意义的城市。古汉语中"城"是指在一定地域上用作防卫而围起来的垣，是当时的军事设施和统治中心，"市"则是指进行交易的场所，是古代商品流通中心。在生产力发展的驱动下，商品交换日趋频繁，客观上要求为这种交换提供一个安全、通达、固定的环境，于是"城"和"市"相互结合，并最终走向统一。在我国西周时期，城市形态已很完备，城市建设也已制度化，反映在城市规划上，则表现为已形成了一套十分严谨的规划理论。

（二）古代城市规划的特点

1. 城郭分明

中国古代上至天子王侯，下至县郡治所都建有城和郭。城在内，郭包在城的外围，有"内之有城，外之有郭"之说，统称城郭。从内到外依次是宫城、皇城、外城（即郭）。明代的南京城和北京城较为特殊，筑有四道城墙。

2. 防御体系严密

古代城市有着十分严密的防御体系。大都筑有高大的城墙，矮者4~5米，高者可达10余米，厚约12米，坚固异常。城墙之上建有雉堞、女墙、门楼、角楼、马面等防御设施。城墙之外建有护城河（称为"城池"），水面宽度可达30米，深3~5米。护城河上设有吊桥。城墙的四面都设有数量不等的城门，城门之外往往加筑瓮城、罗城、箭楼等。

3. 棋盘状的街区结构

中国古代城市的道路多为棋盘状的结构。据《周礼·考工记》记载，古代都城的规制是"匠人营国，方九里①，旁三门，国中九经九纬，经涂九轨"，意思是都城九里见方，每

---

① 1里=500米。

边开有三门，东西南北各有九条道路，南北道路宽为车轨的9倍。这种整齐划一的方格形道路交通网，不仅便于交通，同时也便于在街坊内建造各种建筑。千百年来形成的棋盘状街区结构对现代城市建设影响较大。我国各主要大、中城市的道路交通管网至今都保持着这种基本格局。

4. 中轴对称的平面布局

中国古代城市采用中轴对称的平面布局。城市建设或以宫殿、或以官衙、或以钟楼等公共建筑为中心进行规划，反映了统治阶级严格的等级观念。

5. 基础设施完善

基础设施完善，具有完备的城市功能。中国古城设有"市"，供百姓们交换和采购。如北京城的市场和店铺共有132行，分布于皇城四周的大街小巷之中，并形成东单、西四牌楼、正阳门、鼓楼4个商业中心。其他的城市设施，如绿化、饮水、排水、防火、报时、报警灯，一应俱全，极为完善。

（三）城的防御意义

城，就是在都邑四周用做防御的城垣。一般有两重：里面的称城，外面的称郭，城郭外的护城河称池。下至州都府县衙的治所，以及一些镇、乡等都有城墙和护城河。城墙上有城楼、角楼、垛口等防御工事，构成一整套坚固的防御体系，而且在建筑艺术上也有很高的成就。坚固的城墙、高耸的城楼、宽广的护城河，显示出雄伟森严的气势。

1. 门楼

门楼是权力的象征，同时也常是一个城的重要标志，所以一般门楼建得比较高大雄伟。门楼在平时作瞭望守卫、储备粮食武器之用，战时则是作战指挥中心和守卫要地。

2. 角楼

角楼位于城之四角，因为它双向迎敌，所以是城防中的薄弱点，需要努力加强防卫。战时，一般角楼中会集中较多的兵力和武器。

3. 敌台

敌台又称"马面"，敌台的防御作用是很大的。因城墙正面不便俯射，将士若探身伸头射杀敌人，容易遭到对方的射击。有了突出的城台，进逼城墙脚下的登城者，就会遭到左右敌台上的射击，而使登城无法进行。所以敌台的距离一般在两个敌台能够控制的射程之内。

4. 敌楼

敌楼乃骑墙而筑，高出城墙之上，有的两层，有的三层，是供储备粮草、军械、火药和士兵居住、躲风避雨以及作战之用。

5. 垛口

筑在城墙迎敌面的顶部，呈上下凹凸状，凹出部分称为垛口。垛口中有上下两孔：上为望眼，用以瞭望来犯之敌；下为射孔，用以射击敌人。垛口作用很大，它既能隐身防敌，又能有力射击敌人，使自己始终处于不败之地。

6. 墙顶

城墙顶部是军队防御活动的通道，迎敌一面筑有2米高的垛口，另一面筑有高1米左右用以护身的女墙，墙顶通道一般较宽，可五马并骑，十人排行而走。地势陡峭处，路面筑成阶梯形的梯道。为了排除下雨时的积水，在墙顶还有排水沟等设施。在墙体内侧隔一定距离开有石砌或砖砌的拱形券门，中修磴道，直通墙顶，以便士兵们上下。

7. 瓮城

瓮城呈长方形或圆弧形，加筑在迎敌的城门之外，以使城门增加一道有力的防线，其迎敌的城台上往往还筑有箭楼。

8. 箭楼

箭楼往往雄峙在瓮城之迎敌城台上，与门楼遥遥相对，迎敌城台三面都开有一排排多层的箭孔，当敌人来犯时，可形成密集的射击点，给敌人以毁灭性的打击。

9. 护城河

护城河即紧接城墙外面深阔的城壕，它构成了双重防御体系，在城门处往往还设置吊桥。

10. 钟鼓楼

古时，钟鼓楼用于"晨钟暮鼓"的报时以及报警。凡是重镇城内多建有钟鼓楼。如果四边的城门都开在中央，南、北、东、西四门相对，城内的街道便呈十字形，一般钟鼓楼就坐落在这个十字路口附近。西安市内的钟鼓楼便是如此。

（四）现存古城介绍

1. 明南京城

南京是中国七大古都之一，曾为东吴、东晋、宋、齐、梁、陈、南唐、明、太平天国以及"中华民国"的都城。现存的明朝早期都城——南京应天府城墙不仅是世界上规模最大的古城，也是我国目前仅存的古都都城。

明太祖朱元璋于洪武元年（1368年）在元代府城的基础上，建明朝都城应天府城，洪武二十三年（1390年）又增筑外廓。明成祖朱棣迁都北京，在营建北京城时许多地方就是以南京为蓝本的。

明南京城规划突破了方正对称的传统都城形制，城墙根据地理条件和军事防守的需要而建，基本保留和利用旧城的同时又增辟了新区，把健康城、石头城、南唐江宁城旧址和富贵山、覆舟山、鸡笼山、狮子山、清凉山等都包括在城内，使城市形成和道路呈不规则形状。全部城墙为砖石结构，共设城门13座，其中聚宝（中华）、石城、神策、清凉四门保持至今。外廓略呈圆形，周长60千米，多为土筑，现已辟为环城公路。

2. 明西安府城墙

我国现在保存最完整的大型古城，是明代陕西省治所西安府城墙，建于1370—1378年。城墙用黄土分层夯筑，城墙周长合11.9千米，高12米，宽16.5米，城内面积近12平方千米。四面正中辟门，每座门外设箭楼，以利射击，内筑城楼，两楼之间建瓮城。城墙里面建有马道六处，外面建有敌台，城垣外围护城河宽20余米，深10米。现为全国重点文物保护单位。

3. 平遥古城

平遥古城自古为平遥县治所，也是中国保存较完整的汉族地区县治所古城，坐落在黄土高原东缘晋中盆地中部山西省平遥县。现存古城重建于明洪武三年（1370年）。城内街道、市楼、衙署、商号、寺观、民居等均保留原有形制，其建筑风格极具山西晋中地方特色。平遥古城马面多、造型美观、防御设施齐备，是中国历代建城史仅有的，并以筑城手法古拙、工料精良著称于世，是研究明代县城建制的实物资料。平遥古城1998年被列入《世界文化遗产名录》。

4. 宁远古城

宁远古城即现在的兴城古城，位于辽宁省兴城市，是我国现存最为完善的四座明代古城之一。古城背依辽西丘陵，南临渤海，雄踞辽西走廊中部咽喉之地，是辽东地区通往中原的交通要道。辽圣宗统和八年（990年）始称兴城，明称宁远卫城，清称辽远州城，"民国"三年（1914年）重新启用兴城之名，沿用至今。

古城始建于明宣德五年（公元1430年），呈正方形。城的四面有城门，城门外筑有半圆形瓮城，四角设角台，东南角台上建有魁星楼。城内东西、南北街十字相交，钟鼓楼端居正中。城内有明代祖师史坊和文庙等古迹。

二、长城

长城是中华文明的瑰宝，是世界文化遗产之一。在遥远的2 000多年前，是劳动人民用血肉之躯修筑了万里长城。它是中华民族的象征。

春秋战国时期，各国诸侯为了防御别国入侵，修筑烽火台，并用城墙连接起来，形成最早的长城。以后历代君王几乎都加固、增修长城。在冷兵器时代，长城防御体系的军事作用是卓有成效的。

根据历史文献记载，修建长城超过5 000千米的有三个朝代：一是秦始皇时修筑的西起临洮，东至辽东的万里长城；二是汉朝修筑的西起今新疆，东至辽东的内外长城和烽燧亭障，全场13 000千米；三是明朝修筑的西起嘉峪关，东到鸭绿江畔的长城，全长8 851.841千米。

在中国历史的漫长岁月中，许多封建王朝为了巩固自己的统治，曾经对长城进行过多次修筑。不论是巨龙似的城垣，还是扼居咽喉的关隘，都体现了当时设防的战争思想，而且也标志着当时建筑技术的高度成就。

万里长城是一部悠久的古代中国文明史诗，封建社会最丰富、最辉煌的篇章。举凡封建社会重大的政治、经济、文化的历史事件，在长城身上都打下了烙印。金戈铁马、逐鹿疆场、改朝换代、民族战争等在长城身上都有所反映。在万里长城身上蕴藏着中华民族2 000多年的光辉灿烂的文化艺术内涵。除了城墙、关隘、镇城、烽火台等本身的建筑布局、造型、雕饰、绘画等建筑艺术之外，还有诗词歌赋、民间文学、戏曲说唱等。古往今来不知有多少帝王将相、戍边士卒、骚人墨客、诗词名家为长城留下了不朽的篇章。边塞诗词已成了古典文学中的一个重要流派。长城像一条矫健的巨龙，越群山，经绝壁，穿草原，跨沙漠，起伏在崇山峻岭之巅，绵延在黄河彼岸和渤海之滨。古今中外，凡到过长城的人无不惊叹它的磅礴气势、宏伟规模和艰巨工程。长城以它巍巍雄姿、坚强的体魄，象征着中华民族坚强不屈的精神，克服困难的毅力。长城是中华民族的骄傲，也是整个人类的骄傲。

专题三 中国古代宫殿建筑文化

一、宫殿建筑文化

宫殿在先秦时，是居住建筑的通用名，秦以后成为帝王居所的专用名。在封建社会，历代帝王为了满足其骄奢淫逸的生活和维护其统治的威严，往往大兴土木，聚集全国的能工巧匠，营建各种宫室殿堂。因此宫殿的建筑最能体现当时的建筑水平和建筑艺术。

我国宫殿建筑出现很早，商代已初具规模，以后越建越大。秦始皇统一中国后兴建的阿房宫，就已经到惊人的规模。西汉初年修建的未央宫，围宫墙一周达 8 900 米。汉高祖刘邦曾因这座宫殿建筑的奢华而动怒，而主持这一工程规划的萧何说："天子以四海为家，非壮丽无以重威。"这说明统治阶级已经认识到，规模宏大的宫殿建筑也可以作为其巩固其政权的一种工具。萧何的这个看法，促使以后历代帝王更加重视都城和宫殿建筑。所以，秦汉以后，宫殿建筑始终在中国古代建筑中占有重要的位置。

宫殿的建筑有严格的定制，即"内寝外朝，左祖右社"。内寝也称内廷，是皇帝和后妃们生活的寓所；外朝即皇帝召见群臣、处理政务的地方；宫殿左面（东侧）设祖庙，以祭祀皇帝的列祖列宗；右侧（西侧）设社稷坛，以供皇帝祭祀土地（社）五谷（稷）之神。宫殿建筑讲究中轴对称布局方式，中轴线上的建筑高大、华美，而两侧建筑则显得矮小。

宫殿建筑虽然豪华，但大多数都在王朝更替或内部争权夺利中被毁，如今所剩下的只有离我们最近的王朝所建的北京故宫、沈阳故宫。

二、现存著名宫殿建筑

（一）北京故宫

北京故宫是明清两朝的皇宫，呈长方形，占地面积 72 万多平方米。宫内有各类殿宇 9 000 余间，都是木结构、黄琉璃瓦顶、青白石底座，并饰以金碧辉煌的彩画。环绕紫禁城的城墙高约 10 米，城外还有一条长 3 800 米的护城河环绕，构成完整的防卫系统。

外朝部分是皇帝办理朝政大事、举行重大庆典的地方，以皇极殿（清代称太和殿，又称金銮殿）、中极殿（清代称中和殿）、建极殿（清代称保和殿）三大殿为中心，东西以文华殿、武英殿为两翼。其中太和殿是宫城中等级最高、最为堂皇的建筑，皇帝登基、大婚、册封、命将、出征等都在这里举行盛大的仪式或庆典，此时数千人"山呼万岁"，数百种礼器钟鼓齐鸣，极尽皇家气派。

内廷以乾清宫（皇帝卧室）、交泰殿、坤宁宫为中心，东西两翼有东六宫、西六宫（皇妃宫室），这就是人们常说的皇帝的"三宫六院"，是皇帝平日处理日常政务及皇室居住、礼佛、读书和游玩的地方。坤宁宫后的御花园，是帝后游赏之处，园内建有亭阁、假山、花坛，还有钦安殿、养性斋，极富有皇家苑囿特色。出御花园往北为玄武门（清代改称神武门），是故宫的北门。

北京故宫是中国现存最完整的古代宫殿建筑群，在世界建筑史上别具一格；是中国古典风格建筑物的典范和规模最大的皇宫。梁思成说："中国建筑既是延续了两千余年的一种工程技术，本身已形成一个艺术系统，许多建筑物便是我们文化的表现、艺术的大宗遗产。"

（二）沈阳故宫

沈阳故宫位于沈阳市中心，占地 6 万平方米，今日有宫殿亭台楼阁斋堂等建筑 100 余座、500 余间。它是清朝入关前清太祖努尔哈赤、清太宗皇太极建造的皇宫，又称盛京宫阙。清世祖福临在此即位称帝。

沈阳故宫按照建筑布局和建筑时间先后，可以分为三个部分：东路为努尔哈赤时期建造的大政殿和十王亭；中路为皇太极时期续建的大清门、崇政殿、凤凰楼以及清宁宫等；西路为乾隆时期增建的戏台、嘉荫堂、文溯阁等。

大政殿是一座八角重檐大木架构成的建筑，殿身八面都用木隔子门组成，以卯榫相接，可以任意开启。殿前排列十座方亭,为左右翼王和八旗旗主办公的地方。

崇政殿为五间九檩硬山式,前后有出廊,围以石雕栏杆。此殿为皇太极日常处理军政要务和接见外国使臣、边疆少数民族代表之所。

文溯阁为西路的主体建筑,乾隆四十七间(1782年)兴建,专为皮藏《四库全书》之用,建筑形式仿浙江宁波天一阁。

沈阳故宫历经大规模修缮,现已辟为沈阳故宫博物院。

(三)布达拉宫

布达拉宫位于我国西藏自治区首府拉萨市的玛布日山上。布达拉宫是一座规模宏大的宫堡式建筑群,始建于公元7世纪吐蕃赞普(藏王)松赞干布时期。布达拉宫的主体建筑分为白宫和红宫。布达拉宫以辉煌的艺术作品和珍贵文物而闻名。

专题四 中国古代陵寝文化

一、封土的沿革

形制即封土形式,封土就是指墓上堆筑的土丘。大约从周代开始,出现"封土为坟"的做法。根据《周礼·春官》记载,"以爵为封丘之度",即按照官吏级别大小以决定封土的大小。当然,天子死之后,其陵墓封土无疑是最大的。中国帝王陵墓封土的沿革主要有以下三个阶段。

(一)方上

方上是早期陵墓的封土形式,就是在地宫之上用黄土层层夯筑而成,使之成为一个上小下大的锥体。因其上部好像是被截去顶部的方形平顶,故名"方上"。方上在秦汉两代最为盛行。陕西秦始皇陵和汉代帝王陵墓均属此类。

(二)以山为陵

以山为陵即利用山峰作为陵墓坟头,这样既能体现帝王的浩大气魄,又可防止盗挖和水土流失,在唐代最为盛行。唐乾陵、昭陵就是这种封土形式。

(三)宝城和宝顶

宝城和宝顶是明清时期所采用的一种封土形式。在地宫上砌筑高大的砖城,在砖城内填土,使之高出城墙成一圆顶。城墙上设垛口和女儿墙,宛如一座小城,即"宝城";高出的圆顶,称为"宝顶"。宝城上建有明楼,楼内立石碑,刻着皇帝的庙号、谥号。南京明孝陵、北京明十三陵和河北清东陵、西陵为其典型代表。

二、陵园的建筑布局

帝王陵墓前往往都有规模宏大、富丽堂皇的建筑物,主要用于祭祀、装饰、保护陵墓,大致分为以下三部分。

(一) 祭祀建筑区

祭祀建筑区主要建筑是祭殿、献殿,是供帝王祭祀之用。两旁是配殿、廊庑等。

(二) 神道

神道又称"御路""甬路"等,是通向祭殿和宝城的引导大道。唐以前,神道并不长,在道旁置少数石刻,墓道的入口设阙门。到了唐朝,陵前的神道石刻有了很大的发展,大型的"石像生"仪仗队石刻已经形成。

(三) 护陵监

护陵监是专门保护和管理陵园的机构。监外有城墙保护,内有衙署、市衙、住宅等建筑,好像一座小城。

三、墓室结构

(一) 土穴墓室

在原始社会早期,墓穴形式很简单,只在地下挖一个土坑,土坑一般都小而浅,仅能容纳尸体,无棺椁,尸体也无特殊东西加以包裹。到新石器时代晚期开始出现葬具。在大汶口文化后期,少数墓坑面积很大,坑内沿四壁用天然木材垒筑,上面又用天然木材铺盖。

(二) 木椁墓室

从殷代开始一直到西汉时期,往往采用此种结构形式。早期为井干式结构,即用大木纵横交搭构成。到西汉时出现用大木枋密排构成的"黄肠题凑"形式,是木椁墓室发展的顶峰。西汉帝王墓室就是木椁墓室。

(三) 砖筑墓室

砖筑墓室是墓室结构的重要形式,分为空心砖砌筑和形砖砌筑两类。空心砖墓室始于战国末期;形砖墓室约始于西汉中期,南北朝和隋唐时期应用渐广。

(四) 石筑墓室

石筑墓室多采用拱券结构。西汉晚期出现石室墓室,墓室中雕刻着画像,故称"画像石墓"。明清陵墓墓室全部采用高级石料砌筑的拱券结构,各室相互贯通,形成一个地下宫殿。明万历皇帝的定陵地宫是最为著名的地下宫殿。

四、中国现存著名的古代陵墓

(一) 秦始皇陵

秦始皇陵位于陕西临潼的骊山脚下。在历代单葬制的帝王陵墓中,秦始皇的陵墓是最大的。其陵园外垣为长方形,周长6.3千米;内垣近似方形,周长3.8千米。现在测量的"方上"式墓冢底边长度为东西400多米、南北500多米。在陵园内,除方上陵丘外,其地上祭祀建筑已无存,现已发现地下有兵马坑3座,马厩坑1座,跽坐俑坑31座,珍禽异兽坑31座,造墓工人坑103座,被处死的宫廷近臣陪葬墓18座。1974年发现的一号兵马俑,与真人真马等大的6 000多人俑与马俑,再现2 000多年前的战阵军容;1980年,在陵西侧又挖掘出结构完整造型逼真的3 000多个由金、银、铜制作的部件,不仅工艺精湛,而且至今还能转动自如。铜车马的出土,使世界各国对中国2 000多年前的文明有了更深刻的认识;

1987 年秦始皇陵兵马俑被载入《世界遗产名录》。

(二) 唐乾陵

乾陵是唐朝第三代皇帝高宗李治和女皇帝武则天的合葬陵，位于陕西乾县梁山。梁山三峰突起，挺拔俊秀。乾陵以其北部主峰为陵，南部两峰为阙，陵区仿长安城格局，外垣周长80 余里。神道两侧大型石雕达 120 多件，王公贵戚、功臣爱将的陪葬墓有 17 座。其宏伟的气势，庞大的陵墓群规模和以山为陵的设计思想是唐朝帝王诸陵之冠。从资料记载和考古发掘得知，乾陵可能是唯一没有被盗掘的唐朝帝王陵墓，至今地宫未开掘。在大型石雕中，有一座无字碑，通体高达 7.53 米，为一完整巨石，初立无字。关于石碑无字的原因有两种说法：一说是武则天认为自己的功过是非应让后人评价，所以无字；二说是武则天认为自己的功劳无法用文字表现。现在碑上的文字是后来人游历此处时的题词，内容多是对李唐与周武那段历史的评价。

(三) 明十三陵

明十三陵位于北京西北昌平区天寿山下的小盆地内，陵区面积达 40 平方千米，这里埋葬着明朝定都北京后的十三位皇帝和众多的后妃。十三座帝王陵如扇面状分布在盆地内的山前丘陵上。整个陵区由一条主神道和十二条分支延伸的辅神道构成通向各陵墓的神道网。明永乐皇帝朱棣的长陵坐落在主神道的北端。各代皇帝陵墓依照辈数关系分布在主陵两侧。地宫封土为圆形的宝城宝顶，地宫前是安放帝王谥号碑牌的方城明楼。明楼前是三进院的祭祀建筑群。神道上的石像生等饰物均布置在神道两侧。陵墓旁都设有"护陵监"看护、祭扫陵墓。明代陵墓地下墓室都有巨石发券，构成若干墓室相连的"地下宫殿"。十三陵以地面建筑宏伟的长城和唯一打开地宫的定陵闻名于世。

(四) 清东、西陵

清东陵位于河北遵化马兰峪西昌瑞山下，占地约 250 平方千米。清西陵位于河北易县永宁山下，占地 225 平方千米。清东陵埋葬着顺治、康熙、乾隆、咸丰、同治五帝，以及帝后十五和嫔妃一百四十。清西陵埋葬着雍正、嘉庆、道光、光绪四帝及其后妃等。清东、西陵是我国现存规模宏大、建筑体系完整的皇家陵墓群。其建筑体系结构与明十三陵基本一致。2000 年，清东、西陵被列入《世界遗产名录》。

专题五　其他建筑文化

一、楼文化

在我国建筑史上，楼是一种多功能的建筑物。中国古代最为著名的楼建筑为湖南岳阳的岳阳楼、湖北武汉的黄鹤楼、江西南昌的滕王阁，并称为"江南三大名楼"。这三处楼阁景观皆有特色，是历代文人墨客吟咏作诗的理想之地。

(一) 岳阳楼

岳阳楼坐落在湖南岳阳市西门城楼上，濒临 800 里洞庭湖。相传其前身是三国东吴都督鲁肃训练水兵的阅兵台。唐开元四年 (716 年)，中书令张说谪守岳州，在此修楼，名"岳阳楼"，宋以后进行过多次重新修建，现在的主楼建于清光绪六年 (1880 年)。楼阁采用三重檐盔顶式，是我国现存最大的盔顶建筑，黄色的琉璃瓦在阳光的照耀下辉煌闪烁。楼阁整体三层木结构，楼高20米，楼内现有6幅木屏，上面刻有宋庆历四年（1044年）范仲淹所写的《岳阳楼记》。也许因为有了这篇流传千古的文章而使岳阳楼更加有名，也许是它本身独特的人文地理环境所独有的风格情调引人入胜。总之，不管是今日还是往昔，岳阳楼都以其特有魅力闻名遐迩。

（二）黄鹤楼

黄鹤楼雄踞于湖北武昌蛇山黄鹄矶上，最早建于三国东吴黄武二年（223年），当时为军事瞭望哨。唐朝以后，才逐渐成为观赏楼。自古以来，有关黄鹤楼神奇的传说层出不穷。一说古代仙人子安乘黄鹤过此，又有人说费文伟成仙驾鹤于此。仙人乘鹤而去始终是传说的主题，黄鹤楼的楼名因此而得之，并由此蒙上了一层神秘的仙境色彩。

黄鹤楼屡建屡毁，如今的黄鹤楼是1985年才建好的。因修建武汉长江大桥占用了旧址，重建的黄鹤楼便从原来的黄皓矶移到了蛇山的高观山上。新建黄鹤楼以清楼为蓝本，兼蓄宋楼雄浑、元楼堂皇、明楼隽永的神韵，比历史上最大的清楼高出26米。楼阁分为五层，每层都有回廊，分别表现出不同的主题：一层为"神话"，二层为"历史"，三层为"人文"，四层为"传统"，五层为"永存"。全楼由黄色琉璃瓦覆盖，飞翘的檐角和稳定的楼身相得益彰。

（三）滕王阁

滕王阁位于江西南昌市西，赣江之滨，为江南胜迹，尤以王勃的《秋日登洪府滕王阁饯别序》，（即《滕王阁序》）而闻名中外。被称为"瑰丽绝特"的滕王阁是唐高祖的儿子滕王李元婴于唐永徽四年（653年）所建，历代重修约28次。如今的滕王阁是在1989年重阳节重新建好的。

重建的滕王阁是根据我国著名古建筑学家梁思成所绘草图而建，整个建筑为钢筋混凝土仿木结构。飞檐翘角、丹栋雕梁，保存了唐阁"层峦耸翠，上出重霄，飞阁流丹，下临无地"的雄伟气势。今天的滕王阁，连地下室共四层，顶覆绿色琉璃瓦，阁四周有平座，回廊围绕，廊柱为红色，与顶部的绿色相映衬；内设序厅、人杰厅、古宴厅、地美厅、远眺厅、丹青厅、翰墨厅、古乐厅；厅内宫灯高悬，名联饰柱，字画增辉，玉雕镶壁，登阁遥望，山川风貌、江渚舟楫、风云变幻。"落霞与孤鹜齐飞，秋水共长天一色。"文因楼作，楼以文传。王勃的《滕王阁序》流传至今，使得滕王阁声名大振。"闲云潭影日悠悠，物换星移几度秋。阁中帝子今何在？槛外长江空自流。"虽然建阁的滕王已经不在，但他昔日的形象依然别具风采。

二、书院文化

中国传统的书院建筑始建于晚唐，延续到清末，共千余所。世事沧桑，时过境迁，留存到现在的书院不是很多，但这些留存下来的却具有很大的代表性和历史价值，足以彰显我国传统书院的真实面貌。

（一）岳麓书院

岳麓书院位于湖南长沙岳麓山东麓，始建于北宋开宝九年（976年），天禧二年（1018年）真宗赐以"岳麓书院"门额。南宋理学家朱熹曾在此讲学。该书院屡建屡毁，但始终是湖南的最高学府。现存建筑为清代重建。

岳麓书院古朴、清幽，流露出浓郁的文化气息。走进书院，迎面是为纪念朱熹而建的赫曦台，进门有一广庭，庭北有孝廉节堂，后面为文昌阁，这些建筑均位于中轴线上，左面是岳麓文庙，整体建筑为前讲学、后藏书、左供祀的格局。

岳麓书院的教育传统历史悠久，人文气息浓厚。岳麓书院很注重"义利之辨"的儒学伦理，它是书院教育原则和人文传统直接的体现，当然其中也不乏对爱国情操的培养。书院绵延数年，人才辈出，讲学的、求学的人都为书院做出了贡献，虽然每个人都受到历史的局限和主观的影响，但他们的思想精髓却影响着后人。清光绪二十九年（1903年），岳麓书院改为湖南高等学院，后又改为湖南高等师范学校，1926年定名为湖南大学，历史已逾千年，被当世学者誉为罕见的"千年学府"。

（二）白鹿原书院

白鹿原书院位于江西庐山五老峰下，始建于南唐，宋代扩为书院。屡经兴废，现存建筑为清道光年间所修。这里有许多古碑刻、名人书法嵌于殿宇、临泉幽壑间，环境静谧优美，令游客流连忘返。

据白鹿原书院《洞志》记载："白鹿洞者，唐李渤读书处也。唐贞元年间（785—804）渤与其兄涉俱隐庐山，渤养一鹿甚驯，行常以之自随，人因称白鹿先生。"后人称其所居为白鹿洞。825—826年，李渤任江州（今江西九江）刺史，在此广筑台榭、植树种花，从此，白鹿洞声名大振。后晋天福年间（936—943年），这里建为"庐山国学"。后又有宋代著名教育家和哲学家朱熹在此创办白鹿洞书院，聘请名师、广集生徒，亲任洞主，亲自讲学。至此，白鹿洞书院达到了它的鼎盛时期，它与应天、石鼓、岳麓书院并称为天下"四大书院"，是我国古代的最高学府。

（三）石鼓书院

石鼓书院位于湖南衡阳的石鼓山。唐朝时李宽筑庐读书于此。宋至道三年（997年）立书院。明清时仍存在；抗日战争期间，园囿建筑物均毁于战火；今故址内尚有明清碑刻多方及一人多高的石鼓一面。

（四）应天府书院

应天府书院原址在今天的河南商丘，商丘旧名睢阳，故书院又称睢阳书院。最初为戚同文讲学之地。宋真宗大中祥符二年（1009年），曹诚就其地筑学舍150间，藏书1 500余卷，广招学生。应天府知事晏殊请范仲淹来此任教。其后，因战乱院址荒废。

（五）晋溪书院

历史上，国家举办的学府书院很多，但一些较小地方的书院或祠堂里的书院也兴办得红红火火。山西太原悬瓮山下有一座将儒、释、道文化结合在一起的奉祀祠庙，名为晋祠，现已成为一处优美的园林。在这座园林里有一座晋溪书院，原为明朝大臣王琼的私人住宅，王琼被贬后，就在这里读书、吟诗、排遣苦闷，他去世后这里被改为书院。来这里攻读的书生很多，本县和邻县的学子都前来读书，知县考试的时候，还借用书院作为考场。

如今的晋溪书院是1992年重新修建而成的，在院内还建有王氏祠堂——子乔祠。院内建筑朴素典雅，周围的风景清幽，将祠堂和学府的功能结合起来，使书院发挥了不同的作用。

三、亭文化

亭是一种富有魅力的建筑艺术形式，在中国古典建筑中显得意蕴隽永。它的用途广泛，建址也较灵活，在城镇乡村或园林风景之地都可见到亭的踪迹。亭是对自然风光与人文景观的提炼，"亭借景扬名，景借亭增色"。中国的亭造型优美，顶式多种多样，几乎囊括了所有建筑屋顶的形式，亭以虚拟的内部空间与外部空间相联系，是一种整体环境美的体现。亭将历史文化内涵和意境美相结合，让人百看不厌。

（一）兰亭

兰亭位于浙江绍兴西南兰渚山下。兰亭因王羲之的《兰亭集序》而被世人所熟悉。《兰亭集序》记叙了永和九年三月三日王羲之与好友在此集会的盛况。现今的建筑和园林皆是依据明嘉靖时的旧址重修的。小溪流经此处称曲水，临溪有流觞亭。亭西有王右军祠，祠中正殿有王羲之像。殿前有墨华池，池中建墨华亭，两廊墙上嵌古代碑刻。兰亭有三绝：二王（王羲之、王献之）合璧的"鹅池"碑，重达 18 000 千克；二皇（康熙、乾隆）所书的书法巨碑；王右军祠的古建筑，结构巧妙，古朴高雅。

兰亭八景即兰亭、鹅池、流觞曲水、流觞亭、御碑亭、王右军祠、墨池、墨华亭。"此地有崇山峻岭，茂林修竹，又有清流激湍，映带左右。"现在的兰亭八景，处处诱人。鹅池碑亭，传为佳话；曲水流觞，赋诗赏景，何乐不为？兰亭的美景无须争论，王羲之深怀哲理的诗文也让人叫绝。《兰亭集序》是一篇脍炙人口的优美文章，文采斐然，妙语连珠，不仅内容丰富生动，书法艺术也无人能及，每一个字都神采飞扬，一波三折，具有极大的观赏价值。

（二）醉翁亭

醉翁亭位于安徽滁县琅琊山中。北宋年间，欧阳修被贬任滁县太守时，常与宾客饮酒亭中，他自称"醉翁"，遂命此亭为醉翁亭，并撰写了脍炙人口的《醉翁亭记》。琅琊山风光秀丽，又有醉翁亭点缀其间，吸引了不少中外游人。

（三）陶然亭

陶然亭位于北京宣武区（今为西城区）西南，为清康熙三十四年（1695 年）工部郎中江藻所建，初名"江亭"，后以唐代诗人白居易的名句"更待菊黄家酿熟，与君一醉一陶然"而改名为"陶然亭"。

（四）爱晚亭

爱晚亭位于湖南长沙的岳麓山上，修建于清乾隆年间。后人取唐朝诗人杜牧的"停车坐爱枫林晚，霜叶红于二月花"的诗句，称"爱晚亭"。

四、水利工程

在人类创造文明的过程中，技术与科学的发展扮演了最重要的角色，是人类文明史的一个重要组成部分。人类修建水利工程就是一项伟大的科学。中国古代文明灿烂辉煌，我国人口众多，因自古重农，凡"水利灌溉、河防疏泛"，历代无不列为首要工作。农业在国民经济发展中起到决定性作用，而水利是农业的命脉。几千年来，勤劳、勇敢、智慧的中国人民同江河湖海进行了艰苦卓绝的斗争，修建了无数大大小小的水利工程，有力地促进了农业生产。同时，水文知识也得到了相应的发展。

（一）灵渠

灵渠在广西壮族自治区兴安县境内，是世界上最古老的运河之一，有着"世界古代水利建筑明珠"的美誉。灵渠古称秦凿渠、零渠、陡河、兴安运河，于公元前214年凿成通航，距今已2 217年，却仍然发挥着功用。

灵渠工程主体包括铧堤、南北渠、秦堤、陡门等，完整精巧、设计巧妙，通三江、贯五岭，沟通南北水路运输，与长城南北呼应，同为世界奇观。

漓水源于广西兴安西北，与源于广西东北兴安海阳山的湘江相距不远，分水岭炮台山很低。秦始皇略取百粤，乃命史禄开筑湘水使通漓水，称为"灵渠"，故有"湘漓同源"之说。灵渠乃贯通长江流域与珠江流域间重要水上交通孔道，今名"兴安运河"，是中国也是世界上最古老的一条运河。在铁、公路建设起来以前，灵渠是沟通中国南北方内河航运的唯一通道。如由广州乘船出发，溯珠江而上，经漓水，穿灵渠，沿湘江而下，接长江，转京杭大运河直上北行，最后可达北京。灵渠水位高出湘江，开凿工程极为艰巨，但利用"陡门"闸水，以通船运，使原属殊途的湘漓二水，连通一气。其所用的原理，与著名的巴拿马运河（连通太平洋与大西洋）完全相同，不过却较之早了2 000余年。灵渠除航运外，亦有灌溉之利，是中国古代水利工程中较少人知的一项瑰宝。

（二）都江堰

都江堰在四川成都西侧灌县境内。公元前316年秦国灭蜀，领有蜀地。秦昭襄王在位后期（前276—前256），蜀郡守李冰在蜀人治水经验的基础上，于成都平原顶点，岷江刚出山口的江心中"造堋壅水"，叠砌分水鱼嘴，把岷江一分为二。"外江"为岷江正流（南江），泄洪排沙；"内江"为灌溉水渠（北江），导水灌田，使成都平原平畴万顷，沃野千里，成为我国著名的天府之地。内江乃傍玉垒山脚人工开凿之渠道，由凿开坚硬岩石所成"宝瓶口"引水，以供航运灌溉之用。宝瓶口上游内外江之间则有"飞沙堰"，可以将拦阻在宝瓶口外的过量洪水和沙石泄入外江。都江堰的建成，使外江成为洪水和沙石的排泄信道，使内江水系范围内的政治经济中心成都不仅解除了旱涝之害，同时又引进水源，满足了灌溉、通航和漂木的需求，是古代一个综合水资源开发最成功的典范。后魏郦道元《水经注》引南北朝《益州记》说：蜀郡"水旱从人，不知饥馑，沃野千里"，时人称为"天府"。如今仍称四川为天府之国，而都江堰恰是天府中的一道"银河"。

（三）京杭大运河

京杭大运河是沟通中国南北水路交通的大动脉，由多条运河组而成，可由杭州北上直通北京，全长1 740千米，是世界上最长、最古老的一条大运河。

《国语》中说"勾践之地，广运百里"，注"东西为广，南北为运"，所以大运河是以人工沟渠连通天然水系，结合人力与自然条件修凿的一条南北向的巨大输运航道。大运河北起北京，南迄杭州，纵贯冀、鲁、苏、浙，沟通海河、黄河、淮河、长江、钱塘江五大水系，全长1 740千米。开山凿渠，引水通漕，贯通南北，有灌溉通运两利。

知识拓展　　徽州砖雕是徽古建筑装饰艺术的重要部分

砖雕（Tile carving）是指在青砖上雕刻出人物、山水、花卉等图案，是古建筑雕刻中很重要的一种艺术形式。主要用于装饰寺塔、墓室、房屋等建筑物的构件和墙面。通常也指用青砖雕刻而成的雕塑工艺品。安徽徽州（今安徽歙县）的砖雕，历史悠久，雕刻精致，独具一格，名闻中外。古代砖雕多以浮雕为主，少数也有线刻的。徽州建筑多用青灰色的屋脊和屋顶，雪白的粉墙，水磨青砖的门罩、门楼和飞檐等，门槛和屋脚（升高地面一二尺）皆用青石或麻石，有的也用水磨青砖平铺，而后用圆头铆钉固定在木质门板的表面，像这样的整体建筑，砖雕装嵌其中，十分和谐。徽州砖雕的图案，有花鸟、人物、戏出、生活场景和吉祥纹饰等。工艺精细，雕刻工整，运线流畅，主题突出，层次分明。

徽州砖雕是徽古建筑装饰艺术的重要部分，遍及城乡。至今还保存在明、清时的古建筑祠堂、大厅、寺庙、书院和民居中。砖雕广泛地应用门楼、门罩、八字墙、镂窗、民檐、屋顶、屋翎及旌表牌坊、神位龛座等，使建筑物典雅、庄重、富有立体效果。"门罩迷藻悦，照壁变雕墙"是徽州砖雕应用的真实写照。

徽州砖雕装饰的重点是门楼、门罩。作为古民居出入口标志的门楼、门罩、造型多样。祠堂、书院、寺庙和窗户第装饰的门楼、八字墙：有垂花门楼，字匾门楼、四柱牌楼等数种。有一间三楼，也有四柱三间五楼，还有的用石块和水磨砖混合建成，下部还有鼓石，式样和牌坊很相似。门罩装饰起初比较简单，但到清初就有较多装饰比较华丽的门罩。徽州民宅上门楼、门罩，即是在大门外框上方，用水磨青砖砌成的向外凸出的线脚装饰，顶上附以瓦檐。除了具有一种装饰美外，其实有功能，则是挡住墙面上方流下的雨水，避免门上方墙体受潮湿，使石灰剥落出现不美的斑痕。把门楼砌成牌坊楼式的是祠堂、寺庙、民居中大多是阀阅富室之法：如西递镇有一家四柱三间五楼牌坊式的门楼，中间高、两边对称略低一点，檐口上方复瓦，四角上翘，并饰有砖雕鳌鱼吻。其鳌鱼吻长须是镂刻的弯曲向上扬，既美观又兼作避雷之用。门楼西向上凸起部分，高出墙体的尺半许，而后再从檐口向内用青砖减起线三道，下面饰雕花边，以此下延再递减，安装额枋、方框、元宝、横坊、匾额等，直至和墙面平并临近在大门门坊上尺许。上面每层均有砖雕图案，其中最精彩部位，即是两三层额枋，尤其是通景额枋，还有四至十二只元宝，三间均有对称的方框，还有雀替，悬柱头、榫饰、屋脊屋翎饰，均为门楼砖雕之重点。歙县大阜潘氏宗祠，门厅为五凤楼式，气势壮观，门厅两侧的八字墙上装饰有大面积精美细腻的砖雕，描以额枋和框，元宝雕刻更为精彩，刻着江南风光、楼台亭阁、水榭、飞禽走兽。运用高浅、透雕、半圆雕手法、高低起伏有度，别具一格的韵味，犹如一幅幅水墨画，清新淡雅。

（文章来源：古建网，2019年4月26日）

学生讲坛

1. 由学生对所学知识进行复述、总结与拓展。
2. 查阅关于西方建筑的资料，比较中西方传统建筑的差异。

注：鼓励学生课外自查资料。建议在该知识讲授结束时布置，在下一次课开始时进行。

项目小结

　　建筑是科学的结晶、美学的凝练和历史的积淀，是人类文化的重要组成部分。学习中国建筑文化，尤其是现存古建筑的基本常识，对旅游从业者和旅游爱好者都是非常必要的。本章概述了中国古代建筑的基本情况和基本类型，并着重介绍了现存的古代建筑遗迹，对学生了解中国古代建筑有很重要的指导作用。

同步测试

1. 简述中国古代建筑的发展历程。
2. 举例陈述中国古代陵寝建筑的文化内涵。
3. 举例陈述中国古代楼、亭、水利工程等建筑文化内涵。
4. 实地考察北京四合院、山西平遥古城、乔家大院，谈谈明清时期的民间建筑构成及特点。

延伸阅读

　　中国古建网：http://www.gujian.cn/
　　中国旅游网：http://www.51yala.com/

项目四

旅游园林文化

学习目标

知识目标：
1. 了解中国古典园林的起源与发展。
2. 熟悉中国古典园林的构园理念和构景要素。
3. 掌握中国古典园林的分类方法和代表性园林。
4. 掌握中国古典园林的构景方法。

技能目标：
能运用古典园林文化知识，对我国著名古典园林进行分析和讲解，展示园林的文化特性和旅游价值。

素质目标：
1. 具备丰富的古典园林知识，提升对园林的艺术鉴赏和审美能力，提高文化修养。
2. 增强学生的民族自豪感和爱国情怀。
3. 通过合作探究，培养学生的团队合作意识。

旅游情景

庭院深深

"苏州园林甲天下"。苏州园林的曲折幽深最令人神往，这是苏州园林意境风格典型的审美特征之一，也是中国艺术、东方文化典型的审美特征之一。它会让人觉得中国艺术、东方文化的曲折幽深之美似乎也是苏州曲折幽深境界的某种伸展、延续、扩大、幻变、演化……抽象地看，苏州园林成了曲折幽深的意境风格的艺术代表。

苏州的小巷，曲曲的，窄窄的，七折八弯，迂曲隐现……

苏州的小河，若乘舟而游，穿桥过巷，便是一路迂余盘互的，水上曲径……

在苏州，"曲"成了一个典型的特征，从园林构成"曲"的三要素的角度来看，主要有花木构成的曲径、山水构成的曲径和建筑构成的曲径三大类。

花木在园林中有种"小园香径独徘徊""窈窕通幽一径长"之感。苏州园林里的花坛，其平面或立面大都采用不规则的自由造型，坛上配植花木乃至峰石，构成以花、树为主，石、草为辅的小型自然曲径景观。这样，窈窕的香径就形成了。人们徘徊其间，可以多方位、多角度品赏花坛幽景的个体细部或组群构成之美，并称为曲径赏幽；而一旦走出丛密掩映的曲径，又见山水曲折，峰回路转，低谷流淌。

山水曲径供人登攀，极尽假山蹊径的忽上忽下，盘旋曲折，变化多端，令人方位莫测，体现了它的曲径通幽，豁然开朗的惊喜。登山顶环视，又见风物如画、天地小，豪华情满怀的奇妙景观。

建筑的曲径更令人感叹！曲廊是园林中必不可少的，是遮风避雨的园路。如在拙政园中短短的一段，竟有七个不同的走向，有好听北斗之折，而又毫无矫揉造作之感。又如"柳荫路曲"，人们随着审美脚步的移动，看其廊柱之林在不断变换组合形态，有如乐曲旋律在回旋，节奏在变换，而廊杆檐下的挂落、伊人坐槛、垂柳叠石以及两侧绿肥红瘦的景色组合，层次更迭，花香鸟语，以其曲折变化创造幽景，引人入胜。

曲径是极富有画面感的一种景观美。在静观视野中，曲径能增强景观画面，又能丰富层次感；在动观游赏中，曲径增添了人们视野中的对景画面，同时拓展了园林空间，延长了游览路线，起到稽留人们审美脚步的作用。曲径通幽之美是艺术和功能的统一。

（资料来源：中国网）

学生分析与决策

1. 结合案例，谈谈你对中国古典园林的认识。
2. 根据现有知识，谈谈中国古典园林的美感表现在哪些方面。

知识研修

专题一　中国古典园林概述

"园林"一词在古籍及其诗词中屡见不鲜，宋代周密撰写的《吴兴园林》以园林为书名。明代计成著的《园冶》一书中多次运用园林一词，如"园林巧于因借"。诗中更常见，如唐代白居易有"天供闲日月，人借好园林"等诗句。但"园林"二字的广泛应用，是从新中国成立后开始的，而且含义也比古代广泛。在城市建设中，凡是借用植物改善的地方，一律可以称为"园林"。这种"改善"有两个方面的含义，即城市环境的美化和城市生态条件的改善。

但是，我国古典园林是诗情画意的艺术杰作。它和谐完美的艺术形象，雍容典雅的艺术风格，玲珑别致的布局，含蓄深邃的意境，让人们从中受到中国古代历史文化的陶冶与启迪，并且欣赏到秀丽的山水，以获得自然美与艺术美融为一体的景观之美的艺术享受。然而遗憾的是，我们永远无法直接看到明清以前的任何具体完整的园林作品，它们似乎都被淹没在历史的尘埃里。但我们仍能够从古代的神话、文学作品、绘画、笔记、方志、经史子集等传世作品中寻觅到它们留下的踪迹。"园林"作为中华民族古老历史文化的见证，其发展分为以下几个阶段。

一、先秦时期——古代园林的雏形

一般认为，中国古典园林与先秦的"台""囿""苑""圃"等密切相关，它们是中国古典园林的雏形或先导。从文献典籍记载来看，我国造园始于商、周，那时园林称为"囿"。"囿"内有巍峨的殿阁，高大的楼台，并饲养珍禽异兽，栽植名贵花木。它主要是供奴隶主、帝王等游览、观赏和放牧游猎。

"夏启有钧台之享。"（《左传·昭公元年》）

"帝纣……益收狗马奇物，充仞宫室；益广沙丘苑台，多取野兽蜚鸟置其中……大聚乐戏于沙丘……"（《史记·殷本纪》）

"纣为鹿台，七年而成，其大三里，高千尺①，临望云雨。"（刘向《新序·刺奢》）

"经始灵台。经之营之。庶民攻之，不日而成……王在灵囿，麀鹿攸伏，麀鹿濯濯……王在灵沼，于牣鱼跃。"（《诗经·大雅·灵台》）

"文王之囿方七十里，刍荛者往焉，雉兔者往焉，与民同之。"（《孟子·梁惠王下》）

到了春秋战国，各诸侯国建台成风，如楚之章华台、吴之姑苏台等。但此时的"园林"是简陋粗糙的原始状态，面积广袤，纯任天然，蓄养禽兽，狩猎游乐，其间的建筑台榭（与全苑面积相比，所占比重很少）大多用来祭天通神，当然不乏登高临远，对后世园林亭台的建构影响颇大。

二、秦汉时期——古代园林生成时期

在秦汉时期，"囿"改称"苑"或"苑囿"，它是古代帝王的园林。与先秦相比，这一时期的苑囿有了较大的发展。其规模较大，造园艺术家也开始注意到把自然景色引到"苑囿"中，使"苑囿"模仿自然、反映自然。这说明人们已开始注重对优美自然景色的欣赏。

这种发展与大一统帝国的出现、经济的繁荣是分不开的。如秦始皇始修、汉武帝扩建的上林苑，可以作为这一时期皇家苑囿的典范。司马相如在《上林赋》中曾以宏大的气魄，对其作了淋漓尽致的描述："独不闻天子之上林乎？左苍梧，右西极，丹水更其甫，紫渊径其北。始终灞、浐，出入泾、渭……离宫别馆，弥山跨谷；高廊四注，重坐曲阁；华榱璧珰、辇道纚属……"文章可能有所夸饰，但不难想象上林苑的宏伟壮丽。建章宫是其中最大的宫殿，"其北治大池，渐台高二十余丈②，名曰太液池，中有蓬莱、方丈、瀛洲"。这种"一池三山"的形式为后世皇家宫苑所承袭，称为"秦汉典范"。

此外也有一些贵族、富豪所建的私园，如梁孝王刘武的梁园；茂陵富人袁广汉于北邙山筑园，构石为山。规模比宫苑小，内容不脱囿和苑的传统。虽然此时苑囿景色仍比较粗放，但人工雕琢的痕迹明显增多。

三、魏晋南北朝时期——自然山水园林形成时期

魏晋南北朝时期，社会长期处于分裂、战乱和动荡不安，思想、文化、艺术也有重大的变化。因此，这一时期是园林艺术发展的一个重要阶段，可以说是转折期。魏晋时期许多文

---

① 1 尺 ≈ 0.333 米。

② 1 丈 ≈ 3.333 米。

人士大夫崇尚清淡，礼佛养性，避世薮泽，寄情山水田园之中，以居山岩为高雅，官僚贵族园林更不在话下，大多扬弃了秦汉时期以宫室建筑为中心的构园方法，转为以山水为主体的园林。这一时期不仅在城市大造园林，同时也出现了我国早期的寺庙园林。由于佛教和文人的影响，造园中注重"蓄渠引水，穿池筑山"，人工山水已成为造园的骨干。正统儒家思想被动摇，老庄思想流行，山水审美体系初步形成，山水诗、山水画、园林亦随之勃兴。整个社会上层将崇尚自然的审美意识视为"名士风流"。"静念园林好，人间良可辞"，反映在园林创作上则是再现山水，宛若自然，山水成为园林物质性建构的主体，初步确立了园林的美学思想。

到了南北朝，建园之风更盛。一是皇家宫苑遍布都城及四郊。"帝族王侯、外戚公主，擅山海之富，居川林之饶，争修园宅，互相夸竞"。二是寺观园林大量出现。在当时的洛阳，有著名的报恩寺、龙华寺、追圣寺，"此三寺园林茂盛，莫之与争"。三是宅园或称私园大量出现，而且还往往和寺观园林交错在一起。这个时期的园林是山水、植物、建筑相互结合组成的山水园林，大多采用写实手法再现山水，可称为自然山水园或写实山水园，如东晋吴王修建的"华林园"，北魏张伦造的"景阳山"，南齐文惠太子修建的"圃园"。这一时期对园林美学影响很大的当首推陶渊明，至今还有许多江南园林就是取他的诗文之意来命名的。

四、唐宋时期——自然山水园林繁荣发展时期

隋唐结束了魏晋南北朝长期的战乱状态，社会经济一度繁荣。尤其是唐王朝的建立，开创了中国历史上一个意气风发、充满活力的全盛时代。园林的发展也相应进入了兴盛期。至两宋，造园艺术臻于成熟。

在唐代，皇家园林仍然未脱秦汉遗风，只是殿宇更显雄伟气魄，苑中山水的布局更加灵活。私家园林则进一步与文学和绘画联系起来。造园家与诗人、画家相结合，运用诗画传统表现手法，把诗画作品所描绘的意境情趣，引用到园景创作上，逐渐把造园艺术从自然山水阶段推进到写意山水阶段。诗人王维的辋川别业、白居易的庐山草堂尤为著名。后者还明确提出"城市山林"的园林美学概念，他在《闲题家池寄王屋张道士》中写道："进不趋要路，退不入深山。深山太寂落，要路多险艰。不如家池上，乐逸无忧患……富者我不顾，贵者我不攀。"对后世城市园林的发展有着重要的影响。

到了宋代，造园艺术摹写山水达到成熟阶段，古典园林的风格基本定型。皇家园林以北宋徽宗所建的"寿山艮岳"为代表，规模宏大，造型奇特，布局合理，叠石堆山技巧达到很高水平，将太湖石的地位和作用凸显出来。而南宋都城临安，依据吴自牧的《梦粱录》记载："西泠桥即里湖内，俱有贵官园圃，凉堂画阁，高台危榭，花木为奇，灿然可观"；西湖边园圃，"皆台榭亭阁，花木奇石，影映湖山，周围胜景，言之难尽"。这与以往的皇家宫苑有别，它处处显人工营构之美，心智技艺之巧，却又能臻于天造地设，宛自天开的境地。这期间，在城市中修建宅第园池蔚然成风，而且大批文人、画家参与造园，进一步加强了写意山水园的创作意境。从李格非的《洛阳名园记》可知，当时建园的风气是相当兴盛的。而苏州园林的造园艺术已颇为精湛，叠石假山常常以假乱真，规划布局更富于诗情画意，充分展现了园主的内心情感与志趣。著名的沧浪亭就是宋代私家园林的杰作，是写意山水园在实践上趋于成熟的标志。

五、明清时期——顶峰时期，从自然山水式向写意山水式转变

中国古典园林的造园艺术在明清时代达到顶峰，而且远超前代，同时还完成了我国古代最完整杰出的一部造园艺术专著，即计成的《园冶》。此书评述了造园的艺术手法和经验，特别是在"借景"上阐述详细，有重要的美学价值。我们今天所见到的园林，基本上都是明清时代遗存下来的。现存皇家园林集中在北京和承德两地，著名的颐和园和避暑山庄是中国皇家园林的骄傲，是千百年来古典园林艺术集大成的历史结晶，它们在质量上远远超过前代任何宫苑。至于被英法联军所毁的圆明园，更是名震寰宇，被誉为"万园之园"。它不只是有效继承和集中了中国古典园林艺术的精华，而且还大胆吸收了西方园林和建筑的优点，是中外并容、东西结合而又处理较佳的辉煌艺术典范。一位法国的传教士描写圆明园为"真人世间之天堂也""世传之神仙宫阙，唯此堪比拟也""经营此园所费之巨，自更不问可知，亦只君临大邦若中国者，方能有此魄力也"。

明清两代正是江南园林蔚然兴起时期，苏州园林为最多，具有"江南园林甲天下，苏州园林甲江南"的说法。江南园林不再是简单的模仿大自然，而是概括了自然美的内涵，集古代园林艺术之大成，逐渐形成了有我国民族特点的园林艺术。

私家园林多集中在江浙一带，这些地区经济繁荣、文化发达，南京、苏州、扬州、杭州、无锡等城市，宅园兴建，盛极一时。造园水平亦冠绝一时。这些园林是在唐宋写意山水园的基础上发展起来的，强调主观意兴与心绪表达，重视掇山、叠石、理水等技巧，突出山水之美，注重园林的文学趣味，或称为文人山水园。如苏州的拙政园、留园、网师园，扬州的个园，无锡的寄畅园，上海豫园等。

专题二　中国古典园林构园、构景艺术

一、构园理念与构景要素

中国古典园林的园景上主要是模仿自然，即用人工的力量来建造自然的景色，达到"虽有人作，宛自天开"的艺术境界。所以，园林中除大量的建筑物外，还要凿池开山，栽花种树，用人工仿照自然山水风景，或以古代山水画为蓝本，参以诗词的情调，构成许多如诗如画的景。所以，中国古典园林是建筑、山池、园艺、绘画、雕刻以至诗文等多种艺术的综合体。中国古典园林的这一特点，主要是由中国园林的性质决定的。因为不论是封建帝王还是官僚地主，他们既贪图城市的优厚物质享受，又想不冒劳顿之苦寻求"山水林泉之乐"。因此，他们的造园，除了满足居住上的享乐需要外，更重要的是追求幽美的山林景色，以达到身居城市而仍可享受山林之趣的目的。

中国古典园林是以自然山水为主题思想，以花木、水石、建筑等为手段，在有限的空间里创造出具有高度自然境界的环境。因此，中国古典园林主要有筑山、理水、植物、建筑和园林小品等构景要素。

(一) 筑山

中国古典园林讲究无园不山、无山不石。山是园林中的第一景观要素。除了少数大型园林有真山外，多数园林主要靠堆叠假山来营造山林气氛。叠山是中国造园的独特传统，

其形象构思取材于大自然中的真山。堆石为山,叠石为峰,垒土为岛,无不是模拟自然山石峰峦。峭立者取黄山之势,玲珑者取桂林之秀,使人有"虽在小天地,如临大自然"的感受。

假山分为土山、土石结合山、石山三种。土山出现最早,古代就有挖湖堆山的手法。但水土易流失,于是山脚用石块垒砌防护,这就是土石结合山的雏形。积土成一定高度的山须占很大的地盘,在面积有限的园林中很难做到,于是在土石结合山的基础上出现了叠石假山,即石山。用于石山的材质主要有两类:一是太湖石,此石多圆弧、孔洞,有艺术、柔和、空灵的特点;二是浙江武康(今德清县)的黄石,此石多硬直,可垒高,有自然、阳刚、浑厚的特点。假山所用石材中,以"瘦""透""漏""皱""丑""清""顽""拙"为上品。

叠山的另一特殊表现形式是置石,即以单块石头陈设在园林的庭院之中。在水际、路边、墙角、草地和树林置上几块石头,运用得当的话,就会打破平庸的格局,产生出不凡的艺术效果,别有情趣。

(二) 理水

在中国古典园林中,水和山一样是构成园林的骨干,也是园林中不可缺少的第二要素。园林无水则枯,得水则活。古人把水纳入造园中,称为理水。水的理引,或是引用原有园址之水,或是引来园外之水,做成湖、池、塘、溪等各种水景。山、水再配以花木和建筑,使得虚实、明暗、形体、空间相互协调,给人以清澈、幽静、开朗的感觉,天光云影,碧波游鱼,荷花莲叶,无疑为园林增添了无限生机。

园林的理水方法有掩、隔、破三种。"掩"是通过建筑或绿化的方法,将池岸加以掩映,使水好像从建筑下流出,或临水边制造出杂木迷离、菰蒲苇岸,形成池水无边的视觉效果;"隔"是用筑堤、石板小桥、浮廊或水中点缀以步石等手法,将水面横断,用以增加景深和空间层次,产生幽深之感;"破"是以乱石为岸,怪石纵横,并配以植物、鱼藻,使很小的水面产生山野风情的美感。

古人理水也讲究原则,如水源要活,水流要曲,水道宽窄相间(一区一水,一水一区,区区有水),水位要恰到好处等。

园林中水的形态有动静之别,静水的处理方法多变,小则聚,大则散,使一样的静水显示出不同的风貌。园林中动水以自然式瀑布为主,池中往往有矶石,以表现人工美化的自然。

(三) 植物

植物是造山理水不可缺少的因素。园林中有山则显俊美,有水则显生机,有花木则显秀媚。植物犹如园林的毛发,能增添生气,制造气氛,引发联想。

中国古典园林对植物的配置以树木为主,附以花草。在选择花木上也是有标准的:一讲姿美,即树叶的形状、树枝的疏密曲直、树皮的质感、树冠的形态等,都要追求自然优美;二讲色美,即各种植物都要求有自然绚丽的色彩,如红色的枫叶、青翠的竹叶、紫色的紫薇、粉色的芍药等;三讲味香,即园林力求四季常有绿,月月有花香,花草树木散发的芳香给人美的享受,如兰花的清香、桂花的幽香、茉莉的浓香,即使有些林木没有花香,但植物特有的清新也能沁人心脾,让人陶醉;四讲寓意,即在讲究花木对园林的衬托作用的同时,还要表达某种寓意,植物的寓意又往往和园主追求的精神境界有关。我国历代文人、画家常把植物人格化，并从植物的形象、姿态、明暗、色彩、声响、香味等进行直接联想和回味，在探求思索中，产生某种情绪和境界，趣味无穷。

古树名木对营造园林气氛非常重要，古木繁花可形成古朴幽深的意境。名园易造，古树难求，所以如果建筑物与古树名木矛盾时，宁可挪动建筑也要保住古树名木。除花木外，草皮也很重要，或平坦，或起伏，或曲折的草皮也可令人陶醉其中。

(四) 建筑

中国古典园林建筑的特点首先是因地制宜，力求与基址的地形、地势、地貌结合，做到总体布局上依形就势，并充分利用自然地形、地貌；其次是建筑体量宁小勿大，因为自然山水中，山水为主，建筑为从；最后是园林建筑在平面布局与空间处理上都力求活泼，富于变化。

中国古典园林在设计时采用了浓厚民族风格的各种建筑物，将建筑物与自然环境融为一体。因此，园林类型十分丰富，常见的建筑有厅、堂、楼、阁、馆、轩、斋、榭、舫、廊、亭、桥、墙、铺地等。

1. 厅

厅是园林中最主要的建筑物，常为全园的构图中心，是全园精华之地，众景汇聚之所。依惯例，厅总是坐北朝南，其功能多作聚会、宴请、赏景之用，其建筑造型高大，空间宽敞，室内装修精美、陈设富丽，一般前后或四周都开设门窗。从厅内观景，通常是水池、叠山所组成的园林中最主要的景观面，山映月照，历历在目。厅有四面厅、鸳鸯厅之分，主要厅堂多采用四面厅，为了便于观景，四周往往不作封闭的墙体，而设大面积隔扇、落地长窗，并四周绕以回廊。鸳鸯厅是用屏风或罩将内部分成前后两部分，前后的装修、陈设也各具特色。

2. 堂

堂往往建成封闭院落，只是正面开设门窗，它是园主人起居之所。一般来说，不同的堂具有不同的功能，有作会客之用的，有作宴请、看戏之用的，有的则作为书房。因此，各堂的功能按具体情况而定，不尽相同。

3. 楼、阁

楼指两重以上的屋，所以有"重层曰楼"之说。在明代，楼的位置大多位于厅堂之后，在园林中一般用作卧室、书房或用来观赏风景。由于楼比较高，所以楼也常常成为园中的一景，尤其在临水背山的情况下更是如此。

阁与楼近似，但比较小巧，多为两层的建筑，平面为方形或多边形，四面开窗，一般用来藏书、观景，也可用来供奉巨型佛像。

4. 馆、轩、斋

馆、轩、斋有的属于厅堂，有的属于厅堂辅助用房。从单体造型上看，没有什么特殊做法。从布局方式及与环境的关系上看，馆、轩、斋表现出很大的灵活性，对组织园林空间、丰富园林景观起到了重要的作用。

馆，原为供人游览或客舍之用。江南园林中的馆一般是休闲会客的场所。为便于赏景，馆多建于地势高的地方。建筑尺度一般不大，布置方式也比较灵活，和一小组建筑群连在一起。一般馆前有宽大的庭院，自成一局，形成清幽、安静的环境。

轩，本意有"虚敞、高举"之意。轩的特征是：前檐突起，出廊部分上有卷棚，即所谓"轩昂欲举"，后也有人把小的房舍称为轩，意在表示风雅。园林中的轩常傍山临水而建，在平面布置上建于高旷、幽静之处，周围环绕游廊与花墙。

斋，有斋戒之意。园林中的斋一般指书屋性质的建筑，是修身养性之所，常处于静谧、封闭的小庭院内，与外界隔离，相对独立。

5. 榭

榭是临水建筑，多借周围景色构成，即在水边筑平台，平台周围有矮栏杆，一般多开敞或设窗，屋顶通常用卷棚歇山式，檐角低平，显得十分简洁大方。榭的功用以观赏为主，又可作休息的场所。

6. 舫

舫是园林中类似船形的临水建筑，它是仿照船的造型，在园林的水面上建造起来的。舫不能移动，只供人游赏、饮宴及观景、点景之用。舫与船的构造相似，分头、中、尾三部分。船头有眺台，作赏景之用；中间是下沉式，两侧有长窗，供休息和宴客之用；尾部有楼梯，分作两层，可登高远望。舫是游览路线中最佳的景点，既能供人们游玩饮宴、观赏水景，也是构成景点最动人的建筑形式之一。

7. 廊

屋檐下的过道及其延伸形成独立的、有顶的过道，称为廊。廊不仅联系室内外的建筑，还常成为各个建筑之间的联系通道，是园林内游览路线的组成部分。它有遮阴蔽雨、休息、交通联系的功能，又起组织景观、分隔空间、增加风景层次的作用。廊的形式多样，有双面空廊、单面空廊、复廊、双层廊等。按造型及所处环境分类，还有直廊、曲廊、回廊、爬山廊、桥廊等。

8. 亭

亭是供游人休息和观景的园林建筑，其周围开敞，体量小，具有丰富多变的屋顶形象，轻巧、空灵的屋身以及随意布置的特点。亭很适合观景并有"点景"的功能。亭的形式千变万化，如果按平面的形状分，常见的有三角亭、方亭、圆亭、矩形亭和八角亭；按屋顶的形式分，有攒尖亭、歇山亭、悬山亭等；按所处位置分，有桥亭、路亭、井亭、廊亭。

在规模较小的私家园林中，亭常常成为组景的主体和园林艺术构图的中心。在一些风景游览胜地，亭则成为增加自然山水美感的重要点缀。中国古典园林中规模最大的亭是颐和园十七孔桥东侧的廊如亭。

9. 桥

以表现自然美为宗旨的中国古典园林中，桥是必不可少的建筑。在园林中，桥不仅能供游人越水而行，还可以连接景点，点缀景观，增加自然情趣。常见的桥有平桥、曲桥、拱桥、廊桥等。

桥的规模与形状要和景观相协调。大水面架桥宜宏伟壮丽，小水面架桥宜轻盈质朴。水面宽广，桥常常较高并加栏杆；水面狭窄，桥往往较低并可不设栏杆；水陆高差相近，常平桥贴水，过桥有凌波信步、亲切之感；水体清澈明净，桥的轮廓往往考虑倒影；地形平坦，桥的轮廓常有起伏，以增加景观的变化。

北方皇家园林中有很多壮观的大桥，如颐和园昆明湖上的十七孔桥。南方私家园林中则以小巧、曲折、弧度较大的拱桥为主，因而南方的园林多为小桥流水式的园林。

10. 墙

中国古典园林中的墙很美，它是被艺术化了的，足以与廊一较高下。按材料和构造分,墙可分为版筑墙、乱石墙、白粉墙等。分隔院落多用白粉墙,墙头配以青瓦。用白粉墙衬托山石、花木,犹如在白纸上绘制山水花卉,意境尤佳。

墙的设置多与地形结合,平坦的地形多建成平墙,坡地或山地则就势建成阶梯形墙。为了避免单调,有的还建成波浪形的云墙。

此外,在中国古典园林中,墙还通常设有洞门、洞窗、漏窗,并以砖瓦花格进行装饰。

11. 铺地

铺地是一种铺于地面的建筑小品,是指在园林地面上,利用造园时残砖废瓦、卵石、瓷片等镶拼出的各种图形。

铺地既具有完整的功能性,同时又是一种艺术创作。中国江南古典园林的铺地,自然朴素,曲折迂回,常常蕴含某种韵律和寓意。如圆形铺地代表主人追求左右逢源、八面玲珑;铺地中五只蝙蝠围住寿字的图案,喻义"五福捧寿",而蝙蝠、梅花鹿和仙鹤,寓意"福禄寿";鹿、鹤、鱼这三种动物包含了地面、天上和水中的一切生活空间,组成"禄寿有余"的意境;白鹭和莲花的组合,象征着主人在科举中"一路(鹭)连(莲)科(棵)";一只花瓶内插三支戟,则意味着"平(瓶)升三级(戟)"。

(五)园林小品

园林小品是中国古典园林的特点之一,在造园中起润饰景色、揭示意境的作用。园中恰到好处的园林小品,可以对景物起到画龙点睛的作用。园林小品主要包括题景、匾额、楹联、题刻、碑记、书画等。

园有园名,景有景名,题景能使人从中领悟到景致的意境。例如拙政园中的"秫香馆",秫香就是稻谷飘香的意思,使游人即使置身于春天风格的园林中,也能感受到此园中秋的气息。

匾额横置于门头或是墙洞门上,多为景点的名称、主题或对景色的称颂,以三字、四字为多。

楹联往往与匾额相配,或竖立门旁,或悬挂于厅堂亭榭的楹柱上。匾额、楹联不但能点缀堂榭,装饰门墙,而且在园林中往往表达了造园者或园主的思想感情,还可以丰富景观,唤起联想,增加诗情画意,起到画龙点睛的作用。如苏州拙政园中的"与谁同坐轩",表达了"与谁同坐?清风、明月、我"的孤芳自赏思想。拙政园中梧竹幽居的"清风明月本无价,近水远山皆有情",香雪云蔚亭的"蝉噪林逾静,鸟鸣山更幽",都是写景、写情,引人遐想。

题刻、碑记的内容大多是园苑记文、景物题咏、名人逸事、诗赋图画,既是装饰也是史料,起到很好的导游作用。

书画主要运用于厅堂内的布置,笔情墨趣与园中景色浑然相融,使造园艺术更加典雅完美。

二、构景方法

中国园林造园构景中往往运用多种手段来表现自然,以求得渐入佳境、小中见大、步移景异的理想境界,以取得自然、淡泊、恬静、含蓄的艺术效果。主要采用以下八种构景手段。

1. 抑景——山重水复疑无路,柳暗花明又一村

中国传统艺术历来讲究含蓄,所以园林造景也忌讳"开门见山,一览无余"。抑景是中

国园林中普遍采用的一种造园手法。所谓抑景，就是先把园林中的景致隐藏起来，不使其被一览无余，然后再一一展现，先藏后露，欲扬先抑，以此提高风景的艺术感染力和层次感。

抑景的手法很多，比如苏州园林，用厅堂建筑或假山遮住主景，让游人穿堂逾室，通过光线较暗的廊道或假山洞口，才能窥见园中景物。抑景不限于园林的起始部分，园中处处都能灵活运用，给游人以"山重水复疑无路，柳暗花明又一村"的感觉，从而激发观光者的游兴。

2. 透景——极目所至，嘉则收之，俗则屏之

透景也是一种造园的常见手法。运用到观景中，就是游览园林时，在假山上观赏山下美景，或坐在亭中观赏远处山水、建筑时，应注意在阻挡视线的树木或其他高于游人视线的地上物中间寻找一条或数条观景线，把远景引入观景者的视线中来，从而取得理想的观赏效果。实际上，园林中的任何一个风景点，同时也是观景点，其四周阻挡观景视线的景物、建筑中，都蕴藏着一个或数个极好的观景视线或视角，这是观景、赏景时取得美感的要点。

3. 添景——接天莲叶无穷碧，映日荷花别样红

当一个风景点在远方，或自然的山，或人文的塔，如没有其他景点在中间、近处作过渡，就显得虚空而没有层次。如果在中间、近处有乔木、花卉作过渡景，景色则显得有层次美，这中间的乔林、近处的花卉，便叫作添景。如当人们站在北京颐和园昆明湖南岸的垂柳下观赏万寿山远景时，万寿山因为有倒挂的柳丝作为装饰而生动起来。

4. 借景——疏影横斜水清浅，暗香浮动月黄昏

借景是将园外的景致，巧妙地引进园内游人的视野中来，与园内的景物融为一体，让游人的观赏能任意流动与收放。在中国园林造园中，借景占有极重要的位置。《园冶》中说："园林巧于因借"。借景有远借、邻借、仰借、俯借、应时而借之分。借远方的山，叫远借；借临近的大树，叫邻借；借空中的飞鸟，叫仰借；借池塘中的鱼，叫俯借；借四季花或其他自然景象，叫应时而借。借景不仅可以突破园内有限的空间，丰富园景的色调层次，而且可使园林具有象外之象、景外之景的艺术效果。

5. 夹景——最爱湖东行不足，绿杨荫里白沙堤

夹景是运用透视线、轴线突出对景物欣赏的艺术手法。当其中并非全部景色都能引人入胜时，常用建筑物或植物把左右单调的风景屏障起来，只留中央充满画意的远景，从左右配景的夹道中透入游人的视线，以达到增强景深和掩丑显美的作用。如泛舟颐和园后湖，远方的苏州桥主景被两岸起伏的山石和美丽的林带所夹持，构成了明媚动人的夹景景色。

6. 对景——雷峰如老衲，保俶如美女

在园林中，能够互相观赏、互相烘托的构景手法称为对景。在园林中，游人可登上亭、台、楼、阁去观赏堂、山、桥、树木，也可在堂、山、桥处观赏亭、台、楼、阁、榭。如在北京颐和园知春亭能观赏园内的万寿山，夕佳楼园外的西山、玉泉山；在无锡寄畅园能观赏园内景致和酬惠山、锡山。对景有近景、远景之分。近景对景，其所对之景为小空间近景，则其画面多为竹石、花木、叠石小景或靠壁山；远景对景，其所对之景则多为自然山水和建筑，这种对景不但有峰峦丘壑、深溪绝涧、竹树云烟，还有亭台楼阁等建筑。

7. 框景——窗含西岭千秋雪，门泊东吴万里船

园林中建筑的门、窗、洞，或乔木树枝抱合成的景况，往往把远处的山水美景或人文景观包含其中，这便是框景。框景能使散漫的景色集中，使自然美升华为艺术美。

8. 漏景——犹抱琵琶半遮面

漏窗是框景的发展，框景把自然美升华为艺术美，组成的是清晰明丽的画面。中国园林中，在围墙和穿廊的侧墙上，常常开辟许多美丽的漏窗来透视园外的风景。漏景则以隐现为胜，常以漏窗、花墙、漏屏风、漏隔扇，甚至枝影横斜之呼取景。"春色满园关不住，一枝红杏出墙来"中，"一枝红杏"即属漏景。

专题三　中国古典园林的类型及特征

一、古典园林的分类

从不同的角度来看，中国古典园林可以有多种分类方法。

（一）按园林选址和开发方式分

1. 天然山水园

天然山水园一般建在城镇近郊或远郊山野风景地带，包括山水园、山地园和水景园。规模较小的利用天然山水的局部或片段作为建园基址，规模大的则把完整的自然山水环境圈起来作为建园的基址，然后再配以花木和建筑，因势利导地将基址的原貌作适当的调整、改造和加工。营造天然山水园的关键在于选择基址。如果选址恰当，则能以少量的花费获得远胜于人工山水园的情趣。人工山水园即使再模拟天然山水风景也不可能完全予人以身临其境的真实感。正如清初造园家李渔所说的："幽斋垒石，原非得已，不能致身岩下与木石居，故以一拳代山、一勺代水，所谓无聊之极思也。"故《园冶》论造园相地，以"山林地，为第一"。

2. 人工山水园

人工山水园是园林发展到完全创造阶段而出现的审美境界最高的一类园林，即在平地上开凿水体、堆筑假山，人为地刨设山水地貌，再配以植被和建筑，将天然山水风景微缩模拟在一个小范围之内。这类园林均修建在平坦地段上，尤以城镇居多。这种在城镇的建筑环境里创造模拟天然野趣的小环境，犹如点点绿洲，故又称"城市山林"。其规模从小到大，包含的内容相应地也由简到繁，不一而足。由于全出自人为，故人的创造性得以最大限度的发挥，艺术创造游刃有余，致使造园手法和园林内涵丰富多彩。所以，人工山水园乃是代表中国古典园林艺术成就的一种类型。

（二）按园林分布地域分

由于中国地域辽阔，南北气候环境不同，经济和文化发展不一，中国古典园林又可分为北方园林、江南园林、岭南园林、巴蜀园林等，其中以前三者为主体。

1. 北方园林

北方园林的代表大多集中于北京、西安、洛阳、开封等古都，尤以北京皇家园林和王侯府邸园林最为典型。因北方地域宽广，又大多位于古都，因此面积广袤，建筑高大，装饰富丽堂皇；又因受自然条件所局限，河川湖泊、园石及常绿树木都较少，其风格比较粗犷，多野趣，各种人工建筑厚重有余，委婉不足。当然也不乏仿效江南私家园林附巧之作，如颐和园中的谐趣园便是模仿无锡的寄畅园的杰作。

2. 江南园林

江南园林大多集中于南京、上海、无锡、苏州、杭州、扬州等地，其中尤以苏州最为典型。由于江南地区气候温润，自然风光秀丽，盛产叠山所需之湖石、黄石等，造园条件明显优于北方。而且自唐宋以来，江浙一带经济发达，商业繁荣，人口密集，文化昌盛，且自古以文人才子辈出著称。其中许多文人士大夫往往亲自参与园林的营造，因而使江南园林成为典型的文人园林。

江南园林多属私园，以宅园为主。其规模小但能充分利用一切空间造景，即使墙角、路面也精心点缀，故屈曲多致，虽小而足供观赏，多奇石秀水，玲珑纤巧，轻盈秀丽，色调朴素淡雅，灰砖青瓦，韵味隽永，富有田园情趣，身临其境舒适恬淡，称之为"城市山林"最为贴切。然而，江南园林多数是达官巨富、文人骚客为颐养晚年而筑的园林，因此意境多趋于消沉。苏州、杭州、无锡、扬州、镇江以"城市山林"而闻名。苏州的沧浪亭、拙政园、狮子林和留园被誉为"四大名园"。江南园林的艺术造诣最高，常被作为中国园林的代表，成为后人效仿的范例。其影响渗入各种类型、各种流派的园林之中。

3. 岭南园林

岭南园林比江南园林面积更小，以宅园为主。其发展历史比较晚，曾师法北方与江南园林，因而风格在二者之间。其建筑物高而宽敞，色调艳丽多彩，纤巧繁缛。因地处珠江三角洲，受商业和外来文化的影响，在建筑和布局上显示出外域色彩。建筑物也简洁、轻盈、秀雅，室内造景，内外呼应。广州一带皆有名园，如顺德的清晖园、东莞的可园、番禺的馀荫山房和佛山的梁园被称为"岭南四大名园"。

（三）按园林隶属关系分

1. 皇家园林

皇家园林起源最早，约在奴隶社会便出现了，是专供帝王休憩享乐的场所，同时也带有炫耀政权的色彩，因此常设在政治军事要地。皇家园林一般面积很大，保持自然景色，多有鸟兽。商代以后以适应帝王起居、理事、观景的需要，人工建筑逐渐增多，但力求人工建筑与自然景观的和谐统一，进一步发展为利用自然条件、但以人工建筑为主体构园风格。

传统皇家园林都力求在开阔的水面上形成"一池三山"（传说中的海上三个仙岛，即蓬莱、方丈、瀛洲）的意境，表示帝王在园林中犹如身在神仙世界。为了满足政治活动的需要，常有局部的中轴线，如现存北京颐和园中的排云门至佛香阁部分、承德避暑山庄中的澹泊敬诚殿部分等，但这在其他园林中通常是没有的。其他部分同私家园林一样，也力求自然，但中轴线部分却可能是金碧辉煌的，也可能是朴素淡雅的。即便是在"助心意之发抒，极观览之变化"的园林里，仍打上了"事严整，讲法度，重君威"的皇室烙印。因此，皇家园林的特点是规模巨大，景物众多，大量真山真水，并且园中建筑物的数量多、体型大、色彩浓烈、装饰富丽堂皇。难怪英国使节马戛尔尼看到圆明园后便惊叹于"东方雄主之威严"了。《乾隆英使觐见记》中载有："周大人导我游圆明园，此园为皇帝游息之所，周长18英里①。入园之后，每抵一处必换一番景色。与吾一路所见之中国乡村风物大不相同。盖至此东方雄主威严之实况，始为吾窥见一二。园中花木池沼，以至亭台楼榭，多至不可胜数。"

---

① 1英里=1 609.33米。

2. 私家园林

如果说皇家园林是一曲繁复瑰丽的交响乐，那么私家园林则是一曲朴素恬淡的短小牧歌，属于民间的贵族、官僚、缙绅等所私有。他们为了美化生活环境，在府邸宅院内特辟富于艺术欣赏价值的园地。这种倾向随着城市的发展而受到重视，汉唐时期发展迅速，明代达到高峰。这种园林在古籍里大多称园、园墅、别墅、别业、山庄、草堂等。现存私家园林有北京恭王府，苏州拙政园、留园、网师园、沧浪亭等，扬州个园、可园等。其特点是规模小，常用假山假水，建筑小巧玲珑，色彩淡雅，不尚雕饰，追求清水芙蓉、自然天真之美。

3. 寺观园林

即佛寺和道观的附属园林，也包括寺观内部庭院和外围地段的园林，多选址于空旷处，以获得静穆优美的环境。总体布局最见匠心，并广植特定品种的树木（主要是松柏），以充分体现主体建筑所需要的特殊气氛。一般多追求肃穆、庄严、神秘色彩，以达到对人产生强烈感应的目的，如常熟破山寺、昆明圆通寺、昆明罗汉山悬崖（著名的山区寺观园林"三清阁"）等。由于宗教所具有的"超尘脱俗"的审美意识，与中国传统的出世隐逸文化相结合，其建筑造型的"梵天乐土"氛围往往就被古典园林所吸收，乃至融合在一起，如颐和园三大寺庙建筑组群、扬州瘦西湖之白塔。

4. 公共园林

一般来说，在古代凡是没有特定服务对象、带有公共游赏性质的园林，均可视为公共园林，如西安的曲江池、杭州西湖等。

二、古典园林的特征

中国古典园林是风景式园林的典型，是人们在一定空间内，经过精心设计，运用各种造园手法将山、水、植物、建筑等加以构配而组合成源于自然又高于自然的有机整体，将人工美和自然美巧妙结合，从而达到"虽由人作，宛若天成"。这种"师法自然"的造园艺术，体现了人的自然化和自然的人化，使中国园林属于写情的自然山水型。它以自然界的山水为蓝本，由曲折之水、错落之山、迂回之径、参差之石、幽奇之洞所构成的建筑环境把自然界的景物荟萃一处，以此借景生情、托物言志。中国古典园林还将中华民族的性格和文化统统表现了出来，如端庄、含蓄、幽静、雅致等。它使人足不出户而能领略多种风情，于潜移默化之中享受大自然的陶冶和艺术的熏染。

中国园林讲究"三境"，即生境、画境和意境。生境就是自然美。园林的叠山理水，要达到"虽由人作，宛若天成"的境界，模山范水，取局部之景而非缩小。山贵有脉，水贵有源，脉源相通，全园生动。画境就是艺术美。自唐宋以来，诗情画意就是园林设计思想的主流，明清时代尤甚。园林巧妙利用空间，使山、池、房屋、假山的设置排布有开有合，互相穿插，以增加各景区的联系和风景的层次，达到移步换景的效果，给人以"柳暗花明又一村"的印象。意境就是理想美。它是园林主人通过园林所表达出的某种意思或思想。这种意境往往以构景、命名、楹联、题额和花木等来表达。这样，游人在园中不仅感受到了自然美、艺术美，而且领悟到造园者所要表现的情感和理想。

1. 自然美

中国园林被称为是"自然式"的，特别重视遵循大自然自由多变的法则，同时又给予典型化的提炼加工，使之既源于自然又高于自然，体现了中国人尊重自然并与自然相亲相近的观念。

中国园林的自然美表现在：布局师法自然、构景融于自然、建筑顺应自然、花木表现自然。

首先，造园艺术师法自然，即总体布局、组合要合乎自然，山与水的关系，假山及涧、坡、洞各景象因素的组合要符合自然界山水生成的客观规律，尽量减少人工拼叠的痕迹。水池常作自然曲折、高下起伏状；花木布置应疏密相间，形态天然；乔木、灌木也是错杂相间，追求天然野趣。

其次，分隔空间，融于自然。中国古代园林用种种办法来分隔空间，其中主要是用建筑来围蔽和分隔空间。分隔空间力求从视角上突破园林实体有限空间的局限性，使之融于自然，表现自然。比如漏窗的运用，使空间流通、视觉流畅，因而隔而不绝，在空间上起互相渗透的作用。在漏窗内看，玲珑剔透的花饰、丰富多彩的图案，具有浓厚的民族风味和美学价值。透过漏窗，竹树迷离摇曳，亭台楼阁时隐时现，远处蓝天白云飞游，造成幽深宽广的空间境界和意趣。

再次，园林建筑，顺应自然。人工的山，石纹、石洞、石阶、石峰等都显示自然的美色。人工的水，岸边曲折自如，水中波纹层层递进，也都显示自然的风光。所有建筑，其形与神都与天上、地下的自然环境吻合，同时又使园内各部分自然相接，以使园林体现自然、淡泊、恬静、含蓄的艺术特色，并收到移步换景、渐入佳境、小中见大等观赏效果。

最后，树木花卉，表现自然。松柏高耸入云，柳枝婀娜垂岸，桃花数里盛开，树枝弯曲自如，花朵迎面扑香，其形与神、意与境都十分重在表现自然。

2. 艺术美

中国的园林是一件艺术品。具有浓重文人气质的中国园林塑造的是一个抒情寄志的生活空间。因此园林的总体布局以及山水、花木、建筑都力求优雅和谐，富有诗情画意，达到情景交融的境界，从而创造出一个展现艺术美的精神生活空间。

园林艺术美的表现要素较多，如整体布局、主题形式、章法韵律、造园意境、点缀装饰，还有植物、色彩、光、点、线、面等。

整体布局美。通过规划设计，合理处理园林空间、景观序列以及造园要素的配置，使之产生园林的整体布局美。

主题形式美。园林的主题形式美反映了园林的个性特征。它渗透了种种社会环境的客观因素，同时也反映了设计者的表现意图。主题形式美与造园者的人格因素、审美理想、审美素养有密切的联系。如北京颐和园万寿山前高阁凌空，殿宇壮观，气势非凡，结构严谨对称，表现出一种庄严肃穆的气氛；其后山却是小径盘旋，山脚下小河迂回曲折，河边苏州街沿街一系列建筑与整个环境吻合，反映了一派江南水乡风貌。可见，设计者根据需要而表现了两种不同主题的形式美，都收到了较好的效果。

章法韵律美。园林中的韵律使得园林空间充满了生机勃勃的动势，从而表现出园林艺术中生动的章法，园林空间内在的自然秩序，自然科学的内在合理性和自然美。空间因其规模大小和内在秩序的不同而在审美效应上存在着较大的差异。一个人在狭小的空间中会感到压抑、烦躁和郁闷，但若在空荡的环境中会因感到自身微不足道而产生一种卑微恐惧的感觉。组成空间的生动韵律与章法能赋予园林以生气与活跃感，同时又能吸引游赏者的注意力，表现出一定的情趣和速度感，并且可以创造出园林的远景、中景和近景，加深园林内涵的深度与广度。

造园意境美。追求意境美是中国园林的一个显著特点。意境的基本特征是以有形表现无形、以物质表现精神、以有限表现无限、以实境表现虚境，使有限的具体形象和想象中无限丰富的形象相统一，这样寓情于景就给景物倾注了人格灵性，产生情景交融的艺术效果。造园者把自己的情趣意向倾注于园林之中，运用不同的材料，通过美学规律剪取自然界的四季、昼夜、光景、鸟虫等，混合成听觉、视觉、嗅觉、触觉等结合的效果，唤起人们的共鸣、联想与感受，产生出独一无二的意境。园林的意境是按自然山水的内在规律，用写意的方法创造出来的，它可通过规划布局产生意境美，也可通过审美主体形成意境美。

点缀装饰美。即以匾额深化园林美的审美情趣，给人以游目驰怀的美感，如济南大明湖的"四面荷花三面柳，一城山色半城湖"等。

3. 理想美

我国园林，尤其是私家园林，往往表现或寄托着园林主人的感情、抱负、人格和情操，显示其对理想的执着追求。

我国古典园林十分强调意境，品评一个园林好坏与否，首先就要看这个园林意境的表达。为此，无论叠山、理水、筑屋、铺路、架桥、砌墙，还是植花木、蓄鸟兽，其形式、规模、用料、装修、体量、色彩、种类等都有种种讲究，甚至对方位、光线、风向等也要巧妙利用；再通过缜密、灵活的整体布局，往往采用多种构景手法，使各景区既自成一体又相互连通，以取"步移景异"之妙，从而组成一个包括起承转合，有序幕、有高潮、有结束的建筑乐章。由"形"体现"神"，由"静"产生"动"，从而用具体的形象将诗情画意体现出来，"是凝固了的绘画与文学"，使游人在园中不仅感受自然美、艺术美，而且领悟到造园者所要表现的情感和理想。

专题四 中国古典园林赏析

一、私家园林

（一）私家园林特点

私家园林属于民间的贵族、官僚、缙绅等所私有，是他们为了美化生活环境，在府邸宅院内特辟的富于艺术欣赏价值的园地。在古籍里面，私家园林又称园、园亭、园墅、池馆、山池、山庄、草堂等，它们一般集中于都城或其他经济、文化较发达以及自然地理条件十分优越的城市和地区。私家园林的特点包括以下几个方面。

1. 精巧玲珑

南方人口较密集，园林地域范围小。因此，私家园林一般都很小巧玲珑，又因河湖、园石、常绿树较多，园林景致都较细腻精美。现存的苏州园林中，最大的拙政园也仅为4万平方米。

2. 以人工造景为主

通过精巧的构思，利用人工营造的有限山池、树木、花卉来创造天然山水的自然野趣，是私家园林的一个重要特点。南京寄畅园的黄石假山和假山内的八音洞，让人们仿佛置身在深山曲谷之中；环秀山庄由太湖石构成的假山占了全园面积的一半，峭壁危岩，水谷飞瀑，岩洞曲登，有"尺幅千里"之感。所以，私家园林尽管为"壶中天地"，却能"咫尺之内""瞻万里之遥""于方寸之中""辨千寻之峻"。

3. 巧于组合

私家园林把有限的空间寓于无穷的变化之中，利用玲珑精巧的建筑，各种字画、工艺品和精美的家具，寓意深远的诗词楹联等将多种艺术手法巧妙组合，创造出一个充满诗情画意的意境。

(二) 私家园林赏析

私家园林主要包括江南私家园林和岭南私家园林。

1. 江南私家园林

指淮河以南、五岭地区以北的园林，集中在苏州、扬州、无锡、杭州、南京、上海等城市，以苏州最为典型。苏州的沧浪亭、狮子林、拙政园和留园分别代表了宋、元、明、清四个朝代的艺术风格，被称为苏州四大园林。

沧浪亭，位于苏州城南，占地1.1公顷，是苏州最古老的一座园林，为北宋庆历年间（1041—1048年）诗人苏舜钦所筑，以《楚辞·渔父》之意题园名。南宋初年为名将韩世忠的住宅。以崇阜广水为特色，园内古木参天，山石嶙峋。园外小河相傍，自然开朗。山巅沧浪亭为清康熙年重建，柱联"清风明月本无价，近水远山皆有情"为中国名联。

沧浪亭造园艺术与众不同，未进园门便见一泓绿水绕于园外，漫步过桥，始得入内。园内以山石为主景，迎面一座土山，隆然高耸。山上幽竹纤纤、古木森森，山顶上便是翼然凌空的沧浪石亭。山下凿有水池，山水之间以一条曲折的复廊相连，廊中砌有花窗漏阁，穿行廊上，可见山水隐隐迢迢。假山东南部的明道堂是园林的主建筑，与明道堂东西相对的是五百名贤祠。园中最南部是建在假山洞屋之上的看山楼，看山楼北面是翠玲珑馆，再折而向北到仰止亭，出仰止亭可到御碑亭。沧浪亭清幽古朴，适意自然，如清水芙蓉，洗尽铅毕，无一丝脂粉气息。

狮子林，位于苏州城内东北部，始建于元至正二年（1342年），因园内石峰林立，多状似狮子，故名"狮子林"。狮子林平面呈长方形，面积约1公顷，林内的湖石假山多且精美，建筑分布错落有致，主要建筑有燕誉堂、见山楼、飞瀑亭、问梅阁等。狮子林主题明确，景深丰富，个性分明，假山洞壑匠心独具，一草一木别有风韵。全园结构紧凑，长廊贯通四周，曲径通幽，古树挺秀。东南多山，西北多水，四周高墙峻宇，气象森严。大型湖石假山群外表雄浑，内部空灵，洞壑幽深，曲折盘桓，犹如迷阵。

园内建筑，以燕誉堂为主，堂后为小方厅，有立雪堂。向西可到指柏轩，为二层阁楼，四周有庑，高爽玲珑。指柏轩之西是古五松园。西南角为见山楼。由见山楼往西，可到荷花厅。厅西北傍池建真趣亭，亭内藻饰精美，人物花卉栩栩如生。亭旁有两层石舫。石舫北岸为暗香疏影楼，由此循走廊转弯向南可达飞瀑亭，为全园最高处。园西景物中心是问梅阁，阁前为双仙香馆。双仙香馆南行折东，西南角有扇子亭，亭后辟有小院，清新雅致。狮子林主题明确，景深丰富，个性分明，假山洞壑匠心独运，一草一木别具神韵。

拙政园，位于苏州娄门内，占地4.1公顷，是苏州最大的一处园林，也是苏州园林的代表作，明代正德四年（1509年）官场失意还乡的朝廷御史王献臣建造此园，取晋代潘岳《闲居赋》中"灌园鬻蔬，以供朝夕之膳，是亦拙者之为政也"之意，名为"拙政园"。后屡易其主，多次改建。现存园貌多为清末时所形成。

拙政园布局主题以水为中心，池水面积约占总面积的五分之一，各种亭台轩榭多临水而筑。全园分东、中、西、住宅四部分。

中部山水明秀，厅榭典雅，花木繁茂，是全园的精华所在。西部水廊逶迤，楼台倒影，清幽恬静。东部平岗草地，竹坞曲水，空间开阔。远香堂是中园的主体建筑，其他一切景点均围绕远香堂而建。

堂南筑有黄石假山，山上配植林木。堂北临水，水池中以土石垒成东西两山，连以溪桥。西山上有雪香云蔚亭，东山上有待霜亭，形成对景。由雪香云蔚亭下山，可到园西南部荷风四面亭，由此亭西去，可以北登见山楼，往南可至倚玉轩，向西则入别有洞天。远香堂东有绿漪亭、梧竹幽居、绣绮亭、枇杷园、海棠春坞、玲珑馆等处。堂西则有小飞虹、小沧浪等处。小沧浪北是旱船香洲，香洲西南乃玉兰堂。进入别有洞天门即可到达西园。西园的主体建筑是十八曼陀罗花馆和卅六鸳鸯馆。两馆共一厅，内部一分为二，北厅原是园主宴会、听戏、顾曲之处，在笙箫管弦之中观鸳鸯戏水，遂命名为"鸳鸯馆"；南厅植有观宝朱山茶花，即曼陀罗花，故称之为"曼陀罗花馆"。馆之东有六角形宜两亭、南有八角形塔影亭。塔影亭往北可到留听阁。西园北半部还有浮翠阁、笠亭、与谁同坐轩、倒影楼等景点。拙政园东部原为归去来堂，后废弃。拙政园布局以水为主，忽而疏阔、忽而幽曲，山径水廊起伏曲折，处处流通顺畅。风格明朗清雅、朴素自然。

留园，坐落在苏州市阊门外，始建于明代万历年间，为退休官僚徐氏建造。清代后期重修。清代时称"寒碧山庄"，俗称"刘园"，后改为"留园"，占地约2.3公顷。

全园大致分为中、东、西、北四部分，中部以山水为主，为原留园所在，是全园的精华。东、西、北部为清光绪年间增修。入园后经两重小院，即可达中部。中部又分东、西两区，西区以山水见长，东区以建筑为主。西区南北为山，中央为池，东南为建筑。主厅为涵碧山房，由此往东是明瑟楼，向南为绿荫轩。远翠阁位于中部东北角，闻木樨香轩在中部西北隅。另外还有可亭、小蓬莱、濠濮亭、曲溪楼、清风池馆等处。东部的中心是五峰仙馆，因梁柱为楠木，也称楠木厅。五峰仙馆四周环绕着还我读书处、揖峰轩、汲古得修绠。揖峰轩以东的林泉耆硕之馆设计精妙、陈设富丽。北面是冠云沼、冠云亭、冠云楼以及著名的冠云、岫云和瑞云。三峰为明代旧物，冠云峰高约6.5米，玲珑剔透，有"江南园林峰石之冠"的美誉。周围有贮云庵、佳晴喜雨快雪之亭。

留园以建筑空间艺术处理精湛著称，以厅堂、走廊、粉墙、洞门划分空间，并与山水花木组合成一个个错落相连、层次丰富的庭院，体现了江南园林建筑的艺术特点。

2. 岭南园林

即明清时期闽、粤地区发展起来的私家园林。由于其发展历史较晚，曾师法北方园林与江南园林，同时又受到近代西方构园方法的影响，集三方造园手法之长，结合本地自然环境的特点，形成风格独具的岭南园林。由于地理纬度较低，园林内的植物以榕树、木棉树和藤本植物为主，高树深池，散发出简朴清新的岭南气息。保留至今较为著名的岭南园林主要分布在珠江三角洲一带，有广东顺德的清晖园、东莞的可园、番禺的余荫山房等。

清晖园，是省级文物保护单位，是广东四大名园之一。整体风格雅致古朴。此园始建于清嘉庆五年（1800年），1996年扩建，面积超过2.2万平方米，尽显岭南庭院的精髓与江南园林的特色。园内水木清华，景致清雅优美，故宅与扩建新景融为一体，利用碧水、绿树、古墙、漏窗、石山、小桥、曲廊等与亭台楼阁交互融合。清晖园集我国古代建筑、园林、雕刻、诗书、灰雕等艺术于一身，突出了我国庭院建筑中雄、奇、险、幽、秀、旷的特点。主要景点为船厅、碧溪草堂、澄漪亭、惜阴书屋、竹苑、归寄庐、笔生花馆、斗洞、红藥书屋、读云轩、沐英涧、留芬阁等。造型构筑别具匠心，各具情态，灵巧雅致，门窗古朴精美，品味无穷。园内树木繁茂，品种丰富，多姿多彩，与古色古香的楼阁亭榭交相掩映，徜徉其间，步移景异，令人流连。

可园，始建于清道光三十年（1850年），位于东莞市城区博厦，是广东省文物保护单位。特点是面积小，设计精巧。在0.22公顷的土地上，把住宅、客厅、别墅、庭院、花圃、书斋，艺术地糅合在一起，山水桥榭，亭台楼阁，厅堂轩院，一应俱全。它布局高低错落，处处相通，曲折回环，扑朔迷离。基调是空处有景，疏处一虚，小中见大，密而不逼，占水栽花，幽而有芳，加上精密细致，极富岭南特色，是广东园林的珍品。可园创建人张敬修，官至江西按察使署理布政使，他琴棋书画诗赋样样精通。在可园时，常邀张维屏、简士良、徐三庚等在园内联吟、诵赋、传艺。居廉、居巢在可园作画十年，其学生高剑父、高奇峰、陈树人等创立了岭南画派，使可园成为岭南派的策源地之一。

余荫山房，又名余荫园，位于番禺南村镇，于清同治六年（1867年）兴建，距今近150年。全园建筑面积只有近0.2平方千米，为四大名园中最小巧玲珑的。它因小巧玲珑的建筑风格而著称，被列入广东四大名园，被定为广东省文物保护单位和广州市重点文物保护单位。这座古庭园，布局精巧，以"藏而不露""缩龙成寸"的手法，将亭、台、楼、阁、堂、馆、轩、榭、桥、廊堤、石山、碧水尽纳于三亩①之地，使小小园林显出园中有园、景中有景、幽深广阔的绝妙佳境，其后门的对联"余地三弓红雨足，荫天一角绿云深"正是此园点题之句。

二、皇家园林

（一）皇家园林特点

皇家园林在古籍里又称为苑、苑囿、宫苑、御苑、御园等，是专供帝王休息享乐的园林。它可以建在皇宫内部（如御花园），与宫廷相毗邻（如北海），也可以建在郊外或自然环境优美的风景区（如颐和园、华清池）。清代是皇家园林的高峰期，建于这个时期的皇家园林，仿佛是整个封建时代园林艺术的总结，积淀了中国传统园林艺术的伟大成就，它们具有以下特点。

1. 独具皇家气派

皇家园林最为突出的表现是追求宏大的规模、雄伟的气势。苑囿一经圈定，或挖土造海、堆土筑山，或围山圈湖、引水浚河，再加上营建各种建筑，工程极为浩大，反映出帝王"唯我独尊"的苑囿布局。在现存的古迹中，除了紫禁城内受场地限制的宫苑以外，其他的皇家园林一般都在几百万平方米，最大的避暑山庄达560万平方米，颐和园则为94万平方米。皇家园林以磅礴的气势将自然风景名胜之美与人文景观之胜的意趣再现到园林中来。

在现存的皇家园林中，还到处可见奇异珍贵的建筑材料，如用名贵的楠木、紫檀、红木建造的殿宇；用珍珠、玛瑙、宝石、水晶、金银等装点的家具；用各色琉璃覆盖的屋顶、墙壁；用湖石叠造的假山、石洞；用异草奇花、珍木宝树点缀的环境。同时，建筑的装修和装

---

① 1亩≈666.667米。

饰也是色彩华美、富丽堂皇，独显皇家气派。

2. 突出建筑的形式美

强调建筑的造景作用是皇家园林的另一特点。明清时期，皇帝的大部分时间是在苑囿中度过的。由于帝王园居生活的需要，苑内修建了各种享乐性建筑，除了常见的游览、观赏、休息、寝居用的各种建筑外，还要园中套园，以便苑中设宴、苑中看戏。清代皇家园林建筑包罗了我国古典建筑的全部形制，仅圆明园个体建筑形式就有五六十种，一百多组建筑群的平面布置也无一雷同。颐和园的佛香阁建筑群建于巨大石砌高台上，显示出恢宏堂皇、华贵典雅的建筑气势。沿山麓自东逶迤向西的长廊，是前山横向联络的纽带，结合沿湖岸的汉白玉栏杆，把山水交接部位镶嵌起来，与其他建筑一起给整个园林营造出淡雅情调。

3. 全面吸取江南私家园林的造园技巧与形式

皇家园林全面吸取江南私家园林精湛的造园技巧与形式，同时结合北方的自然条件、欣赏习惯和建筑材料等加以再创造，把北方和南方、皇家与民间的造园艺术融为一体，在工整典雅的宫廷色彩中增添了江南园林清新素雅的诗情画意。颐和园众多的"园中有园"的小园林，就是在北方园林的雄健之风中融入了江南园林的柔媚情调。

4. 体现皇家艺术的审美观

清代皇家园林是在统一的、多民族的盛清时期兴建的，不可避免地体现了当时皇家艺术的审美观。它们所追求的最高境界，就是运用一切手段唤起联想，使皇家园林体现出寰宇一统、富有天下的理念，展现出对传统文化的全面继承。

（二）皇家园林赏析

以完整性和可视性为标准，目前中国皇家园林的代表应是颐和园、圆明园与避暑山庄。

皇家园林大气辉煌，为私家园林所难以企及。其中颐和园是我国目前现存规模最大、保存最完整的皇家园林。颐和园面积为290公顷，其中以佛香阁、长廊、石舫、十七孔桥、谐趣园、苏州街等为代表，多达150余景。颐和园以水面为中心，水面约占四分之三。全园以水景为主体，厅、堂、楼、榭、亭、轩等不同形式的建筑30 000多间。而著名的长廊则长728米，有273间，间间雕梁画栋，极其精美，是目前中国园林中最长的一条游廊。

颐和园于1998年11月被列入《世界遗产名录》。世界遗产委员会的评价是：北京颐和园，始建于1750年，1860年在战火中严重损毁，1886年在原址上重新进行了修缮。其亭台、长廊、殿堂、庙宇和小桥等人工景观与自然山峦和开阔的湖面相互和谐、艺术地融为一体，堪称中国风景园林设计中的杰作。除了颐和园之外，还有牵动中国人心的圆明园。

圆明园，坐落在北京西郊海淀区，与颐和园紧相毗邻，由圆明园、长春园、万春园三园组成，面积5 200余亩。圆明园历经150余年才建成，号称万园之园。著名建筑学家梁思成先生认为："清世土木之盛，当以此时为重。"1860年10月6日，遭到英法联军抢掠烧毁。

作为皇家园林，河北承德的避暑山庄堪称山水合一、天人合一的典范。避暑山庄占地564万平方米，是颐和园的两倍。避暑山庄历经清康熙、乾隆时期长达近90年的修建。园内建筑30余处，建筑面积十多万平方米。其中著名的烟雨楼、水心榭、如意洲、水流云在、芝径云堤、烟波致爽等令游客心旷神怡，流连忘返。

中国古典园林重要建筑风格之一就是含而不露，体现出中国传统文化中的"中庸之道"。在建筑风格上追求含蓄之美，通过虚实、藏露、曲直、明暗等手法，突出诗情画意，表现主人的思想。荆其敏、张丽安先生认为："中国式园林是在自然环境中探索园林建筑的妙谛，创造那种'雨淋墙头月移壁'的自然景观。"

知识拓展　　　　　　　　中国古典园林的意境美

　　运用乔灌木、藤木、花卉及草皮和地被植物等材料，通过设计、选材、配置，发挥其不同功能，形成多样景观，是我国古典园林的重要表现手法。

　　康熙和乾隆对承德避暑山庄72景的命名中，以树木花卉为风景主题的就有万壑松风、松鹤清趣、梨花伴月、曲水荷香、清渚临境、莆田丛樾、松鹤斋、冷函亭、采菱渡、观莲所、万树园、嘉树轩和临芳墅等18处之多。这些题景，使有色、有香、有形的景色画面增添了有声、有名、有时的意义，能使人联想起更丰富的"情"和"意"。诗情画意与造园的直接结合，反映了我国古代造园艺术的高超，也大大提高了景色画面的表现力和感染力。在园林风景布局方面，有的突出枫树，溢彩流丹；有的突出梨树，轻纱素裹；有的突出古松，峰峦滴翠；湖岸边植垂柳，婀娜多姿。利用花色、叶色的变化，花形、叶状的各异，达到四时有景的目的。

　　古典园林种植花木，常置于人们视线集中的地方，以创造多种环境气氛。如故宫御花园的轩前海棠，乾隆花园的丛篁棵松，颐和园乐寿堂前后的玉兰，谐趣园的一池荷花等。在具体种植布局方面，则"栽梅绕屋""移竹当窗""榆柳荫后圃，桃李罗堂前"。玉兰、紫薇常对植，"内斋有嘉树，双株分庭隅"。许多花木讲究"亭台花木，不为行列"，如梅林、桃林、竹丛、梨园、橘园、柿园、月季园、牡丹园等群体美。

　　古人造园植木，善寓意造景，选用花木常与比拟、寓意联系在一起，如松的苍劲、竹的潇洒、海棠的娇艳、杨柳的多姿、蜡梅的傲雪、芍药的尊贵、牡丹的富华、莲荷的如意、兰草的典雅等。特别善于利用植物的形态和季相变化，表达一定的思想感情或形容某一意境，如"岁寒而知松柏之后凋"，表示坚贞不渝；"留得残荷听雨声""夜雨芭蕉"，表示宁静的气氛；海棠，为棠棣之华，象征兄弟和睦之意；枇杷则产生"树繁碧玉叶，柯叠黄金丸"；石榴花则"万绿丛中红一点，动人春色不宜多"。树木的选用也有其规律："庭园中无松，是无意画龙而不点睛也"。南方杉木栽植房前屋后，"门前杉径深，屋后松色奇"。利用树木本身特色"槐荫当庭"；"院广梧桐"，梧桐皮青如翠，叶缺如花，妍雅华净，赏心悦目。

学生讲坛

1. 由学生对所学知识进行复述、总结与拓展。
2. 查阅关于西方园林资料，比较中西方园林艺术的差异。

注：鼓励学生课外自查资料。建议在该知识讲授结束时布置，在下一次课开始时进行。

项目小结

　　园林是自然美景的缩影，中国园林艺术在世界上独树一帜，被称为中国文化四绝之一，其旅游价值巨大。学习中国园林文化，尤其是掌握中国古典园林的基本常识，对旅游从业者和旅游爱好者都是非常必要的。本项目介绍了中国古典园林的历史发展过程、古典园林的构园要素和理念、古典园林的构景方法、中国古典园林的分类和特点以及古典园林鉴赏。

同步测试

1. 简述中国古典园林的历史沿革。
2. 简述中国古典园林的构园理念和构景要素。
3. 结合实例说明中国古典园林的构景方法。
4. 简述中国古典园林的分类和特点。
5. 简述中国现存著名古典园林赏析。

延伸阅读

中国园林网:http://www.c-yl.com/

中国网·中国古典园林:http://www.china.com.cn/

项目五

自然景观文化

学习目标

知识目标：
1. 了解我国自然景观文化的特性。
2. 了解我国著名自然景观旅游景区形态。
3. 掌握地质景观文化、水体景观文化、生物景观文化和气象气候景观文化的内涵。

技能目标：
学会分析自然景观文化与旅游的密切关系，运用自然文化景观知识进行讲解。

素质目标：
1. 具有丰富的自然景观文化知识，具有较高的自然景观鉴赏和审美品位，提升文化素养。
2. 激发对祖国大好河山的热爱之情，增强民族自豪感。
3. 通过合作探究，培养学生的团队意识和合作精神。

旅游情景

旅游开发"地产先行" 多处风景名胜遭破坏

在中国的每一个省份甚或每一个城市都会有大大小小的旅游地产。有的依山傍水而居，有的开山辟林而造，有的填湖截水而修，甚为壮观。然而，在"旅游生态"等美丽头衔的背后，商业化、城市化和私有化侵蚀风景名胜区的现象愈演愈烈。

旅游地产是指依托周边丰富的旅游资源而建，融旅游、休闲、度假、居住为一体的置业项目，包括休闲度假村、旅游景区主题休闲公园、分时度假酒店、景区住宅等。据记者调查，以莫愁湖为代表的湖泊成了城市的"洗脚盆"和临湖富豪的"私家花园"；40多家会所用会员制和高价门槛圈地独享杭州西湖岸线的自然资源；云南大理洱海的情人湖则被林立的别墅群所取代；南京中山陵地区除不断扩建的帝豪别墅外，220万平方米的高尔夫别墅及球场、78万平方米的马术场以及占地20万平方米的天泓山庄等高档地产项目不断诞生。

专家认为，在旅游开发的名义下，我国风景名胜区正遭受着较为严重的破坏。由于错位开发，那些最精华、最优美的自然和历史文化遗产，正转变成为城市的闹市区、平庸的商业区，甚至成为个别资本的附属品。

（资料来源：搜狐新闻网）

学生分析与决策

党的十八届五中全会把生态文明建设放在了突出位置，首次将生态文明建设写进了五年规划的目标任务中，让绿色发展成为"十三五"时期生态文明建设的主基调。结合案例说一说我们该如何保护自然景观。

知识研修

专题一　自然景观文化概述

一、自然景观与文化

自然景观是地质、地貌、气候、水文、土壤、生物六大要素相互依存、相互制约而共同构成的综合体，基本上是天然赋予的，通过自然的"人化"，成为人们游览、观赏、认同的自然资源。自然景观本身并不是自然景观文化，自然景观是自然景观文化赖以生存和传承的载体。近代美学研究大多把自然景观限于自然风光的审美范围。但在当代，越来越多的人提出，自然景观不仅包括自然的，也包括人文的，从而使"自然景观"一词的范畴有很大的扩展。不同类型的自然景观，在人类文化传承中的作用不同，形成了不同特征和内容的景观文化。

文化概念的引入使得自然景观所涉及的范围从单纯的自然生态系统扩大到自然—经济—社会复合系统，以及人文科学的社会、心理和美学领域。文化对于自然景观有着深刻的影响，不论是半自然的农村自然景观还是全人工化的城市自然景观，都是不同程度文化自然景观的体现。它反映了人类在自然环境的影响下对生产和生活方式的选择，同时也反映了人文对精神、伦理和美学价值的取向。因此，自然景观文化就是自然景观和自然环境中所蕴含及引发的文化现象。

自然景观和文化之间有着千丝万缕的关系，文化跟着自然景观而发展，自然景观影响着文化的发展，从而改变文化景观的发展，让人类更好地享受自然带来的乐趣！

二、自然景观的文化特性

作为旅游文化的组成部分，自然景观有其自身的文化特性。

1. 自然景观文化的客观性

自然景观本身客观存在着文化价值，主要指自然景观的美学价值，包括形象美、色彩美、朦胧美、声音美等审美文化特征。从旅游审美的角度看，一切自然景观都具有自然属性特征的美。在自然景观美中，单一的自然景物，由于构景因素单调，一般来说，它的美是单调的；大多数自然景观美都是由多种构景因素组成的，它们相互配合，融为一体，并与周围环境相协调，所以体现出综合美的特点。

2. 自然景观文化的主观性

自然景观文化的主观性指人类附加在自然景观上的文化，是人类在利用自然和改造自然的过程中，逐渐形成的对自然的认识，以及人与自然关系的各种思想。通过自然景观文化旅游活动，让人们寻奇探幽、体验审美，产生对自然的崇敬，从而更加注意保护自然资源及其环境。自然景观形成以后，目的不尽相同的旅游者会对自然景观作出不同的评论，有意或无意地对其进行美学鉴赏。因为每个人的文化背景和知识结构不同，造成了不同的美学趣味、评论标准，所以对同一自然景观往往会品出许多不同的"味道"，得出不同的结论。这样，就使自然景观文化得到延伸。事实上，自然景观的文化价值和美学价值，只有通过旅游者的品位才能真正地得到体现。

专题二　地质景观文化

一、中国著名的地质景观

1. 黄山地质公园

黄山地质公园位于安徽省南部黄山市境内，地跨市内歙县、休宁、黟县和黄山区、徽州区，山脉面积1 200平方千米，是以中生代花岗岩地貌为特征的地质公园。

黄山以雄峻瑰奇而著称，千米以上的高峰有72座，峰高峭拔、怪石遍布。山休峰顶尖陡，峰脚直落谷底，形成群峰峭拔的中高山地形。黄山自中心部位向四周呈放射状展布着众多的"U"形谷和"V"形谷。山顶、山腰和山谷等处，广泛地分布有花岗岩石林石柱，特别是巧石遍布群峰、山谷。主要类型有穿状峰、锥状峰、脊状峰、柱状峰、箱状峰等。

从10亿年前的晚元古代到4亿年前的早古生代志留纪，黄山地区一直沉没于海底，先后沉积了各类沉积岩层，经历了多次地壳运动的改造与破坏。隐伏地下的黄山花岗石体形成后，到了新生代的第三纪和第四纪期间，喜马拉雅造山运动使地壳普遍抬升、隆起扩大，不仅造就了我国西陲的"世界屋脊"，也使黄山山体急剧上升。在距今约1.4亿年前的晚侏罗纪，地下炽热岩浆沿地壳薄弱的黄山地区上侵，大约在6 500万年前后，黄山地区的岩体发生较强烈的隆升。随着地壳的间歇抬升，地下岩体及其上的盖层遭受风化、剥蚀，同时也受到来自不同方向的各种地应力的作用，在岩体中又产生出不同方向的节理。自第四纪（距今175万年）以来，间歇性上升形成了三级古剥蚀面，终于形成了今天的黄山。

明代旅行家、地理学家徐霞客两游黄山，赞叹说："登黄山天下无山，观止矣！"黄山又有"五岳归来不看山，黄山归来不看岳"的美誉和"天下第一奇山"之称，可以说无峰不石，无石不松，无松不奇，以奇松、怪石、云海、温泉四绝著称于世。

黄山春、夏、秋、冬四季景色各异，甚至一日四时，景色都有不同。黄山还兼有"天然动物园和天下植物园"的美称，有植物近1 500种，动物500多种，是一座集山、水、人文、动植物为一体的大型花岗岩天然博物馆。

2. 庐山地质公园

庐山地质公园位于江西省九江市，海拔1 474米，总占地面积500平方千米，是座地垒式断块山，有独特的第四纪冰川遗迹。

庐山是中国第四纪冰川地质学的诞生地。1931年，中国著名地质学家李四光教授到庐山进行地质调查，首次发现了庐山及其附近存在着大量冰川沉积物及冰川遗迹地貌，随之对庐山进行了多次深入调查，并于1933年发表了《扬子江流域之第四纪冰期》。这是中国地质学家在中国大陆东部首次发现的第四纪冰川。迄今为止，在庐山共发现100余处重要冰川地质遗迹，完整地记录了冰雪堆积、冰川形成、冰川运动、侵蚀岩体、搬运岩石、沉积泥砾的全过程，是中国东部古气候变化和地质特征的历史记录。

庐山有以四季美、朝夕美、月色美、朦胧美等为形态的色彩变幻的时间自然美。庐山有以瀑布美、云海美、瀑布云美、烟雨美、飞雪美、风朔雾凇美、候鸟珍禽美等为具象的意境抒情的运动自然美。庐山地理条件得天独厚，集中了众多类型的典型自然景观，以雄、奇、险、秀闻名于世，具有极高的科学价值和旅游观赏价值，素有"匡庐奇秀甲天下"之美誉。因此，庐山在古代就被公认为是人们修养道德与精神得到自由解放的"神山"，"往来尽仙灵"。中国历代重要的文化名人，几乎没有不来庐山的，其原因就在于此。这正如世界遗产委员会给庐山的评价：庐山"具有突出价值的自然美"；庐山的自然美与历史遗迹"形成了有着极高美学价值的、与中华民族精神和文化生活紧密相关的文化景观"。

庐山的摩崖石刻和碑刻，把文化、诗歌、书法、镌刻熔于一炉，充分体现了中华民族欣赏自然美的优雅和高超情趣。摩崖石刻、碑刻和名峰、名瀑、名泉、云雾、古树、奇松、奇石等景观融为一体，交相辉映，又构成了极富庐山特色的审美情趣。汉阳峰摩崖石刻"峰从何处飞来，历历汉阳，正是断魂迷楚雨"，五老峰摩崖石刻"去天尺五"，访仙路摩崖石刻"天在山中"等，都极其生动地表现了庐山的雄伟美、崇高美。

3. 五大连池地质公园

五大连池位于黑龙江省西北部的五大连池市，总占地面积720平方千米，主要地质遗迹类型为火山地质地貌类。由于火山熔岩堵塞河道，形成了五个相连的火山堰塞湖，因其形如串珠状，"五大连池"由此得名。

五大连池地区火山群海拔高度为400~600米，以火山锥的特殊结构、各种火山熔岩流动形迹、结满冰霜的熔岩隧道以及冷碳酸矿泉而闻名于世。

五大连池是中国境内保存最完整、最典型、年代最新的火山群。有14个独立的火山锥和一系列盾状火山，其中12座形成于1 200万至100万年前的地质时期。火山锥和盾状火山形成于第四纪。而最近的火山喷发，则于1719—1721年，发生在老黑山和火烧山，占地60多平方米，是中国最新的火山。此次喷发溢流的熔岩在四个地方阻塞了区内的石龙江，形成了五个火山堰塞湖，最终形成"五大连池"，被科学家称为"天然火山博物馆"和"打开的火山教科书"。

4. 云台山地质公园

云台山位于河南省焦作市东北30千米的修武县境内，面积约556平方千米，是一处以裂谷构造、水动力作用和地质地貌景观为主，以自然生态和人文景观为辅，集科学价值与美学价值于一身的综合型地质公园。

云台山，古称"覆釜山"，属太行山系，是豫北的名山，因山势险峻，主峰孤峦秀矗，形似一口巨锅，覆在群峰之上，山间常年云雾缭绕，故得名云台山。

云台山在远古时代是一片汪洋。随着世纪的流逝，地壳的变动，逐渐升起抬高形成平原。在十几亿年前造山运动时期（奥陶纪和震旦纪），地貌景观发生了很大的变化。在燕山期，北部上升，形成高山，南部下降，形成平原。在喜马拉雅造山运动影响下，山区激剧上升，河流迅速下切，形成又深又陡的峡谷。其后，地表水、地下水沿裂隙对岩石进行溶蚀，再加上其他风化营力的影响，就造成如今的山石形态。

云台山主要以构造单面山体地貌和断崖飞瀑、幽谷清泉地貌为特征。园内群峡间列、峰谷交错、悬崖长墙、崖台梯叠的"云台地貌"景观，是以构造作用为主，与自然侵蚀共同作用形成的特殊景观，是地貌类型中的新类型，既具有美学观赏价值，又具有典型性。

云台山有大小名峰36座，峰峦叠翠，雄奇险秀。春日山花烂漫，夏季满目苍翠，秋季红叶似火，冬天苍茫雄劲。风景之美，兼有泰岱之雄、华岳之险、峨眉之秀、黄山之奇、青城之幽于一身。

5. 嵩山地质公园

嵩山位于河南西部、登封市西北面，总面积450平方千米，主要地质遗迹类型为地质（含构造）剖面，有"地史教科书"之称。

嵩山古老的岩系形成于23亿年前。此前，嵩山是一望无际的大海，后来嵩山先后经历了"嵩阳运动""中岳运动""少林运动"等几次大的地壳运动，逐渐形成了巍然屹立于中州大地的山脉。在嵩山范围内，地质史上的太古代、元古代、古生代、中生代、新生代的地壳和岩石均有出露，"五世同堂"之称即由此而来。嵩山地区岩浆岩、沉积岩、变质岩的出露，构成了我国最古老的岩系"登封群"的"登封朵岩"。

嵩山也是我国"五岳"中的"中岳"，人文景观众多，计有十寺、五庙、五宫、三观、四庵、四洞、三坛及宝塔二百七十余座，是历史上佛、儒、道三教荟萃之地，它们和珍稀的地质遗迹相结合构成了立体的、多层次的、多功能的国家地质公园景观。

二、中国著名的地貌景观

1. 张家界砂岩峰林地貌

张家界地质公园位于湖南省张家界市，总占地面积398平方千米，包含了砂石山峰林、方山台寨、天桥石门、障谷沟壑、岩溶峡谷、岩溶洞穴、泉水瀑布、溪流湖泊和沉积、构造、地层剖面、古生物化石等丰富多彩的地质遗迹。

张家界砂岩峰林地貌的形成，是在晚第三纪以来漫长的地质年代，由于地壳缓慢的间歇性抬升，经受流水长期侵蚀切割的结果。当切割至一定深度时，则形成由无数挺拔峻峭的峰柱构成的峰林地貌。

张家界武陵源砂岩峰林地貌代表了地球上一种独特的地貌形态和自然地理特征。发育于泥盆系云台观组和黄家磴组，峰林集中分布区面积86平方千米，它是在特定的地质构造部位、特定的新构造运动和外力作用条件下形成的一种举世罕见的独特地貌。在园区内有3 000多座拔地而起的石崖，其中高度超过200米的有1 000多座，金鞭岩竟高达350米，个体形态有方山、台地、峰墙、峰丛、峰林、石门、天生桥及峡谷、嶂谷等。公园以世界上独一无二的砂岩峰林地貌景观为核心、以岩溶地貌景观为衬托，兼有成形地质剖面、特殊化石产地等大量地质遗迹，构成独具特色的砂岩峰林地貌组合景观。

公园内另一富有特色的地貌是岩溶洞穴地貌。地貌形态有漏斗、洼地、溶丘、石芽、石林、穿洞、溶洞、伏流、暗河等。溶洞以黄龙洞为典型，洞内景观引人入胜，有洞穴迷宫、卷曲状钟乳石、鹅管、歪斜钟乳石，以及色彩绚丽、晶莹剔透、形态各异、精妙绝伦的滴水石，如石钟乳、石笋、石柱、石瀑、石幔、石帘、石花等，它是世界上已发现的溶洞中石笋最集中、神态最逼真的地方之一。

数千年来，土家族、苗族等少数民族人民生活于特殊的砂岩峰林及溶洞发育区，峰林及溶洞生活环境已融入当地人生活的方方面面，形成了多姿多彩的民族文化与习俗，民间传说、诗歌、舞蹈、民居、节庆等皆反映了当地人民久远的历史渊源。

2. 丹霞山丹霞地貌

丹霞山位于湘、赣、粤三省交界处的仁化县境内，距广东省韶关市45千米，是国家级重点风景名胜区，国家地质地貌自然保护区，被誉为"中国红石公园"。

方圆280平方千米的红色山群"色如渥丹，灿若明霞"，故称丹霞山。丹霞山由红色沙砾岩构成，以赤壁丹崖为特色。地质学上以丹霞山为名，将同类地貌命名为"丹霞地貌"，使之成为世界上同类特殊地貌的命名地和同类风景名山的典型代表。丹霞地貌属于红层地貌。所谓"红层"是指在中生代侏罗纪至新生代第三纪沉积形成的红色岩系，一般称为"红色砂砾岩"。世界上丹霞地貌主要分布在中国、美国西部、中欧和澳大利亚等地，以我国分布最广，其中又以丹霞山面积最大、发育最典型、类型最齐全、形态最丰富、风景最优美。我国著名地理学家曾昭璇在比较了国内外的丹霞地貌之后，认为丹霞山"无论在规模上、景色上"，皆为"中国第一""世界第一"。

丹霞风光特征：一是形态美。丹霞山以山石造型奇特而著称。其山峰四壁由赤壁丹崖构成，造型各异、拟人拟物、拟兽拟禽的造型地貌，构成其最基本的景观层次。二是结构美。丹霞山表现为峰林结构，其山石高下参差、疏密相生，群峰林立，组合有序，富有韵律感和层次感。尤其是在晨昏霞光背景下，山群更富有结构美感。三是色彩美。赤壁丹崖上受流水作用和有机质沉淀，加上藻类生长，被染成片片黛青色或暗褐色，干燥的红崖上藻类更是五颜六色，在蓝天、白云、碧水、绿树的衬映之下，和谐中产生对比，构成一幅幅多彩的画面。四是意境美。丹霞山的意境美突出表现为"雄、险、奇、秀、幽"五字。从古到今，文人墨客在咏叹丹霞山水时，留下众多诗文题刻，就是从其山水中抽象、升华出来的意境之美。

3. 敦煌雅丹地貌

敦煌雅丹地质公园，俗称敦煌雅丹魔鬼城，位于甘肃省西部、敦煌市境内，地处新疆、甘肃交界处，公园面积346.34平方千米，主要是风蚀作用形成的风蚀地貌，是我国乃至全世界第一个以雅丹命名的国家地质公园。

"雅丹"是一种典型的风蚀性地貌，在维吾尔语中的意思是"具有陡壁的小山包"。由于风的磨蚀作用，小山包的下部往往遭受较强的剥蚀作用，并逐渐形成向里凹的形态，如果小山包上部的岩层比较松散，在重力作用下就容易垮塌形成陡壁，这便是雅丹地貌。

敦煌雅丹地貌土质坚硬，呈浅红色。东西长约15千米，南北宽约2千米，与青色的戈壁滩形成了强烈的对比，在蓝天白云的映衬下格外引人注目。进入雅丹，遇到风吹，鬼声森森，夜行转而不出，当地人们俗称雅丹为"魔鬼城"。其整体像一座中世纪的古城堡，这座奇特的城堡，是地质变迁自然风雕沙割的结果，是大自然鬼斧神工的杰作。整个雅丹地貌群高低不同、错落有致、布局有序。城堡内城墙、街道、大楼、广场、雕塑，如同巧夺天工的设计师精心布局一般。每个雅丹地貌都各具形态，千奇百怪，造型生动，惟妙惟肖。

除雅丹地貌外，敦煌雅丹国家地质公园内还有其他类型多样、造型奇特的风蚀地貌：风蚀谷、风蚀残丘、风蚀柱、风蚀蘑菇、风蚀洼地等。

敦煌的雅丹地貌面积大，造型奇特。正如地质专家所言"敦煌的雅丹地貌的形成时间之久远，地貌之奇特多样，规模之大，艺术品位之高，堪称世界仅有的大漠地质博物馆"。

4. 云南石林喀斯特地貌

云南石林世界地质公园位于云南省昆明市石林彝族自治县境内，占地总面积400平方千米，素有"天下第一奇观""石林博物馆"的美誉。

喀斯特地貌是具有溶蚀力的水对可溶性岩石（大多为石灰岩）进行溶蚀作用等所形成的地表和地下形态的总称，又称岩溶地貌，是碳酸盐类岩石分布地区特有的地貌现象。

石林是地球演化的杰作，经历了近3亿年沧桑巨变。最初的石灰岩形成于大海之中，后因地壳变动，海洋变陆地，平地变高山，石灰岩也匪夷所思地被塑造成了石林地貌。石林的形成是在有利的地质、气候和水文条件下，可溶性岩石——碳酸盐岩被两组以上垂直裂隙切割，又经水、生物等沿裂隙溶蚀，随着溶沟的加深加宽，石柱被分隔出来而成为形态万千的石林奇观。

石林因其发育演化的古老性、复杂性、多期性、珍稀性以及景观形态的多样性，成为世界上反映此类喀斯特地质地貌遗迹的典型范例和"石林"二字的起源地。云南石林保存和展现了最多样化的喀斯特形态，高大的剑状、柱状、蘑菇状、塔状等石灰岩柱是石林的典型代表，此外还有溶丘、洼地、漏斗、暗河、溶洞、石芽、钟乳、溶蚀湖、天生桥、断崖瀑布、锥状山峰等。几乎世界上所有的喀斯特形态都集中在这里，构成了一幅喀斯特地质地貌全景图。

5. 陕西翠华山山崩地貌

翠华山原名太乙山。翠华山地质公园位于陕西省西安市长安县（今为长安区），总面积32平方千米，主要是山崩形成的山崩地貌，是我国山崩地质作用最为发育的地区之一，其山崩地貌类型之全、保存之完整典型，为国内罕见，堪称"山崩地质博物馆"。

翠华山是秦岭终南山的一条支脉，位于秦岭北麓，山体大致呈南北走向，整个山体与秦岭山脉一起由一条东西向的深大断裂与北边平坦的关中平原相隔。这条深大断裂（也称"秦岭断裂"）是新生代（距今7 000万年前）以来喜马拉雅造山运动的结果。直到今天，造山运动仍然没有停止——秦岭山脉仍在缓慢地抬升，关中平原仍在缓慢地下沉。位于断裂带上的翠华山如同坐在了一条蠢蠢欲动的巨龙背上。

翠华山地质地貌从一个侧面反映了秦岭地质发展演化的历史，具有构造地质学、地层学、岩相学等多尺度、多层次的已知的和未知的科学意义。

专题三　水体景观文化

一、河流景观文化

1. 黄河

黄河，中国北部大河，全长约5 464千米，流域面积约752 443平方千米，是世界第六大长河，中国第二长河。黄河中上游以山地为主，中下游以平原、丘陵为主。由于河流中段流经中国黄土高原地区，因此夹带了大量的泥沙，所以它也被称为世界上含沙量最多的河流,是中华文明最主要的发源地,中国人称其为"母亲河"。

黄河发源于青海省青藏高原的巴颜喀拉山脉北麓约古宗列盆地的玛曲,呈"几"字形。自西向东分别流经青海、四川、甘肃、宁夏、内蒙古、陕西、山西、河南及山东9个省(自治区),最后流入渤海。

2. 漓江

漓江,属珠江流域西江水系,为支流桂江上游河段的通称,位于广西壮族自治区东北部。漓江阳朔段两岸是世界上最典型的岩溶峰林地貌,也是广西最美丽的河段。从近阳朔县境的潜经村开始,漓江进入峡谷地段,蜿蜒于丛山之中,河谷深切400米。漓江不但河谷深,且河床比降大,平均为千分之四,形成许多滩、洲、峡、矶。

漓江上游河段为大溶江,下游河段为传统名称的桂江。灵渠河口为桂江大溶江段和漓江段的分界点,荔浦河、恭城河口为漓江段和桂江段的分界点。漓江段全长164千米。沿江河床多为水质卵石,泥沙量小,水质清澈,两岸多为岩溶地貌。旅游资源丰富,著名的桂林山水就在漓江上。早在南宋时期,"桂林山水甲天下"就已名扬天下。漓江,这条萦绕在祖国南疆的秀丽江水,自古以来以其悠久的历史文明,令无数文人墨客为之倾倒。"江山惹得游人醉,印入肝肠都是诗"便是无数游人抒发的感慨。以漓江风光和溶洞为代表的山水景观有山青、水秀、洞奇、石美"四绝"之誉。从桂林至阳朔的83千米漓江河段,也称漓江精华游,还有"深潭、险滩、流泉、飞瀑"的佳景,集中了桂林山水的精华,令人有"船在水中游,人在画中游"之感。

3. 长江三峡

长江三峡位于中国的腹地,是瞿塘峡,巫峡和西陵峡三段峡谷的总称。西起重庆奉节县的白帝城,东迄湖北宜昌市的南津关,跨重庆奉节县、重庆巫山县、湖北巴东县、湖北秭归县、湖北宜昌市,长193千米,即常说的"大三峡"。

(1) 瞿塘峡:西起奉节县白帝山,东迄巫山县大溪镇,长8千米,是三峡中最短但又最雄伟险峻的一个峡。瞿塘峡入口处,两岸断崖壁立,相距不足百米,形如门户,名夔门,也称"瞿塘关",山岩上有"夔门天下雄"五个大字。夔门两侧的高山,北名赤甲山,相传古代巴国的赤甲将军曾在此屯营,尖尖的山嘴活像一个大蟠桃;而南边的叫白盐山,不管天气如何,总是晕出一层层或明或暗的银辉。瞿塘峡虽短,却有"镇全川之水,扼巴鄂咽喉""西控巴渝收万壑,东连荆楚压摹山"的雄伟气势。

(2) 巫峡:在四川巫山和湖北巴东两县境内,西起巫山县城东面的大宁河口,东至巴东县官渡口,绵延45千米,包括金蓝银甲峡和铁棺峡,峡谷特别幽深曲折,是长江横切巫山主脉背斜而形成的。巫峡又名大峡,以幽深秀丽著称。整个峡区奇峰突兀,怪石嶙峋,峭壁屏列,绵延不断,宛如一条迂回曲折的画廊,充满诗情画意,可以说处处有景,景景相连。除此之外还有大宁河的"小三峡"和马渡河的"小小三峡"。

(3) 西陵峡:在湖北秭归、宜昌境内,东起香溪口,西至南津关,长约66千米,是长江三峡中最长的一个,以滩多水急而闻名。整个峡区由高山峡谷和险滩礁石组成,峡中有峡,滩中有滩。自西向东分别是兵书宝剑峡、牛肝马肺峡、崆岭峡、灯影峡四个峡区,以及青滩、泄滩、崆岭滩、腰汊河等险滩。

长江三峡不仅有葛洲坝,还有世界上最大的水电站工程——三峡工程。这两项新兴的人文景观和原有的自然景观交相辉映,构成了长江三峡蔚为壮观的新景观。

4. 钱塘江

古称浙，全名"浙江"，又名"折江""之江""罗刹江"，一般浙江富阳段称为富春江，浙江下游杭州段称为钱塘江。钱塘江最早见名于《山海经》，因流经古钱塘县（今杭州）而得名，是吴越文化的主要发源地之一。钱塘江是浙江省最大河流，是宋代两浙路的命名来源，也是明初浙江省成立时的省名来源。

钱塘江潮被誉为"天下第一潮"，是世界一大自然奇观，它是天体引力和地球自转的离心作用，加上杭州湾喇叭口的特殊地形所造成的特大涌潮。浙江省海宁盐官镇为观潮第一胜地（最佳观潮胜地），故亦称"海宁潮"。每年农历八月十五，钱江涌潮最大，潮头可达数米。海潮来时，声如雷鸣，排山倒海，犹如万马奔腾，非常壮观。"八月十八潮，壮观天下无"这是北宋大诗人苏东坡咏赞钱塘秋潮的千古名句。观潮始于汉魏（1—6世纪），盛于唐宋（7—13世纪），历经2 000余年，已成为当地的习俗。

钱塘江大桥位于西湖之南、六和塔附近的钱塘江上，贯通了钱塘江南北交通，于1934年8月8日动工，历时三年零一个月。钱塘江大桥是我国第一座铁路、公路两用双层桥，是中国铁路桥梁史上一个辉煌的里程碑。

5. 珠江

珠江，又名粤江。因流经海珠岛而得名，是东、西、北三江及下游三角洲诸河的总称，发源于云贵高原乌蒙山系马雄山，流经中国中西部6省区及越南北部，在下游从8个入海口注入南海。

珠江全长2 214千米，流域面积453 690平方千米，流量居全国江河水系的第2位，仅次于长江。

珠江水系水能资源丰富，著名的天生桥、大藤峡、鲁布革、新丰江等水力枢纽都属于珠江水系。珠江流域面积广阔，多为山地和丘陵，平原面积小而分散，比较大的是珠江三角洲平原。珠江流域旅游资源丰富，著名的黄果树瀑布、桂林山水都在珠江流域。

珠江广州河段风光旖旎，两岸的名胜古迹和特色建筑物数不胜数；曾经主宰中国对外贸易的"十三行"，汇集世界各国古建筑风格的"沙面建筑群"，历经世纪风雨的"粤海关大楼""赤岗路""琶洲塔"依然伫立于珠江两岸。华灯初上，珠江两岸万家灯火，流光溢彩，各式各样五光十色的霓虹灯饰绚丽夺目。自宋代起，珠江就一直是"羊城八景"之一，与广州白云山，合称为"云山珠水"，一直被认为是广州最具代表性的自然景观。

二、湖泊景观文化

1. 西湖

西湖，位于浙江省杭州市西面，是首批国家重点风景名胜区和中国十大风景名胜之一。它是主要的观赏性淡水湖泊之一，也是现今《世界遗产名录》中少数几个和中国唯一一个湖泊类文化遗产。

西湖三面环山，面积约6.39平方千米，东西宽约2.8千米，南北长约3.2千米，绕湖一周近15千米。湖中被孤山、白堤、苏堤、杨公堤分隔，按面积大小分别为外西湖、西里湖、北里湖、小南湖及岳湖等5片水面，苏堤、白堤越过湖面，小瀛洲、湖心亭、阮公墩3个小岛鼎立于外西湖湖心，夕照山的雷峰塔与宝石山的保俶塔隔湖相映，由此形成了"一山、二塔、三岛、四堤、五湖"的基本格局。

西湖之美，在湖也在山，山湖相依，交相辉映。西湖三面环山，素有"三面云山一面城"之说。西湖上的 10 处特色风景，分别是苏堤春晓、曲苑风荷、平湖秋月、断桥残雪、柳浪闻莺、花港观鱼、雷峰夕照、双峰插云、南屏晚钟、三潭印月。

2. 日月潭

日月潭是我国台湾最著名的风景区，位于中国台湾地区阿里山以北、能高山之南的南投县鱼池乡水社村，旧称水沙连、龙湖、水社大湖、珠潭、双潭，亦名水里社。台湾的天然湖泊很少，最大和最有名的就是日月潭。日月潭湖面海拔 748 米，常态面积为 7.93 平方千米（满水位时 10 平方千米），平均水深 30 米，湖周长约 37 千米，是台湾外来种生物最多的淡水湖泊之一。它以光华岛为界，北半湖形状如圆日，南半湖形状如弯月，这就是日月潭名字的来源。台湾八景之一的"双潭秋月"就是由此而来。

日月潭之美在于环湖重峦叠峰，湖面辽阔，潭水澄澈；一年四季，晨昏景色各有不同。气候四季宜人，冬季平均气温在 15 ℃ 以上，夏季 7 月份只有 22 ℃ 左右，是避暑胜地。

潭东的水社大山高逾 2 000 公尺[①]，朝霞暮霭，山峰倒影，风光旖旎。潭北山腰有一座文武庙，自庙前远眺，潭内景色，尽收眼底；南面青龙山，地势险峻，山麓中有几座寺庙，其中玄奘寺供奉唐代高僧唐玄奘的灵骨；西畔有一座孔雀园，养有数十对孔雀，能表演开屏、跳舞，使人倍添游兴；东南的邵族居民聚落，有专供旅客观赏的民族歌舞表演。泛舟游湖，在轻纱般的薄雾中飘来荡去，优雅宁静，别具一番情趣。

3. 青海湖

青海湖在古代被称为"西海"，又称"鲜水"或"鲜海"。藏语称其为"措温布"，即藏语"青色的海"之意，蒙古语称其湖为"库库诺尔"，即"青色的湖"。汉代也有人称它为"仙海"，北魏起更名为"青海"。它位于青海省西北部的青海湖盆地内，既是中国最大的内陆湖泊，也是中国最大的咸水湖，由祁连山的大通山、日月山与青海南山之间的断层陷落形成。从山下到湖畔则是苍茫无际的千里草原，碧波连天的青海湖就像一个翡翠玉盘镶嵌在高山草原之间，构成一幅美丽的风景画。

青海湖面积达 4 456 平方千米，环湖周长 360 多千米，湖面东西长，南北窄，略呈椭圆形。青海湖水平均深约 19 米，最大水深为 28 米，蓄水量达 1 050 亿立方米，湖面海拔为 3 260 米。

景区以高原湖泊为主体，兼有草原、雪山、沙漠等景观。湖中有海心山、三块石、鸟岛、海西山、沙岛 5 个形态各异的岛屿，山峦叠翠，景观独特。由于这里地势高，气候十分凉爽，即使是烈日炎炎的盛夏，日平均气温也只有 15℃ 左右，是理想的避暑消夏胜地。

湖区有两大奇观：一是渔场；二是鸟岛。青海湖盛产湟鱼，是一个丰饶的天然渔场。鸟岛，高出湖面 10 米，素有"鸟儿王国"之称。每年春天，大批的海鸟从印度、尼泊尔等地千里迢迢来到青海湖繁衍生息，秋天又携儿带女飞回南方，国家对这类鸟资源十分重视，在岛上设有专门保护机构。

4. 长白山天池

长白山天池又称白头天池，坐落在吉林省东南部长白山自然保护区内，是中国和朝鲜的界湖，湖的北部在吉林省境内。

长白山是一座休眠火山，形成于 1 200 万年前地质造山运动，经过多次喷发而形成了巨

---

① 1 公尺 =1 米。

型的伞面体，当火山休眠时涌泉溢出，形成十余平方千米的浩瀚水面。

天池海拔 2 189 米，略呈椭圆形，南北长 4.4 千米，东西宽 3.37 千米。水面面积 9.82 平方千米，最深处达 373 米。由于长白山天池的海拔较高，水温较低，而且常年没有较大的变化，一年之内有一半的时间湖面结冰，其冰层厚可达一二米。长白山被 16 座山峰环绕。奇异峻峭的山峰临池耸立，倒映湖中，波光峦影，蔚为壮观。天池上空流云急雾变幻莫测，时而云雾飘逸，细雨蒙蒙，"一片汪洋都不见"；时而云收雾敛，天朗气清，绘出了"水光潋滟晴方好，山色空蒙雨亦奇"的绝妙天池景观。

天池孤悬天际，仅在天豁峰和观日峰间有一狭道池水溢出，飞泻成长白瀑布。天池上气候多变，传说水中有神兽游弋，时常显露水面。

天池像一块瑰丽的碧玉镶嵌在雄伟的长白山群峰之中，是中国最大的火山湖，也是世界海拔最高、积水最深的高山湖泊。

5. 千岛湖

千岛湖，位于中国浙江省杭州西郊淳安县境内（部分位于安徽歙县），东距杭州 129 千米、西距黄山 140 千米，是长江三角洲地区的后花园，是世界上岛屿最多的湖，因湖内拥有 1 078 座翠岛而得名。杭州千岛湖与加拿大渥太华西南 200 多千米的金斯顿千岛湖、湖北黄石阳新仙岛湖并称为"世界三大千岛湖"。千岛湖水在中国大江大湖中位居优质水之首，国家一级水体，不经任何处理即达饮用水标准，赞誉为"天下第一秀水"。

千岛湖的湖泊面积 567.40 平方千米，最大深度 108 米，平均深度 34 米，容积 178.4 亿立方米，是在距浙江建德市新安江镇以上 4 千米处建坝蓄水而成的人工湖。

千岛湖，以千岛、秀水、金腰带（岛屿与湖水相接处环绕着有一层金黄色的土带，称为"金腰带"）为主要特色景观，是中国首批国家级风景名胜区之一。千岛湖中大小岛屿形态各异，群岛分布有疏有密，罗列有致。岛屿群集处形成众岛似连非连，湖面被分隔得宽窄不同、曲折多变、方向难辨，形成湖上迷宫的特色景观，更有百湖岛、百岛湖、珍珠岛等千姿百态的群岛、列岛景观；岛屿稀疏处，湖面开阔、深远、浩渺，宛如海面。湖湾幽深多姿，景色绚丽多彩。千岛湖岛屿上森林覆盖率达 95%，有"绿色千岛湖"之称，并在 1986 年 11 月被林业部批复为国家森林公园。

三、瀑布景观文化

1. 黄果树瀑布

黄果树瀑布，位于中国贵州省安顺市镇宁布依族苗族自治县，是珠江水系打邦河的支流白水河九级瀑布群中规模最大的一级瀑布，因当地一种常见的植物"黄果树"而得名。瀑布高度为 77.8 米，其中主瀑高 67 米；瀑布宽 101 米，其中主瀑顶宽 83.3 米。黄果树瀑布属喀斯特地貌中的侵蚀裂典型瀑布。黄果树瀑布不止一个瀑布的存在，以它为核心，在它的上游和下游 20 千米的河段上，共形成了雄、奇、险、秀风格各异的瀑布 18 个。1999 年被世界吉尼斯总部评为世界上最大的瀑布群，并列入世界吉尼斯纪录。

黄果树瀑布出名始于明代旅行家徐霞客，经过历代名人的游历、传播，成为知名景点。徐霞客描写黄果树瀑布："透陇隙南顾，则路左一溪悬捣，万练飞空，溪上石如莲叶下覆，中剜三门，水由叶上漫顶而下，如鲛绡万幅，横罩门外，直下者不可以丈数计，捣珠崩玉，飞沫反涌，如烟雾腾空，势甚雄厉；所谓'珠帘钩不卷，飞练挂遥峰'，俱不足以拟其壮也。"在他所见的瀑布中，"高峻数倍者有之，而从无此阔而大者"。从那时起，黄果树瀑布就逐渐被人们认为是全国第一瀑布。

以黄果树大瀑布为主的中心区主要景观有黄果树大瀑布、水帘洞和犀牛潭峡谷、石笋山（碑林）景点、黄果树盆景园等。作为景区核心的黄果树大瀑布，是中国第一大瀑布。湍急的水流从悬崖上陡然跌落，似雷霆万钧，如白练悬空，气势磅礴，极为壮观。瀑布的水跌入深潭，激起丈许水柱，卷起万朵浪花。远远望去，确有"一溪悬捣，万练飞空"之势，摄人心魄。瀑布后有一长达134米的水帘洞拦腰横穿瀑布，由6个洞窗、5个洞厅、3股洞泉和6个通道所组成。从水帘洞内观看大瀑布，令人惊心动魄。这样壮观的瀑布下的水帘洞，在世界各地瀑布中也是罕见的。

黄果树大瀑布地处贵州西部低洼地带，海拔较低，终年无霜，年平均气温为14℃左右。1月最冷，平均气温在4.3℃，但最低气温很少会跌至零下；7月最热，平均气温在22℃，基本不会有高温天，可谓冬无严寒，夏无酷暑，是避寒避暑胜地。

2. 黄河壶口瀑布

壶口瀑布号称"黄河奇观"，东濒山西省临汾市吉县壶口镇，西临陕西省延安市宜川县壶口乡，为两省共有的旅游景区，是黄河中游流经秦晋大峡谷时形成的一个天然瀑布，是中国第二大瀑布，也是世界上最大的黄色瀑布，因其气势雄浑而享誉中外。

壶口瀑布是由于黄河流至壶口一带，两岸苍山夹持，把黄河水约束在狭窄的黄河峡谷中，河水聚拢，收束为一股，形成特大马蹄状瀑布群，由300米乍缩为50米，飞流直下，猛跌深槽，如壶注水然，故曰"壶口"。主瀑布宽40米，落差30多米，瀑布涛声轰鸣，水雾升空，惊天动地，气吞山河，奔腾呼啸，跃入深潭，溅起浪涛翻滚，形似巨壶内黄水沸腾。巨大的浪涛，在形成的落差注入谷底后，激起一团团水雾烟云，景色分外奇丽。站在河边观瀑，目睹巨浪翻滚，耳闻涛声如雷，游人莫不唱起"风在吼，马在叫，黄河在咆哮"这威武雄壮的歌声。它的雄壮，它的百折不挠，勇往直前，无所畏惧，正是中华民族精神的真实写照！

壶口景色，四时各异，不同的季节、不同的时间、不同的水流有着梦幻般的变化。严冬则冰封河面，顿失滔滔；春来则凌汛咆哮，如雷贯耳；盛夏则大洪盈岸，蔚为壮观；秋季则洋洋洒洒，彩虹通天。由此，形成了奇绝壮观的八大景观："烟从水底升，船在旱地行，未雾彩虹舞，晴空雨蒙蒙，旱天鸣惊雷，危岩挂冰峰，海立千山飞，十里走蛟龙"。

3. 吊水楼瀑布

吊水楼瀑布，又称镜泊湖瀑布，它位于黑龙江省宁安县（今为宁夏市）西南，从牡丹江市向南经古城宁安，再向西行抵达东京城后，从这里一直行驶30千米，便可抵镜泊湖的北湖头。

吊水楼瀑布幅宽约70余米，雨水量大时，幅宽达300余米，落差20米。它下边的水潭深60米，叫"黑龙潭"。每逢雨季或汛期，水声如雷，激流呼啸飞泻，水石相击，白流滔滔，水雾蒸腾出缤纷的彩虹。它酷似加拿大尼亚加拉大瀑布，湖水在熔岩床面翻滚、咆哮，如千军万马向深潭冲来，然后从断岩峭壁之上飞泻直下，扑进圆形瓯穴之中。潭水浪花四溅，如浮云堆雪，白雾弥漫；又似银河倒泻，白练悬空。水声震耳，犹如雷鸣。

据考察证实，吊水楼瀑布是镜泊湖火山群爆发时喷发出的熔岩在流动进程中，接触空气的部分首先冷却成硬壳，而硬壳内流动的熔岩中尚有一部分气体仍未得到逸散，及至熔岩全部硬结后,这些气体便从硬壳中排除,形成许多气孔和空洞。这些气孔和空洞后又塌陷,形成了大小不等的熔岩洞。当湖水从熔岩洞的断面跌下熔岩洞时,便形成了十分壮观的瀑布。吊水楼瀑布是世界最大的玄武岩瀑布。

瀑布两侧悬崖巍峨陡峭,怪岩峥嵘。站在崖边向深潭望去,如临万丈深渊,令人头晕目眩。一棵高大遮天的古榆枝繁叶密,酷似一把天然的巨伞踞险挺立于峭崖乱石之间。斑驳的树影中,一座小巧的八角亭榭依岩而立,人称"观瀑亭"。亭台至瀑布流口及北沿筑有铁环锁链护栏。古榆下尚有一条经人工凿成的石头阶梯蜿蜒伸向崖底的黑龙潭边,枯水期间,潭水波平如镜。据测,黑龙潭深达 60 米,直径也有 100 余米。每逢晴天丽日,光照向瀑布,则有色彩斑斓的彩虹出现。凡到此游览者,无不惊叹其壮美的景色。诗人曾为它留下"飞落千堆雪,雷鸣百里秋。深潭霞飞雾漫,更有露浸岸秀"的优美诗篇。

4. 罗平九龙瀑布

罗平九龙瀑布,位于云南省罗平县城北 22 千米处。由于特殊的地质构造和水流的千年侵蚀,在此形成了十级高低宽窄不等,形态各异的瀑布群,其中最大的一级宽 112 米,高 56 米,气势恢宏,蔚为壮观,号称九龙第一瀑。九龙瀑布群因其瀑布众多,景点密集而形成其独有的观赏特点,一年四季美景不断,素有"九龙十瀑,南国一绝"的美誉。

九龙瀑布因发源于九龙河而得名。河水从白蜡山背后的群山中奔涌而来,哺育着罗平大地上的各民族儿女。九龙瀑布是九龙河上最具盛名的大瀑布群,当地布依族群众一向称之为"大叠水",人们习惯称之为"九龙瀑布"。大小十级瀑布,或雄伟,或险峻,或秀美,或舒缓,无与伦比,美不胜收。

"幅宽、差大、极多"是罗平九龙瀑布的特点。碧日潭、月牙湖、戏水滩、神龙瀑、情人瀑、白絮瀑……一级级展开,一景胜一景。九龙瀑布第一大瀑布落差 56 米,宽 112 米,气势恢宏。烟雨、微风、碧水、流云、飞花、青山,展开一幅壮丽的山水画卷。层层叠叠,自成一绝。九龙十瀑之间,以浅滩或深潭相连,形成了一串辉映太阳光芒的明珠彩带。

5. 德天瀑布

德天瀑布,位于广西壮族自治区崇左市大新县硕龙乡德天村,中国与越南边境处的归春河上游,距中越边境 53 号界碑约 50 米。清澈的归春河是左江的支流,也是中越边境的国界河,德天瀑布则是它流经浦汤岛时的杰作。浩浩荡荡的归春河水,从北面奔涌而来,高崖三叠的浦汤岛,巍然耸峙,横阻江流,江水从高达 50 余米的山崖上跌宕而下,撞在坚石上,水花四溅,水雾迷蒙,远望似缟绢垂天,近观如飞珠溅玉,透过阳光的折射,五彩缤纷,那哗哗的水声,振荡河谷,气势十分雄壮。瀑布三级跌落,最大宽度 200 多米,纵深 60 多米,落差 70 余米,气势磅礴,蔚为壮观,与紧邻的越南板约瀑布相连,是亚洲第一、世界第四大跨国瀑布,年均水流量约为贵州黄果树瀑布的 3 倍。德天瀑布所在地地层主要为中泥盆统白云质灰岩,为典型的岩溶瀑布。

瀑布四季景色不同,春天凌草泛青,山花吐艳,瀑布四周被镶起五彩缤纷的花边;夏天激流如龙,排山倒海,似万马奔腾而来;秋天梯田铺金,层林尽染,高挂的银帘雾气冲天;冬天琼珠闪闪,玉液潺潺,山风把细流吹得飘飘洒洒。

四、泉水景观文化

1. 山东济南趵突泉

趵突泉,位于济南市历下区,南靠千佛山,东临泉城广场,北望大明湖、五龙潭,面积

158亩，是以泉为主的国家5A级旅游景区特色园林，国家首批重点公园。该泉位居济南72名泉之首，被誉为"天下第一泉"，也是最早见于古代文献的济南名泉。与济南千佛山、大明湖并称为济南三大名胜。趵突泉与附近的金线泉、漱玉泉、柳絮泉、马跑泉、皇华泉、卧牛泉等共同组成了趵突泉群，百泉争涌，各具风采。

2. 江苏镇江中泠泉

中泠泉也叫"中濡泉""中零泉""中水泠""南泠泉"，位于江苏省镇江市金山寺外，"中泠泉"又名"天下第一泉"。唐代张又新的《煎茶水记》记载，与陆羽同时代的刘伯刍把宜茶之水分为七等，称"扬子江南泠水第一"。这南泠水指的就是中泠泉。中泠泉被称为大江深处的一股清洌泉水，泉水清香甘洌，涌水沸腾，景色壮观。但要取中泠泉水，却很困难，需驾轻舟渡江而上。随着长江主干道北移金山才与长江南岸相连，终使中泠泉成为镇江长江南岸的一个景观。池旁的栏上书有"天下第一泉"五个大字，它是清代镇江知府、书法家王仁堪所题。此泉原在波涛滚滚的江水之中，由于河道变迁，泉口处已变为陆地，现在泉口地面标高为4.8米。

3. 江苏无锡惠山泉

惠山泉位于江苏省无锡市西郊惠山山麓锡惠公园内。相传为唐朝无锡县令敬澄派人开凿的，经陆羽亲品其味，故又名陆子泉。相传唐代陆羽评定了天下水品二十等，惠山泉被列为天下第二泉。随后，刘伯刍、张又新等唐代著名茶人又均推惠山泉为天下第二泉，所以人们也称它为二泉。惠山泉水为山泉，即通过岩层裂隙过滤了流淌的地下水，因此其含杂质极微，泉水无色透明，含矿物质少，水质优良，甘美适口，系泉水之佼佼者。元代翰林学士、大书法家赵孟頫专为惠山泉书写了"天下第二泉"五个大字，至今仍完好地保存在泉亭后壁上。

4. 浙江杭州虎跑泉

虎跑泉，位于浙江杭州市西南大慈山白鹤峰下慧禅寺（俗称虎跑寺）侧院内。虎跑泉有"天下第三泉"之称，第一泉为镇江金山中泠泉，第二泉为无锡惠山的惠泉。虎跑泉水质甘洌醇厚，与西湖龙井合称西湖双绝，有"西湖龙井虎跑水"之美誉。

虎跑泉是一个两尺见方的泉眼，清澈明净的泉水，从山岩石幡间汩汩涌出，泉后壁刻着"虎跑泉"三个大字，为西蜀书法家谭道一的手迹，笔法苍劲，功力深厚。泉前有一方池，四周环以石栏，池中叠置山石，傍以苍松，间以花卉，宛若盆景。游人在此，坐石可以品泉，凭栏可以观花，怡情悦性，雅兴倍增。

专题四　生物景观文化

一、森林景观文化

1. 西双版纳热带雨林

西双版纳自然保护区是国家重点自然保护区之一，总面积2 420.2平方千米，它的热带雨林、南亚热带常绿阔叶林、珍稀动植物及整个森林生态都是无价之宝，是世界上唯一保存完好、连片大面积的热带森林，具有全球绝无仅有的植物垂直分布"倒置"现象。

西双版纳热带雨林地处热带北部边缘，横断山脉南端。受印度洋、太平洋季风气候影响，形成兼具大陆性气候和海洋性气候的热带雨林。整个西双版纳有8个植被类型，11个亚型，高等植物有3 500多种，国家级保护动物有99种。西双版纳自然保护区又分为勐海、勐养、攸诺、勐仑、勐腊、尚勇六大片。勐腊地区由于幸免于第四纪冰川袭击，保存有古生代和中生代繁盛的蕨类植物、裸子植物30多种，它们被称为一亿年前的植物化石。在此，可欣赏到原生状态的森林景观。西双版纳热带雨林总体布局为"一个生态旅游集散中心、五大核心生态旅游景区（品牌）、三条主干生态旅游线路、六个生态旅游片区、九个生态旅游重点发展项目以及三大类生态旅游产品"。其中，野象谷、望天树、原始森林公园、勐远仙境已是驰名中外的生态旅游景区。

2. 天山雪岭云杉

天山雪岭云杉林在我国分布于新疆天山南北坡、昆仑山西部、准噶尔西部山地，东西绵延1 800千米，向西延伸到吉尔吉斯斯坦的天山与阿赖山，是中亚荒漠带最主要的山地常绿针叶林。雪岭云杉，常绿乔木，叶呈针形，略弯曲；果球为长椭圆形，褐色。天山林区中90%以上的林地都有雪岭云杉生长。在海拔1 400~2 700米的中山带阴坡。

雪岭云杉是天山林海中特有的一个树种。在巍巍天山深处，它苍劲挺拔、四季青翠、攀坡蔓生、绵延不绝。伊犁河畔的那拉提山是雪岭云杉最为繁茂的地区，温暖湿润的独特气候，促使云杉生长快、密度大、成材率高。这里的雪岭云杉，树高达50~60米，年轮都在300~400年以上。树冠狭长，主干粗壮笔直，犹如收拢的巨伞拔地而起，层层叠叠。每公顷可产木材1 000立方米以上。如此高大广阔的原始森林，就是在全世界也很罕见，堪称天山森林的精华。

以恰特布拉克山峡谷为核心的天山国家级自然保护区，堪称雪岭云杉的王国。这里高山冰雪覆盖，山坡林木参天，博大的山岭，蕴藏着连绵浩瀚的云杉，面积达280平方千米。这里青杉如浪，果林缤纷，绿草如茵，溪流处处，草原与森林交织，深峡与旷谷错落。清秀妩媚处若江南水乡，巍峨险峻处尽显大西北的粗犷。迷人的景致，任何地方皆不可比拟。

3. 蜀南竹海

蜀南竹海风景名胜区位于四川南部宜宾市境内，方圆120平方千米，中心景区44平方千米，共8大景区，134处景点，生长着楠竹、水竹、人面竹、琴丝竹等乡土竹子58种，引种了巨龙竹、黄金间碧玉竹等竹子300多种，共有竹子427种、7万余亩，植被覆盖率达87%，空气清新、纯净、离子含量较高，为我国空气负离子含量极高的天然大氧吧、国家一级环保旅游区。

蜀南竹海素以雄、险、幽、峻、秀著名，其中天皇寺、天宝寨、仙寓洞、青龙湖、七彩飞瀑、古战场、观云亭、翡翠长廊、茶化山、花溪十三桥等景观被称为"竹海十佳"。蜀南竹海的绝妙之处是500多个山头上成片生长着7万余亩翠竹，千峰万岭，峰峰是竹，岭岭皆绿，恰似线丘上隆凸起的一个竹类大盆景。盆景表层似一片绿色的海洋，四周丹崖绝壁，风景异常奇绝，是我国最大的集山水、溶洞、湖泊、瀑布于一体，兼有历史悠久的人文景观的最大原始"绿竹公园"。

蜀南竹海四季宜游，是休闲度假的极好去处。漫步林间，荡舟湖上，站立飞瀑下，乘坐索道游历山腰洞寨，竹海博物馆、夕佳山古民居，使游人既能感受到竹海的清幽、空灵、青翠欲滴，又能体味竹海深厚的文化内涵。

4. 海螺沟冰川森林公园

海螺沟冰川森林公园位于青藏高原东南缘、大雪山脉的中南段，处于四川省甘孜藏族自治州的泸定、康定、九龙和雅安地区的石棉4县交界区，辖区面积906.13平方千米，是中国境内唯一的海洋性冰川，也是亚洲海拔最低、规模最大的海洋性现代冰川。它与四川省的长江三峡、九寨沟及黄龙，合称为四川"旅游四宝"。

海螺沟风景区由海螺沟、燕子沟、磨子沟、南门关沟、雅家埂和磨西台地6个景区组成，是令人神往的"香巴拉门户"，是川、滇、藏三省香格里拉生态旅游区的东大门及旅游目的地，是康定情歌故乡的龙头景区。景区拥有全球同纬度唯一的、最壮丽的山岳冰川，世界最雄伟的大冰瀑布、最完整的生态植被景观、最大的天然氧吧、最大规模的红石公园、最神奇的雪域温泉、最独特的康巴风情。

海螺沟风景区拥有低海拔现代海洋性冰川、古冰川遗迹、生态完整的原始森林、丰富的动植物资源，复杂多样的地貌类型，具有鲜明的气候过渡性特征，集高山、极高山峰群及高山沸、热、温、冷泉为一体，构成世界特有的三位一体的自然景观。景区最高海拔7 556米，最低海拔仅980余米，垂直落差6 500多米，是世界上垂直落差最大的地区。

特殊的地理位置，造就了7个垂直气候带和植被带，植物群落丰富，珍稀动植物荟萃。有名字可考植物4 880余种，其中珙桐、水青树、连香树、栌菊木、麦吊杉、柃春木、大王杜鹃等一、二、三级国家级重点保护植物38种。有名字可考的野生动物400余种，其中有国家一级重点保护动物11种，有牛羚、大熊猫、金丝猴、白唇鹿、野驴、豹、绿尾虹雉、斑尾榛鸡、雉、胡兀鹫、黑颈鹤，国家二级重点保护动物主要有小熊猫、黑熊、马熊、藏酋猴、短尾猴等，荟萃了我国大多数古老原始的生物种类，被植物学界和动物学界称为"第四季冰川时期动植物的避难所"。

海螺沟茂密的原始森林向空气中释放出大量有益于人体健康的负氧离子，空气中每立方厘米的负氧离子含量达10万~100万个，是名副其实的天然氧吧。这里"一山有四季、十里不同天"，可谓一步一景、一处一景，随处都可以感受到大自然的无穷魅力。

海螺沟不仅自然资源丰富，文化底蕴也相当厚重。周秦时期是羌族白狼、楼薄居住的地方，汉武帝时隶属管都县。位于海螺沟沟口的磨西镇是多元文化交融和各族群众和睦相处的地方，自古就是川藏茶马古道的重镇。

5. 神农架国家森林公园

神农架国家森林公园位于湖北省西北部，由房县、兴山、巴东三县边缘地带组成，面积3 250平方千米，林地占85%以上，森林覆盖率69.5%，区内居住着汉族、土家族、回族等民族，人口近8万。

神农架国家森林公园是以原始森林风光为背景，以神农氏传说和纯朴的山林文化为内涵，集奇树、奇花、奇洞、奇峰与山民奇风异俗为一体，反映原始悠古、猎奇探秘的原始生态旅游区。

神农架最高峰神农顶海拔3 105.4米，最低处海拔398米，平均海拔1 700米，3 000米以上山峰有6座，被誉为"华中屋脊"。神农架国家森林公园从印支运动末至燕山运动初，发生了强烈的褶皱和大面积的掀斜，奠定了区内的地貌骨架。第四纪气候的冷暖变化，在部分地段残留了冰川地貌，致使区内地貌复杂多样。林区重峦叠嶂，沟壑纵横，河谷深切，山坡陡峻，地势西南高东北低。

天燕景区位于神农架西北部，控制面积110平方千米，规划开发面积55.18平方千米，景区平均海拔2 200米，因北有燕子垭，南有天门垭而得名。

天门垭景区因中华民族伟大始祖炎帝神农氏在此搭架采药，救济黎民，从而感动天帝，最后驾鹤升天而得名。这里峭壁林立，峰奇石异，沟壑纵横，上下海拔落差高达1 500米。中国科学探险协会神农户外运动基地于此落户。

红坪景区是以神奇山谷风光为背景，高山古人类遗址为特色的科考观光区，主要景点：古犀牛远古人类遗址、红坪画廊、画廊谷景区、野马河等。

神农架国家森林公园有高等维管束植物199科872属3 183种，真菌、地衣共927种；其中属于国家重点保护植物有76种，如珙桐、光叶珙桐、连香树、水青树、香果树等；属于神农架鄂西特有植物42种，如汉白杨、红坪杏等。药用植物超过1 800多种，以"天然药园"驰名中外。神农架现有脊椎动物493种，占湖北省脊椎动物总种数的57.5%。此外，还在该地区先后发现了30多种白化动物，如白林麝、白鬣羚、白蛇、白熊等。白化动物多也是区内动物资源的一个鲜明特点。

二、草原景观文化

1. 呼伦贝尔草原

呼伦贝尔草原位于内蒙古呼伦贝尔盟（今为呼伦贝尔市），因其旁边的呼伦湖和贝尔湖而得名。呼伦贝尔草原是中国目前保存最完好的草原，水草丰美，生长着碱草、针茅、苜蓿、冰草等120多种营养丰富的牧草，有"牧草王国"之称。

呼伦贝尔草原总面积约10万平方千米，天然草场面积占80%，是世界著名的三大草原之一。这里地域辽阔，风光旖旎，3 000多条纵横交错的河流，500多个星罗棋布的湖泊，组成了一幅绚丽的画卷，一直延伸至大兴安岭。

呼伦贝尔大草原是中国现存最丰美的优良牧场，因为几乎没有受到任何污染，所以又有"最纯净的草原"之说。

2. 锡林郭勒草原

锡林郭勒系蒙古语，意为丘陵地带的河。锡林郭勒盟位于北京的正北方、内蒙古自治区中部，北与蒙古国接壤，国境线长1 098千米，面积107.86万公顷，是距北京最近的边疆少数民族地区。

锡林郭勒草原既是蒙古族发祥地之一，又是成吉思汗及其子孙走向中原、走向世界的地方。忽必烈，在锡林郭勒草原上继承帝位，建立大元帝国，并在锡林郭勒草原上建筑了著名的元上都。

锡林郭勒大草原旅游资源非常丰富，尤其以草原旅游资源丰富、草原类型完整而著称于世，即草甸草原、典型草原、半荒漠草原、沙地草原均具备，地上植物达1 200多种。境内有被联合国教科文组织列为国际生物圈网络的国家级草原自然保护区——锡林郭勒草原自然保护区。

锡林郭勒盟拥有美丽的草原自然风光、古朴的蒙古族风情以及独特的生产生活方式，众多的文物古迹、悠久的历史文化和宜人的避暑气候，旅游开发潜力巨大。

3. 祁连山草原

祁连山脉位于中国青海省东北部与甘肃省西部边境，平均山脉海拔在4 000～5 000米之间，高山积雪形成的颀长而宽阔的冰川地貌奇丽壮观。海拔高度在4 000米以上的地方，称为雪线，一般而言，冰天雪地，万物绝迹。然而，祁连山的雪线之上，常常会出现逆反的生物奇观。在浅雪的山层之中，有名为雪山草甸植物的蘑菇状蚕缀，还有珍贵的药材——高山雪莲，以及一种生长在风蚀的岩石下的雪山草。因此，雪莲、蚕缀、雪山草又合称为祁连山雪线上的"岁寒三友"。

祁连山的四季从来不甚分明，春不像春，夏不像夏。所谓"祁连六月雪"，就是祁连山气候和自然景观的写照。每年七八月间，与草原相接的祁连山依旧银装素裹，而草原上却碧波万顷，马、牛、羊群点缀其中。

祁连山下有一片水草最为丰美的草原，那就是夏日塔拉（也叫黄城滩、皇城滩、大草滩）。这里曾是匈奴王的牧地、回鹘人的牧地、元代蒙古王阔端汗的牧地。夏日塔拉是一片四季分明、风调雨顺的草原。

4. 新疆伊犁草原

伊犁草原即那拉提草原位于新疆维吾尔自治区新源县东部，发育于亚洲最大山系之一的天山山脉的中天山及其山间盆地，其北、东、南三面环山，西部开口迎接西来湿润的气流，成为荒漠区中风景这边独好的"湿岛"，它从高至低依次分布着高寒草甸、山地草甸、山地草甸草原、山地草原、山地荒漠草原、平原荒漠和河谷草甸，种类十分丰富。

那拉提风景区在新源县那拉提镇镜内，位于楚鲁特山北坡，以那拉提镇旅游接待站为核心，包括周围草原、赛马场等众多景点。这里充满山村的宁静与祥和。河谷阶地发育明显，山势和缓，坡度11°~12°，生长着茂盛的细茎鸢尾群系山地草甸。其他伴生种类主要有糙苏、假龙胆、苔草、冰草、羊茅、草莓和百里香等。6~9月，各种野花开遍山冈，红、黄、蓝、紫五颜六色，将草原点缀得绚丽多姿。与新疆其他的草原一样，伊犁的草原不仅与荒漠对峙，而且与雪峰对峙，有一种丰富而复杂的美，多面而立体的美，大包容大深刻的美。

伊犁草原广泛分布的草原土墩墓、神秘多彩的伊犁岩画与粗犷风趣的草原石人，堪称伊犁草原上的"三大文物奇观"。

5. 川西高寒草原

川西高寒草原位于阿坝藏族羌族自治州东北部的若尔盖、阿坝、红原、壤塘四县境内，是四川最大的草原，面积近3万平方千米，由草甸草原和沼泽组成，草原地势平坦，一望无际，人烟稀少。红军二万五千里长征曾经过这里，留下了许多可歌可泣的动人故事和革命遗址。

川西草原也是我国传统的草原牧区，牦牛体形大、产奶多，草地上还盛产冬虫夏草、贝母等珍贵药材。鸟瞰川西草原，犹如一片绿色海洋，看不见裸露的黄土，它是防止长江上流水土流失的绿色卫士。

专题五　气象气候景观文化

一、云雾冰雪景观文化

1. 云雾

云雾是大气中一种水汽凝结现象，可以形成瞬息万变的云雾奇观。当气温下降时，空气中所含的水蒸气凝结成小水滴，浮在靠近地面的空气中称为雾。云雾在名山胜景中极为奇妙，当潮湿气流沿山坡上升到一定高度时，水汽冷却凝结形成坡地雾，产生波状云，缭绕于山腰或坡谷时，形成云雾景观，在风力的作用下，云雾更具动态美。同时，云雾也造成了景观的间隔和隐藏，给人留下极丰富的遐想空间。云雾与山景相映成趣，云雾缭绕于山腰或坡谷，形成静如练、动如烟、轻如絮的云雾景观。云雾涌动时，更可见到澎湃如潮的云海翻腾奇观，使群山富于生命，使游人心潮起伏。

我国著名云海有黄山云海、庐山云海、峨眉云海和衡山云海。

2. 冰雪

冰雪是高寒地区或寒冷季节才能见到的气象景观。冰雪在我国北方，尤其是东北地区的冬季极为常见。在其他地区较高的山地中，也有雪景出现。我国江南在冬季寒潮来临之际才可能降雪，断桥残雪就是西湖胜景之一。

冰雪旅游有"白色旅游"之称。在我国，著名的雪景有东北的林海雪原，还有"江天暮归""南山积雪""西山晴雪""玉山积雪""银沧玉洱"等。素有"冰城"之称的哈尔滨，每年冰雪节都举行大型冰雕、冰灯和雪雕的展出活动。

3. 雨

雨景是旅游中经常遇到的一种自然景观，江南烟雨、梅雨赏梅、巴山夜雨等都是人们传为佳话的雨景。"清明时节雨纷纷，路上行人欲断魂。"平原地区地形起伏小，有单调空旷之感，但在蒙蒙细雨的笼罩下，也显得悠远缥缈，诗意盎然；山地的雨景使山石林木若隐若现，更具朦胧之美，"雨中看山也莫嫌，只缘山色雨中添"；"雨丝风片，烟波画船"的江上烟雨令人销魂；"秋风秋雨愁煞人"，即使在平凡的城市，雨景也能撩人情思。

4. 凇

凇分雨凇和雾凇，是我国北方和各地山地冬季常见的一种美景。

雨凇是超冷却的降水碰到温度等于或低于零摄氏度的物体表面时所形成玻璃状的透明或无光泽的表面粗糙的冰覆盖层，俗称"树挂"，也叫冰凌、树凝，形成雨凇的雨称为冻雨。雨凇组成的冰花世界，点点滴滴裹嵌在草木之上，结成各式各样美丽的冰凌花，有的则结成钟乳石般的冰挂，在冬天灿烂的阳光下，分外晶莹剔透、闪烁生辉，蔚为奇观。

雨凇以山地和湖区多见。中国大部分地区雨凇都在12月至次年3月出现，峨眉山、九华山、衡山、庐山、黄山等都是雨凇的多发地。

雾凇，俗称树挂，是在严寒季节里，附着于地面物体（如树枝、电线）迎风面上的白色或乳白色不透明冰层。它也是由冷水滴凝结而成。过冷水滴（温度低于零度）碰撞到同样低于冻结温度的物体时，便会形成雾凇。当空气中的水蒸气碰上物体马上凝华成固态时便会结成雾凇层或雾凇沉积物。形成雾凇的苛刻条件首先是，既要求冬季寒冷漫长，又要求空气中有充足的水汽。其次，雾凇的形成要求既天晴少云，又静风，或是风速很小。

雾凇主要有两种。一种是冷却雾滴碰到冷的地面物体后迅速冻结成粒状的小冰块，叫粒状雾凇（或硬凇），它的结构较为紧密。另一种是由雾滴蒸发时产生的水汽凝华而形成的晶状雾凇（或软凇），结构较松散，稍有振动就会脱落。

雾凇出现最多的是吉林省吉林市。吉林省吉林市龙潭区乌拉街满族镇松花江上有一座小岛，被称为雾凇岛，因雾凇多且美丽而得名。这里树形奇特，沿江的垂柳挂满了洁白晶莹的霜花，江风吹拂银丝闪烁，景色既野又美。乌拉街满族镇的韩屯、曾通屯等村落是雾凇最为集中的地方，也是观赏和拍摄雾凇的最佳地。尤其在曾通村，素有"赏雾凇，到曾通"的说法。雾凇岛的最佳观赏季节是每年12月下旬到次年2月底,每天最理想的雾凇拍摄时间为10:00~11:30。

二、光学景观文化

1. 极光

极光出现于星球的高磁纬地区上空,是一种绚丽多彩的发光现象。而地球的极光是来自地球磁层和太阳的高能带电粒子流(太阳风)使高层大气分子或原子激发(或电离)而产生。极光常常出现于纬度靠近地磁极地区上空,一般呈带状、弧状、幕状、放射状,这些形状有时稳定有时作连续性变化,形状多样,千姿百态,在高空5~10千米亮度最强。

极光产生的条件有3个:大气、磁场、高能带电粒子,三者缺一不可。北半球有一个极光带,利于观测极光,它通过美国阿拉斯加州北部、加拿大北部、冰岛南部、挪威北部和新地岛南部,每年有240天左右可见极光。中国黑龙江的漠河和新疆的阿尔泰,每年可见一次极光。

2. 佛光

也叫"宝光""金光",出现在低纬度高山地区云海中。它是由于阳光斜照使大气中的水珠发生衍射而呈现的色彩华美的光环,光环会随观测者而动,观测者的投影会进入光环之中,给人一种神秘的"神佛显圣"之感。

"佛光"发生在白天,产生的条件是太阳光、云雾和特殊的地形。早晨太阳从东方升起,佛光在西边出现,上午"佛光"均在西方;下午,太阳移到西边,佛光则出现在东边;中午,太阳垂直照射,则没有佛光。只有当太阳、人体与云雾处在一条倾斜的直线上时,才能产生佛光。"佛光"由外到里,按红、橙、黄、绿、青、蓝、紫的次序排列,直径2米左右。有时阳光强烈,云雾浓且弥漫较宽时,则会在小佛光外面形成一个同心大半圆佛光,直径达20~80米,虽然色彩不明显,但光环却分外显现。"佛光"中的人影,是太阳光照射人体在云层上的投影。

佛光的出现要阳光、地形和云海等众多自然因素的结合,只有在极少数具备了以上条件的地方才可欣赏到。中国可以观测到佛光的地区有庐山、泰山、黄山、梵净山、峨眉山,其中以峨眉山"金顶佛光"最为壮观,金顶的摄身岩前,平均每5天左右就有可能出现一次佛光。

3. 海市蜃楼

海市蜃楼简称蜃景,是一种光学幻景,是由于气温垂直方向上的变化以及相应的空气密度垂直分布发生分异,引起光线的折射和全反射现象,使远处地面景物出现在人们的视野中,形成神秘的景致,是一种反常的折射现象。一般多出现在海湾、沙漠和山顶。我国广东汕头南澳岛、惠来澳角、山东蓬莱、浙江普陀海面上常出现这种幻景。古人认为是蛤蜊之属的蜃吐气而成楼台城郭,由此得名。

海市蜃楼的种类很多:根据它出现的位置相对于原物的方位,可以分为上蜃、下蜃和侧蜃;根据它与原物的对称关系,可以分为正蜃、侧蜃、顺蜃和反蜃;根据颜色可以分为彩色蜃景和非彩色蜃景等。

蜃景与地理位置、地球物理条件以及特定时间的气象特点有密切联系。气温的反常分布是大多数蜃景形成的气象条件。

4. 日月景观

主要有旭日东升、夕阳西下、日月并升以及夜间月景等景观。

观测旭日东升的景观可以到庐山含鄱口、汉阳峰、黄山翠屏楼、泰山日观峰、华山东峰、峨眉山金顶、衡山祝融峰、蓬莱丹崖山、秦皇岛海滨等地。

著名的夕阳西下的景观有浙江普陀山"普陀夕照"、杭州西湖"雷峰夕照"、河北承德"磬锤夕照"和湖南"潇湘夕照"等。

日月并升景观在中国有5个地方，最佳观测地点是浙江海盐县南北湖畔的云岫山鹰窠顶。

夜间月景可以给人不同的心理感受，如"人有悲欢离合，月有阴晴圆缺""月到中秋分外明"等，明月与其他景致构成了著名的岳阳"洞庭秋月"、杭州"三潭印月"以及著名的"二泉映月"等。

知识拓展

海 岸 地 貌

海岸地貌主要是指海岸地带受波浪、潮汐、海流以及生物等作用而形成的地貌，包括海蚀地貌和海积地貌两大类。例如，福建沿海中岸至南岸优质沙滩、平潭花岗岩海岸、漳浦火山岩海岸，台湾南岸的野柳海蚀海岸、澎湖玄武岩海岸，台东海岸的断崖。

学生讲坛

1. 由学生对上面所学内容进行复述、总结与拓展。
2. 查阅关于自然景观开发与利用的资料，思考如何保护自然景观、发展生态旅游。

注：鼓励学生课外自查资料。建议在该知识讲授结束时布置，在下一次课开始时进行。

项目小结

本项目主要介绍了旅游从业者应该了解的中国自然景观文化。其中包括自然景观文化概述、地质景观文化、水体景观文化、生物景观文化、气象气候景观文化等知识。

同步测试

1. 自然景观有哪些文化特性？
2. 丹霞地貌有哪些特征？
3. 以呼伦贝尔草原为例，说说如何欣赏草原景观文化。
4. 列举几种光学景观现象。

延伸阅读

中国旅游网：http://www.51yala.com

项目六

旅游民俗文化

学习目标

知识目标：

1. 了解民俗的概念、特点及构成。
2. 掌握中国民俗文化与政治、经济、宗教、民族及语言文学的联系。
3. 掌握回族、蒙古族、维吾尔族、朝鲜族、满族、壮族、苗族、土家族、黎族、藏族、彝族、白族、纳西族、傣族民俗文化的基本内容。

技能目标：

能运用民俗文化知识，正确分析对待少数民族的民俗事项，运用民俗文化与旅游的密切关系为游客提供优质服务。

素质目标：

1. 具有丰富的民俗文化知识和较高的民俗文化审美品位，提升文化素养。
2. 通过合作探究，培养学生的团队意识和合作精神。

旅游情景

"十里红妆"结婚仪式

"十里红妆"形容的是旧时汉族嫁女的场面，人们常用"良田千亩，十里红妆"形容嫁妆的丰厚。旧俗在婚期的前一天，女家将置办的家具雇挑夫送往男家，由伴娘为之铺陈，俗称"铺床"或"发嫁妆"。这铺床尽管不在婚姻六礼之列，但长期以来却是汉族婚俗的重要组成部分。富家嫁妆惊人，床桌器具、箱笼被褥一应俱全，日常所需无所不包，发嫁妆的队伍排列绵延数里，故称"十里红妆"。

民间收藏家何晓道深知保护非物质文化遗产的意义重大，发起抢救、发掘、保护十里红妆的行动，并得到宁海县委县政府的支持和帮助。于是，一座以保护"十里红妆"婚嫁风俗的民俗博物馆——十里红妆博物馆得以落成。在这里，何晓道先生将自己收藏的1 260件藏品（后增加到1 760件）拿出来展示。据悉，这是浙江省规模最大的私人民俗博物馆，也是全国第一个以婚俗为主题的民俗博物馆。

十里红妆在宁海县委县政府的支持下,名声日显,参观者纷至沓来。为了更好地保护和传承十里红妆婚俗文化,保护这一非物质文化遗产,宁海县启动十里红妆博物馆扩展项目,在县城划出72 000平方米土地,总投资1.4亿元,建十里红妆博物馆和古建筑文化街,文化街将复原何晓道收购的数十栋明清建筑,采用的体制也是国助民办。同时,与之有关的《十里红妆女儿梦》《江南明清门窗格子》《江南民间椅子》《红妆》《十里红妆》等图书和电影也相继完成,不仅保护了即将消失的非物质文化遗产,也拉动了地方经济。民俗牵动经济发展的作用由此可见一斑。

学生分析与决策

在旅游资源开发的过程中,民俗保护与经济发展的关系是什么?

知识研修

民俗是一个民族文化精神的体现,是最基本的社会文化现象。目前民俗旅游的内容主要包括生活文化、婚姻家庭和礼仪文化、口头传承文化、民间舞蹈娱乐文化、节日文化、信仰文化等。民俗旅游蕴含着丰厚的文化底蕴和多彩的生活情趣,是一种高层次的文化旅游。由于民俗文化满足了游客"求新、求异、求乐、求知"的心理需求,因而民俗旅游成为现代旅游民俗文化开发中最具吸引力的项目之一。

专题一 旅游民俗文化概述

一、民俗的概念

民俗作为专门的学术用语,从英国的考古学家威廉·汤姆斯于1846年提出的"folklore"(意为"民众的知识"或"民俗的学问")一词开始,民俗学科的发展已有160多年的历史。

民俗是人们在社会生活中所创造的文化现象,它有着深厚的社会基础。从民俗产生的历程中可以看出,民俗由偶然的创造进而成为一种经验;再经由人类语言在一定范围内传播开来,变成人们的常识;常识再经由约定俗成之后,变成民众的生活准则或习惯;接着当民众将这种习惯进一步沉淀和固定化、程式化,成为一种潜意识时,民俗才告诞生。在民俗产生之后,其形式与内容,又因为环境的变迁,历史的演进等因素的影响,呈现多样且复杂的面貌。

一个民众对于民俗文化的选择,主要着眼于生存与发展两个基本需求,凡是能满足这两个基本需求的民俗才能生存下来,才能经得起时间的考验传承给后代。因此,民俗从人类社会中产生,同时又回馈于社会生活之中。在本质上,民俗是一种文化,任何民俗文化都与现实生活紧密相连,都有它必然存在的功能。

民俗是在人类社会长期发展过程中形成的,与居民生活密切相关的衣食住行、礼仪、信仰、风尚、娱乐等民间习俗习惯的总和,是经社会约定俗成并流行、传承的民间文化模式,是一种文化的积淀。民俗不仅仅是一种民间自我传承的文化现象,还是一个民族自由表达情感、展现独特精神风貌和世界观的行为方式。任何一种民俗现象都是由相应的表现构成的。

二、民俗的特点

俗话说："百里不同风，千里不同俗"。由于自然环境与人文环境的差别，民俗千差万别、丰富多彩。从总体上看，民俗主要具有以下五方面的特征。

（一）社会性和群体性

民俗是广大劳动人民所创造和传承的文化现象，是一种约定俗成的社会创造物，是集体智慧的结晶。只有当这种约定俗成的习惯、风俗为群体共有或群体共同参与时，民俗才得以存在。所以，民俗作为一种模式，反映的是群体的心态、言语和行为。

（二）民族性和地域性

中国是个地域辽阔的多民族国家，尽管同属华夏文明，但在不同的地理位置、不同民族的生产方式和思维习惯导致不同地域的民俗活动都具有鲜明的差异。一个民族在固定的地域环境下形成了地域色彩浓郁的生活习惯，这就是民俗的民族性和地域性。

（三）稳定性与变异性

民俗的稳定性是指民俗一旦产生，就会伴随着人们的生产及生活方式长期相对地固定下来，从而影响人们的生活。社会结构越稳定，民俗的稳定性也就越强。然而，民俗的稳定性不是绝对的，是相对的。在民俗的稳定性中常常隐含着可变因素，致使民俗产生变异。

民俗的变异性是指民俗在传承过程中，为适应新的生存环境所呈现出来的某些具有变异特点的外部特征。

民俗的变异性有两种形式：一种是民俗自身协调与外部世界的联系而进行的自我演变，而另一种是作为政府行为外部干预。例如，各地政府对春节期间燃放烟花爆竹的相关规定。

（四）传承性与播布性

民俗的传承性是指民俗文化在时间上的纵向延伸；民俗的播布性是指民俗文化在空间上的横向分布与传播。

民俗的传承性直接影响着我们每一个人，从而代代相传，延续不断。而且在这个过程中还会向不同的地域进行横向分布与传播。也正是因为这样的横向传播，才使得不同地域、不同民族的文化得到交流和融合，并在互相学习和影响的过程中显示出其共性和特性。

（五）娱乐性

中国民俗活动的主流是为了娱乐。民俗对劳动人民的生活起到调节作用，使他们的心里产生快乐和愉悦的感受。即使是一些比较凝重的和严肃的民间宗教习俗和丧葬习俗，也往往不乏娱乐性，成为民间艺术、表演等民间文化的集大成者。

三、民俗的构成

民俗涉及的内容很多，直至今日它的领域仍在不断地拓展。就民俗学界公认的范畴而言，民俗包括以下几大部分。

（一）生产劳动民俗

生产劳动民俗是在各种物质生产中产生和遵循的民俗。这类民俗伴随着物质生产的进行，多方面反映着人们的民俗观念，在历史上对保证生产的顺利进行有一定作用。广东河源客家博物馆保存了客家人民的劳动生产民俗展品，其中包括农家民俗、牧业民俗、渔业民俗、林业民俗、养殖业民俗、手工业民俗、服务业民俗等展品。

（二）日常生活民俗

生活民俗最先是以满足生理需要为目的的。随着社会的发展和社会分工的复杂化，等级身份的严格化、生产条件的差异、人生礼仪的繁复、重大历史事件的作用，以及宗教信仰、审美观点、政治观念、社会心理的差异等，各民族生活民俗也日趋多样化、复杂化。它包括服饰民俗、饮食民俗、居住民俗、交通与行旅民俗等。

（三）社会组织民俗

社会组织民俗是在中国传统社会中，民间各种形成稳定关系的人们共同体，如家族、行会或某些结社组织所遵循的一系列约定俗成的规则制度等。

（四）岁时节日民俗

岁时节日民俗是民族传统文化中不可缺少的部分，它是我们祖先在长期社会活动过程中，适应生活、生产的各种需要和欲求而创造出来和传承下来的。它凭借着现实的各种条件，发挥着众人的能力和想象力，为人们的生存、安宁、健康等要求服务。随着人们智力，能力的发达和经历时间的长久，这种传统文化越来越丰富多彩，它不仅满足了人们一定的生活需求，也推进和巩固了社会秩序。

（五）人生礼仪

人生礼仪又称个人生活礼仪，国际上称"通过礼仪"。每个人在一生中必须经历几个重要阶段，人的社会属性是通过这些重要阶段而不断确立的。进入各个阶段时，总有一些特定的礼仪作为标志，以便获得社会的承认与评价。它分为日常生活礼仪、节俗节庆等，如生育习俗、成年礼习俗、婚礼习俗、寿诞习俗、丧葬习俗等。

（六）游艺民俗

游艺民俗是一种以消遣休闲、调剂身心为主要目的，而又有一定模式的民俗活动。它包括口头文字、民间音乐和舞蹈、民间戏曲与曲艺、民间竞技、民间游戏等。

（七）民间观念

民间观念是指在民间社会中自发产生的一套神灵祭拜、生活禁忌的观念。它主要作用于民众的意识形态领域，其中较有代表性的是禁忌、俗信、民间诸神。

（八）民间文学

民间文学指的是广大劳动人民的语言艺术——人们的口头创作。这种文学，包括散文、神话、民间传说、韵文的歌谣、长篇叙事诗以及小戏、说唱文学、谚语、谜语等体裁的民间作品。

四、民俗和旅游的关系

中国历史悠久，民族众多，民俗文化异彩纷呈。挖掘民俗文化的内涵来开发旅游产品，具有极大的旅游价值。

(一) 以民俗文化为内容的旅游符合未来旅游市场的发展方向

未来旅游市场的发展方向倾向于复合型的深度旅游,即从观光型转为观光度假型,加强旅游的参与体验程度,满足旅游者求新、求异、求奇的心理。各地各民族民俗文化能反映地区与民族特色,利用民俗来打造多元化、体验式的旅游产品,符合旅游市场的发展方向。

(二) 民俗文化能提供取之不尽的旅游资源

中国有五千年的文明史、56个民族,民俗内容丰富多彩,民俗文化作为有待开发的旅游资源,取之不尽。比如婚俗,有56个民族的婚俗可以研究,各民族都有不同的特点,如果再加上各个历史阶段的特点来开发,可以不断打造新颖的旅游产品。

(三) 开发民俗文化作为旅游资源可以达到双赢效果

民俗文化作为旅游资源可以吸引游客,创造经济效益,比如云南的民俗旅游开发,创造了较好的经济效益;同时,开发民俗文化本身也是对传统民俗文化的保护,比如云南的东巴文化,开发丽江的同时也在对东巴文字、纳西建筑等方面进行研究与保护。

专题二 汉族及其传统节日

一、汉族概述

汉族是中国的主体民族,是上古时期黄帝和炎帝部落的后裔,人称"炎黄子孙"。汉族旧称"汉人"是因中国的汉王朝而得名,汉朝以前称"华""夏""华夏"。

汉族以"华夏"为核心,在秦汉时期形成了统一稳定的民族,又经秦汉以来2000余年的繁衍生息,并不断吸收其他民族的血统与文化,得以发展成为拥有灿烂古代文明、人口众多的民族。汉族是一个历史从未中断过的民族,也是世界上人口最多的民族。截至2009年,汉族人口约为13亿,约占世界总人口的19%,分布于世界各地。在中国大陆,汉族占总人口的91.51%;在中国台湾地区,汉族占总人口的98%;在中国香港和中国澳门特别行政区,汉族分别占总人口的95%和97%。此外,汉族在东南亚、北美和西欧也有较多分布。汉族语言简称汉语,属汉藏语系。用于书写汉语的文字称汉字,属于表意文字的词素音节文字,汉字是世界上迄今为止连续使用时间最长的主要文字。

汉族自古对各种宗教信仰采取兼收并蓄的态度。天命崇拜和祖先崇拜是汉族宗教的主要传统观念。几千年来,提倡以"仁"为中心,重视伦理教育,由孔子、孟子思想体系形成的儒家学说对汉族产生着深刻的影响。汉族的图腾由龙与凤组成,代表了世间阴阳、男女平和,吉祥如意。

饮食上,汉族以稻米、小麦为主,辅以蔬菜、肉食和豆制品,茶和酒是汉族的传统饮料。稻米的吃法以米饭为主,另有粥、米粉、米糕、汤圆、粽子、年糕等不同的食品;小麦则有馒头、面条、花卷、包子、饺子、馄饨、油条、春卷、炸糕、煎饼等吃法。汉族人讲究烹饪,追求色、香、味、形、器、意的完美结合。不同地区的汉族以炒、烧、煎、煮、蒸、烤和凉拌等烹饪方式,形成了不同的地方风味,一般分为川、粤、闽、皖、鲁、湘、浙、苏八大菜系。

服饰上,汉族曾经有着自己的华美服饰,称汉服。汉服在式样上有上衣下裳和衣裳相连两种基本形式,交领、右衽是汉服最大的特点。各个朝代,因为崇尚不同的服饰颜色,形成了以汉服中的夏黑、商白、周赤、秦黑、汉赤、唐黄、明赤的讲究。汉服随着1644年清军入关逐渐消亡,汉族也成了世界上唯一没有自己民族服装的古老民族。

居住上,因为汉族分布地区广大,其传统住房也因地区的不同而形成不同的样式、不同的地域文化特征。居住在华北平原的汉族住房多为砖木结构的平房,院落多为四合院式,如北京四合院;居住在东北的汉族,为了保暖,其平房的墙壁和屋顶都很厚实;居住在陕北的汉族,则根据黄土高原的特点建窑洞;居住在南方的汉族,建房则讲究飞檐重阁和卯榫结构。由于南方各地习俗和自然条件不同,在住房建筑布局上也有差异。如丘陵山地的楼房依山而建,江浙水乡则注重前街后河,福建的土楼庞大而美观,苏州的楼阁小巧而秀丽;另有以马头墙、小青瓦为特色的徽派民居,中西建筑艺术相融合的上海石库门民居等。

社会生活上汉族历来以勤劳、富于创造精神著称。汉族无论是在政治、经济、军事、哲学、文学、史学、艺术等诸多方面,还是在自然科学领域,都创造出了许多中华文化辉煌的业绩。

二、汉族的主要节日习俗

根据国务院令,从2018年1月1日起,除春节外,清明节、端午节、中秋节等传统节日也成为全国法定性节日。

(一) 春节

春节俗称"新年",即农历正月初一。古称"正旦""朔旦""元旦"(民国时期,将公历引入中国,称公历1月1日为"元旦",农历正月初一改称"春节"),是中国最隆重的传统节日。除汉族外,蒙古族、壮族、布依族、朝鲜族、侗族、瑶族族等族也过此节。

春节起源于原始社会的腊祭。我国古代居民在岁尾年初之际,用一年的收获物来祭祀众神和祖先,并歌舞戏耍,举行各种娱乐活动,逐渐形成了新春佳节。

春节活动从腊月二十三祭灶、过小年开始,经过除夕、春节,直到正月十五元宵节结束。春节活动因时因地而异,主要有以下内容:操办年货、做新衣、祭灶、掸尘、贴春联、挂年画、祭祖、迎神、吃团圆饭、守岁等。节日期间人们还互相拜年、放爆竹、吃年糕、吃饺子、舞狮、踩高跷、扭秧歌等。

除夕之夜,即年三十晚,家家团聚,吃团圆饭,闭门团坐待旦,谓之守岁。

贴春联、挂年画起源于古代的桃符。

拜年是我国民间的传统习俗,人们互相走访祝贺春节,是辞旧迎新的一种形式。

闹元宵。正月十五为每年第一个望日,称为上元节,也称元宵节,是春节活动的又一次高潮和结束。元宵节之夜有赏灯、猜灯谜、吃元宵等活动和习俗,象征团团圆圆、幸福美满。元宵耍灯起源于汉代,后来逐渐演变成民间的盛大节日,各地区各民族因地制宜,形成了具有地方特色和民族风格的活动。

(二) 清明节

清明节又称鬼节、冥节、踏青节,它与七月十五中元节、十月初一寒衣节合称中国三大鬼节。它是汉族民间传统节日,流行于全国各地。除汉族外,彝族、壮族、布依族、满族、侗族、瑶族、白族等族皆过此节。节期在农历三月,冬至后的第105天,公历4月5日前后。

清明节是二十四节气之一，后来演变为节日。清明节前两天为寒食节，所以人们常合并称为清明寒食节。

清明节的民俗活动主要有扫墓、插柳、踏青、射柳、放风筝、荡秋千等。其中扫墓秦以前已有，唐代成为定俗，宋代得到沿袭，一直延续至今。踏青又叫春游，古时叫探春，源于唐代。清明时节荡秋千的习俗盛行于唐代。

（三）端午节

农历五月初五是端午节。端午节又称端阳节、重五节、天中节、女儿节、五月节等，是汉族民间传统节日，也是中国传统三大节日之一，流行于全国大多数地区。除汉族外，蒙古、回、藏、苗、彝、壮、布依等族也过此节。端午节已被列入《人类非物质文化遗产代表作名录》。

关于端午节的起源，各地说法不一，其中以纪念爱国诗人屈原说最为广泛。相传屈原于农历五月初五投汨罗江而死。

端午节节日期间主要习俗活动有赛龙舟、吃粽子、挂钟馗像、佩香囊香袋、饮雄黄酒、插菖蒲、采药、避毒除害等。赛龙舟是端午节中一项重要活动，主要流行于我国南方水乡之地。端午节吃粽子的风俗，魏晋时已很盛行，到了唐宋已成为端午节的名食。钟馗原是岁暮时张挂的门神，清代成为端午之神。

（四）中秋节

中秋节又名团圆节、仲秋节及八月节，是汉族民间的传统节日。除汉族外，蒙古族、回族、彝族、壮族、布依族、朝鲜族等少数民族也过此节。农历八月十五恰值三秋月正中，故名中秋。中秋节是仅次于春节的第二大节日。中秋节的起源有三种说法：一是起源于古代对月亮的崇拜；二是起源于月下歌舞觅偶的习俗；三是起源于古代秋季拜土地神的习俗。

中国古代帝王有春天祭日、秋天祭月的礼制。祭月赏月活动始于周代，北宋始定为中秋节，南宋成为普遍的活动，明清以后盛行不衰。北京城中皇家祭月的场所是月坛。中秋节的吉祥物是兔爷。节日期间民间有祭月、拜月、赏月、吃月饼、吃团圆饭、舞龙灯等活动。另外，中秋节前后也是观钱塘江潮的最佳时节。

（五）重阳节

重阳节，又称重九节、晒秋节、老人节，是汉族传统节日。古人认为"九"为阳数之极，九月九日，日月并阳，双九相重，故曰重阳。

重阳节的主要习俗有郊游赏景、登高远眺、观赏菊花、饮菊花酒、吃重阳花糕、插茱萸等活动。1989年，我国将九月九日重阳节定为老人节。

专题三　西南地区部分少数民族民俗文化

一、苗族

（一）节日民俗

苗族是一个富有古老文明、讲究礼仪的民族，岁时节庆独特鲜明。各地的苗族过的节日不完全相同。黔东南部分地区和广西融水县盛行过"苗年"，在旧历九至十一月的卯（兔）

日或丑（牛）日举行，有踩鼓、跳芦笙、赛马、斗牛、"游方"等活动。贵阳附近几县的苗族，每逢农历四月初八日，都穿上盛装来到贵阳市喷水池附近，吹笙奏笛，对歌谈心，纪念传说中的古代英雄"亚努"。此外，苗族还有龙船节、花山节（五月初五）、吃新节（农历六七月间稻谷成熟时）、清明节、赶秋节（立秋）等。

（二）婚俗

苗族一般是一夫一妻的小家庭，财产由男子继承，妇女在家庭中享有较多的权力和地位。年老父母一般由幼子供养。有的地区，有父子联名的习惯，子名在前，父名在后，平时都只呼本名，不连父名。受汉族宗法制的影响，苗族中有些地方也制定字辈、建立宗祠、修纂家谱。苗族青年男女婚姻比较自由，男女青年通过"游方"（黔东南）、"坐寨"（广西融水）、"踩月亮"（云南文山、楚雄）、"跳花"（黔中、黔西）、"会姑娘"（湘西）等社交活动，自由对歌，恋爱成婚。云南楚雄等地有"姑娘房"制度，以便择配良偶。苗族妇女有婚后"不落夫家"的习俗，特别在黔东南至今仍有保留。有的地区苗族还有"还姑娘""转房""妻姊妹婚"等习俗。

二、藏族

（一）节日民俗

藏族节日繁多，很多节日都具有浓郁的民族特色，包括藏历新年、藏历农家年、萨嘎达瓦节、女儿节、望果节、雪顿节、白来日追节、转山会等。其中最为隆重、最具有全民族特点的要数藏历新年。

1. 藏历新年

相当于汉族的春节，是一年中最大的节庆，是从藏历十二月二十九日开始。晚上，家家户户要团聚在一起吃"古突"（面团肉粥），以此辞旧迎新，求得太平康乐。吃完九道"古突"后，举着火把，放起鞭炮，呼喊着"出来"，走到十字路口祈望来年能带来好运。

大年初一，许多信仰佛教的农牧民还要到拉萨的大昭寺进行朝拜，祈求新年平安、健康。

到了大年初二，走亲访友活动使大街小巷热闹起来，也成了人们展示新年时装的最好时刻，到处都是"洛萨（新年）扎西德勒"的祝福声。

大年初三的活动则以宗教、文体内容为主，转经路上、房顶上弥漫着浓浓的桑烟，年轻人在房顶和山顶上插五彩经幡，以祈福消灾，而广大农牧区还将举行新马驮鞍仪式、赛马、拔河、投掷等丰富多彩的娱乐活动。藏历新年的欢庆活动将一直持续到藏历正月十五。

2. 雪顿节

雪顿节起源于11世纪中叶。每年藏历七月一日举行，为期四五天。雪顿节又称"藏戏节"。届时，拉萨市附近的居民身着鲜艳的节日服装，扶老携幼，提上酥油桶，带上酥油茶，来到罗布林卡，在繁茂的树荫下搭起帷幕，在绿茵上铺上地毯，摆上果品佳肴，席地而坐，边饮边谈，载歌载舞，观看藏戏，享受节日的欢乐。下午各家开始串帷幕作客。主人向来宾敬三口干一杯的"松准聂塔"（酒礼），唱各种不同曲调的劝酒歌。歌罢，客人将酒三口饮完，敬酒声、祝福声、欢笑声经久不息。当晚霞染红天际，人们才踏着暮色离开罗布林卡。

3. 望果节

"望果节"（意为转田间），1~3天不等。每年八月，粮食收成在望，藏民们便背着经卷转绕田间，预祝一年获得好收成。同时举行赛马、射箭、文艺表演等活动。

（二）婚俗

在藏族地区，青年男女多为自由恋爱，父母亲友一般不加干涉。至于求爱方式，或坦露，或隐晦，因人因地而异。随着双方感情不断深化，在得到双方父母应允后，才能送聘礼，商定婚期。根据男女双方生辰选定吉日，准备成亲。

婚期前一天男方派婚使和媒人携带酒、哈达等物到女方家迎娶新娘。女方家则为姑娘进行宗教洗礼，梳妆打扮。次日，新娘在伴娘的陪伴下哭嫁，然后随同送亲者、媒人及婚使等一同启程。在新娘一行到达男家之前，男方家派人在离家不远的地方设路席，敬酒致意。

当新娘来到门前，男方将撒有青稞、羊毛的新白毡铺在新娘马前，为媒人、送亲者献哈达、敬酒。入门后，新郎新娘拜天地、家神及父母。礼毕，新娘入洞房，宾客入宴席。

最后宾主暖酒畅饮，双方歌手尽献歌技，歌声笑语彻夜不绝。从次日起，男方家属轮换宴请宾客，馈送礼物，延续2~3日方毕。

三、彝族

（一）节日民俗

1. 火把节

"火把节"一般在农历六月二十四至二十六晚上举行，是彝族盛大的节日。届时要杀牛、杀羊，祭献祖先，有的地区也祭土主，相互宴饮，吃坨坨肉，共祝五谷丰登。火把节一般欢度三天，头一天全家欢聚，后两天举办摔跤、赛马、斗牛、竞舟、拔河等丰富多彩的活动，然后举行盛大的篝火晚会，彻夜狂欢。

当夜幕降临后，人们挥动火把，成群结队绕村串寨，翻山过田，互相往对方的火把上撒松香粉，打火把仗，满山遍野照耀得如同白昼。照彝族的习俗，在火把上撒松香粉，使火把"嘭"地腾起一团绚丽的火花，并扬起一股香气，是表示一种美好心愿：后辈对老辈撒，是尊敬，祝福长寿；长辈对晚辈撒，是爱抚，祝愿吉利；同辈互撒，是亲密友爱；青年男女互撒，则是恋爱的开始。

2. 彝族年

彝族年，彝语称为"库史"，"库"即年、"史"即新，意思是新年，是大小凉山彝族传统的祭祀兼庆贺节日。"库史"一般选定在农历十月，庄稼收割完毕的季节。彝族年为三天。彝族年的头夜叫"觉罗基"，过年第一天叫"库史"，第二天叫"朵博"，第三天叫"阿普机"。

（二）婚俗

男女青年订婚之后，便要进行婚宴的准备。婚宴多用猪、鸡肉，一般不用羊肉（丧事则用羊肉）。滇南石屏彝族在出嫁前邀集男女伙伴聚餐痛饮；滇西的彝族凡娶亲嫁女，都要在庭院或坝子里用树枝搭棚，供客人饮酒、吸烟、吃饭、闲坐。民间把这种用枝搭的临时棚子称"青棚"。

彝族的婚恋奇特而有趣，最有趣的是，举行过"换裙礼"的少女，方可在"玩场"中与心上人结交恋爱。还有媒人说亲和吃酒定亲、让新娘挨饿、亲朋通宵哭嫁、向迎亲者泼水、抢背新娘、闹洞房等传统婚俗也很独特。

四、白族

(一) 节日民俗

大理地区少数民族主要以白族为主，节日除与汉族相同的外，最富民族特色的有三月街、火把节、绕三灵、耍海会、栽秧会、石宝山歌会、骡马会等一系列的民族节日。至于村村寨寨的本主节，更是时间各异，异彩纷呈。

1. 三月街

古代亦称观音市或观音会，据载已有1 000多年的历史，每年农历三月举行，地点在大理城西苍山脚下。节日内容原是佛教庙会，举办隆重的讲经拜佛活动。现在"三月街"期间，除了交流物资，还有民族歌舞表演、体育竞技等活动。特别是参加赛马会的各族骑手，云集苍山脚下，扬鞭策马，腾云驾雾似的向洱海边奔去，其情景煞是壮观。

2. 火把节

每年农历六月二十五日举行。节日当天，男女老少聚集一堂祭祖。通过拜火把、点火把、耍火把、跳火把等活动，预祝五谷丰登、六畜兴旺。当晚，每家门前都竖有火把一柱，村口全村公立的大火把上插红绿纸旗，书写一些吉祥语句，村民们则高举火把在田间游行一周，意为捕灭虫害。

3. 绕三灵

三灵指的是"佛都"崇圣寺、"神都"圣源寺、"仙都"金奎寺，相传此活动起源于南诏国。绕三灵，白语叫"观上览"，意为"逛三都"，属农闲季节白族民间的自娱性迎神赛会。会期为每年农历四月二十三日至二十五日。届时，洱海周围村村寨寨的男女老少，第一天从大理城出发，绕到"神都"圣源寺，祈求风调雨顺，人寿年丰；第二天绕到"仙都"金奎寺，举行对宋朝时大理国国王段宗榜的祭祀活动；第三天绕回"佛都"崇圣寺，祈祷上苍保佑、天地安宁，然后在寺旁边的马邑村散会。绕三灵是白族人民的歌舞节、狂欢节、情人节。

4. 耍海会

耍海会持续时间一般3～5天不等，各地开始时间不一，邓川、上关、喜洲一带的耍海时间从农历七月二十三日开始，大理、下关一带的耍海时间从农历八月初八开始。在耍海的日子里，洱海里白帆点点，岸上人山人海。人们吹起唢呐，唱着《大本曲》，对着调子，舞着霸王鞭、跳起仙鹤舞，尽情欢乐。同时，举行一年一度的赛龙舟活动，龙舟一般用洱海里大型的木船改装而成，披红挂绿、张灯结彩。桅杆上扎有五颜六色的"连升三级"的大斗，并拴上铜锣，尾舵上竖有松枝，船舷上画着叱咤风云的"黄龙"和"黑龙"，中间镶嵌一面圆"宝镜"。随着一声号令，各村寨的龙舟竞发，人们唱着赛舟调，祝愿风调雨顺，五谷丰登。

(二) 婚俗

白族实行一夫一妻制，兄弟成婚后即行分家，父母一般多随幼子居住。入赘女婿有对家产的继承权，妇女在家中有较高的地位。

青年男女婚前比较自由，婚事大多由自己做主。找对象一般通过"对歌"认识结为知己,然后再经过说亲、订婚、迎新、结为夫妇几个阶段。订婚时男方要送酒、公鸡和聘礼到女方家,聘礼必带"六字"。茶三斤六两或六斤六两,酒六斤或六瓶,糖果六斤六两等,意在"有福有禄"。女方家以"三道茶"相待表示同意,又称"提亲鸡酒礼"。

结婚时一般要举办3天,仪式非常隆重。结婚这一天称为"正喜日",男方用花轿将新娘迎至大门,由新郎同辈兄弟将新娘背入新房,男方家要吹唢呐,演唱《吹吹腔》和《大本曲》一直到天亮表示祝贺。第二天新娘要下厨房做鱼羹类以孝敬公婆。第三天至第六天回门,女方家接女婿和女儿回家吃饭。

五、纳西族

(一) 节日民俗

纳西族以农历纪年,不少节日与当地汉族大致相同,本民族节日主要有三朵节、海坡会等。

1. 三朵节

三朵节是云南丽江一带纳西族的传统节日,农历二月初八举行。相传是纳西族保护神三朵的生日。节日期间,纳西族男女老少踏春赏花,小伙子骑上骏马,举行拔旗、拾银圆赛马活动,胜者会备受姑娘们的青睐。晚饭后,人们围坐在篝火旁,能歌善舞的纳西姑娘跳起欢快的"阿哩哩"。1986年,丽江市将每年农历二月初八的三朵节定为纳西族的传统节日。

2. 海坡会

海坡会在农历七月二十五日举行,是纳西族摩梭人在泸沽湖畔举行朝拜女神山的活动,同时也是青年男女社交活动的节日。

在云南永宁泸沽湖畔的狮子峰有纳西神话传说中的一位女神,名叫"干木",容貌绝美,各地男神都为之倾倒。每年农历七月二十五日,众山神都要到永宁与干木女神聚会娱乐,接受祝福。后来,纳西人在农历七月二十五日这天,都要欢聚泸沽湖,参加一年一度的海坡会,人们载歌载舞,尽情娱乐,一是为女神助威,二是用隆重的仪式祭祀女神,祈祷她保佑人们平安、五谷丰登、畜牧兴旺。男女青年也趁此良机,互结"阿注"。

(二) 婚俗

纳西族男女社交大都在节日期间进行,男女青年相识后,通过媒人撮合,双方家长合完八字,男方就请媒人送给女方茶二筒,糖四盒或六盒、米二升,有的地方还要加上砣盐两个,以表示山盟海誓,算是订婚,订婚时要摆订婚宴。婚礼要进行3~5天。办酒席,席上分上八位、下八位,均由新郎跪请客人入座;然后奏乐上菜,上至第三道菜时,主婚人敬酒;第五道菜时,新郎、新娘向客人敬双杯酒;宴毕,主人及亲属要站在门外送客。

在部分纳西族地区,仍存在着一种"抢婚"遗风。现代社会中的"抢婚",仅是一种形式,并非真的强抢,而是男女双方的一种默契。

六、傣族

(一) 节日民俗

傣族的重大节日有泼水节、关门节、开门节。

1. 泼水节

泼水节是傣族的新年,是傣族最富民族特色的节日,也是云南少数民族中影响面最大、参加人数最多的节日。节期在傣历六月，相当于公历4月中旬。泼水节一般持续3~7天。第一天傣语叫"麦日"，与农历的除夕相似；第二天傣语叫"恼日"（空日）；第三天是新年，叫"叭网玛"，人们把这一天视为最美好、最吉祥的日子。

泼水节这一天人们要拜佛，姑娘们用漂着鲜花的清水为佛洗尘，然后彼此泼水嬉戏，相互祝愿。起初用手和碗泼水，后来便用盆和桶，边泼边歌，鼓声、锣声、泼水声、欢呼声响成一片。泼水节期间，还要举行赛龙船、放高升、放飞灯等传统娱乐活动和各种歌舞晚会，歌舞晚会通常有当地特色的孔雀舞与象脚鼓舞。人们通过这些娱乐与歌舞来祈福，希望能把过去一年的灾难和疾病送走，在新的一年里风调雨顺、五谷丰登、人畜兴旺。

2. 关门节

关门节傣语叫"进洼"，意为佛祖入寺，是云南傣族传统宗教节日，每年傣历九月十五日（农历七月中旬）开始举行，历时3个月。

3. 开门节

开门节，亦称"出洼"，傣语为"豪瓦萨"，是我国信奉小乘佛教的傣族、布朗族、德昂族和部分佤族的传统节日。流行于云南地区，源于古代佛教雨季安居的习惯，类似于中原佛教的解复。时间在傣历十二月十五日（约在农历九月中）。

（二）婚俗

傣族青年男女谈恋爱的方式很多。傣族泼水节、赛龙船、"赶摆"等时节盛行一种叫"串卜少"的活动，即未婚的小伙子在节日或集会等场合，寻找未婚姑娘谈情说爱。

傣族的婚礼，民间称为"金欠"，含结婚宴请之意。婚期只能定在每年的开门节至关门节（傣历十二月十五日以后，至次年九月十五日以前）这段时间，婚礼以新郎新娘祝福、拴线为主要内容。

成婚仪式在新娘家举行，届时要杀猪、杀鸡（有的人家还宰牛），备办丰盛的酒席宴请亲朋好友和本寨父老乡亲。举行婚礼之日，主婚人拿起一条长长的白线，从左至右缠在新娘、新郎的肩背，将白线两端搭在"茂欢"（直译为魂桌）之上，表示将一对新人的心拴在一起。然后再拿两缕白线，分别缠在新郎、新娘的手腕上，祝愿新婚夫妇百年好合、无灾无难。在座的长者也各拿两缕白线，分别拴在新郎、新娘手上。拴完线后，婚仪基本结束，婚宴开始，新郎、新娘向宾客敬酒致意。

专题四　西北地区部分少数民族民俗文化

一、回族

回族是中国分布最广的少数民族，全民信仰伊斯兰教，在居住较集中的地方建有清真寺，又称礼拜寺。回族是中国少数民族中人口较多的民族之一，主要聚居于宁夏回族自治区，在甘肃、新疆、青海、河北、河南、云南、山东也有不少聚居区。

（一）回族的经济民俗

1. 回族的饮食民俗

回族饮食具有代表性的是全羊席、涮锅子等。

回族在长期的生活实践中,能用羊头、羊肉、羊肚等做出品种繁多的羊肉菜肴。早在清代就已经盛行全羊大菜,也叫全羊席。"全羊席"是规格最高的宴席。"全羊席"都是用羊肉烹制的色、香、味、形各不同的菜肴。

回族的涮羊肉,闻名于海内外,是一种高级待客佳肴。回族也称其为涮锅子。吃涮羊肉能激发人们欢乐愉快的情绪,促进食欲。客人和主人围坐在火炉旁,边品尝边叙谈,肉香意浓。一般在涮锅子里加进姜片、羊尾油或海米、鲜蘑菇后,待汤开时将肉片用筷子夹住放入汤中涮几下即可食。时间长了,就把肉涮老了,时间短了会夹生,要涮到不老不生,恰到好处。当肉片吃腻时可夹蔬菜涮一下解腻,涮完之后,汤可以泡馍,也可以喝。

2. 回族的生产民俗

回族人民主要从事手工业并经商,具有经商的意识,掌握了许多经商的本领,并积累了很多经验,形成了许多世代传承的经商习俗。

(二)回族的社会民俗

1. 礼仪民俗

回族的礼仪习俗包括从生到死的若干重大阶段的人生礼仪和生活礼仪。人生礼仪主要有诞生礼、命名礼、满月礼、百日礼、抓周礼、割礼、婚礼、丧礼等;生活礼仪如见面礼、待客礼等。

2. 游艺民俗

回族的民间歌谣主要通过生产劳动和社会生活传承。从内容上看,有劳动歌、时政歌、生活歌、情歌、儿歌等,内容极其丰富;从形式上看,由于回族分布在全国各地,受汉民的文化习俗影响,有夯歌、劳动号子、信天游、五更调、四季调、十二月调等。在这些歌谣中,最具有回族特色的是"花儿",特别是甘肃、青海、宁夏、新疆一带的回族,有手搭耳面对青山唱"花儿"的习惯。

"花儿"又名"少年",是回族人民所喜爱的一种民歌。"花儿"发源于回族聚集的甘肃省的回族自治州县和宁夏回族自治区,这里素有"花儿的故乡"之美称,不仅回族人民,居住在这一带的汉、保安、东乡、撒拉、土等民族人民也喜爱这种山歌,后来"花儿"由甘肃发展到青海、新疆一带,而且也大都在回族当中演唱。例如,宁夏的山花(又叫干花儿),多在回族群众中传唱,所以,现在人们提起"花儿",习惯称作"回族花儿"。"花儿"经过数百年的发展渐变,现在已经形成河州"花儿"、莲花山"花儿"、青海"花儿"等不同的流派和风格。

3. 工艺民俗

回族由于受伊斯兰教文化艺术的影响,其民间刺绣工艺广泛流传,且其独特的风格受到人们的青睐。在回族聚居区,特别是山区,回族姑娘们常常以刺绣比聪明、争巧手、看本事,视刺绣为一种吉祥的艺术情趣。鞋头、袜底、鞋垫、坎肩、经挂、裹肚、香包、缠腰、枕顶、枕套、帽檐、耳套、荷包、围裙、盖头、褥面等用品上刺绣着各种花纹和图案。

除此之外,回族的地毯编织艺术同样形式新颖、图案美观,特别是礼拜用的拜毡,画面一般都是克尔白,周围是几何图形,别具一格。

二、维吾尔族

在维吾尔族传统节日中,以过"古尔邦"节最为隆重,届时家家户户都要宰羊、煮肉、赶制各种糕点等。屠宰的牲畜不能出卖,除将羊皮、羊肠送交清真寺和宗教职业者外,剩余的用作自食和招待客人。肉孜节意译为"开斋节"。按伊斯兰教教规,节前一个月开始封斋,即在日出后和日落前不准饮食,期满30天开斋,恢复白天吃喝的习惯。开斋节前,各家习惯炸馓子、油香,烤制各种点心,准备节日食品。节日期间人人都穿新衣服,戴新帽,相互拜节祝贺。节日期间杀羊或骆驼,到清真寺去做聚礼,唱歌跳舞,并举行赛马、叼羊和摔跤等活动。

专题五　中南地区部分少数民族民俗文化

一、壮族

(一) 节日民俗

壮族几乎每个月都有节日。其中,春节、三月三、七月十四是壮族最重要的节日,另外有四月初八、端午节、六月初六、七月初七、中秋节、重阳节、冬至日等节日。

1. 三月歌圩节

农历三月三又称"三月三歌节"或"三月歌圩节",是壮族的传统歌节。相传是为纪念壮族歌仙刘三姐而设,故又称歌仙节。这一天壮族人们赶歌圩,搭歌棚举办歌会,青年男女们对歌、碰蛋、抛绣球,谈情说爱。歌节一般每次持续两三天,地点在离村不远的空地上,用竹子和布匹搭成歌棚,接待外村歌手。对歌以未婚男女青年为主,但老人小孩都可旁观助兴。小的歌圩有一两千人,大的歌圩可达数万人之多。届时摊贩云集,民贸活跃。通过对歌,如果双方情投意合,就互赠信物,以此定情。此外,还有抛绣球、碰彩蛋等有趣的活动。抛绣球主要是娱乐,也作定情信物。当姑娘看中某个小伙子时,就把绣球抛给他。碰彩蛋是互相取乐承欢,亦有定情之意。歌节是民族的盛会,也是弘扬民族文化的盛会。1985年,广西壮族自治区人民政府将三月三定为广西的民族艺术节。

2. 牛魂节

牛魂节又称牛生日、牛王节、开央节、牛王诞、脱轭节,是壮族的传统节日。多在每年农历四月初八举行,也有在六月初八或八月初八举行的。传说这一天是牛的生日。壮族人有敬牛、爱牛的传统,在每年过牛魂节时更是表露无遗。

壮族人认为牛魂节一到,人放犁,牛脱轭,主人家要用亲自酿制的甜酒和用植物汁液染成的五色糯米饭来喂牛。这一天,要清扫牛栏,给牛洗刷身体,敲鼓助兴。这一天是绝对不能打牛的,如果打了牛,就会把牛魂惊跑,对农事大为不利。

(二) 婚俗

壮族青年男女自古便有对歌求爱的习俗,每年在正月、三月、四月、十月的一些日子中定期举行山歌对唱。

二、土家族

(一) 节日民俗

1. 牛王节

每年的四月十八日,是土家族的牛王节。这天各地都要举办牛王节歌会,搭起歌台,将牛头像悬挂在歌台中央,以歌颂牛的功德。牛王节十分热闹,各家各户提前一天将牛梳洗干净,喂精饲料,角上系一朵大红花,一早牵着去赶歌会,同时,也借此机会展示自家喂的牛健壮。传说很久前,牛是天上的神牛,看到人间日子苦,终日劳作,仍吃不饱,就悄悄盗了仙谷给人间,这事让守谷神发现了,告到玉帝那里,玉帝一气之下将神牛打下凡间,让它跟人一道吃苦受罪。从那以后,牛就陪伴人们耕田了。人们不忘神牛盗仙谷之恩,就将"仙谷"改为"盗谷",日后又将"盗谷"改为"稻谷"。神牛盗仙谷的时间是农历四月十八日。土家人就将这天定为"牛王节",以各种形式予以庆祝,这便是牛王节的来历。

2. "嫁毛虫"节

四月初八日是"嫁毛虫"节,又称"敬婆婆神"。届时,家家用红纸两条,分别写着"佛生四月八,毛虫今日嫁,嫁出深山外,永世不归家"等字句,交叉成一"×"字,贴在堂屋左侧中柱上面,以为此举可以驱除虫害,四季平安。

3. 五月节

农历五月初五,有些地方俗称五月节,民间的风俗是做粽子,挂香包,挂菖蒲、艾蒿,烧艾条,到江边祭祀鬼神;公众性的活动则是一年一度的龙船竞渡。五月节实际就是中国传统的端午节,亦称"龙舟节""端阳节"。端午之"端"字为"月之初";五月、五日自唐以来称"午月""午日",故五月五日被称为"端午";既然是两个"午",故又被称作"重午";再者,由于古人把午时称作"阳辰",所以又称"端阳"。

4. 赶年节

赶年节是土家族传统节日,以"赶年"最为隆重。土家人过大年时间比汉族提前一天,小月为腊月二十八,大月为二十九。提前的原因有几种传说。其中说是为了抗倭寇打仗而提前。在明嘉靖年间,其先民随胡宗宪征倭。于十二月二十九大犒将士,除夕倭寇不备,大捷,后人沿之,遂成家风。关于抗倭立功,符合历史事实,《明史》有载。过赶年节要作糯米粑,杀猪祭祖、煮酒。除夕之夜还要"守年""抢年",即吃过团圆饭后,手执吹火筒在房前屋后转一圈,名曰"出征",有的手持猎枪上山走一趟曰"模营",以纪念先人。虽提前一天"赶年",大年三十晚上还照样过除夕。有的地方是"初一拜家神,初二拜丈人,初三初四拜友邻"。除此之外还有各种文娱活动,如"玩龙灯""荡秋千""踩高跷""唱傩戏"等。

5. 女儿会

"女儿会",又名恩施土家女儿会,是恩施土家族特有的风俗习惯,也是男女青年谈情说爱的盛会,被誉为东方情人节或土家情人节。

6. 六月六

绝大部分土家族都将六月六称为"晒龙袍",与汉族称谓基本相同,但节日传说截然不同。关于六月六来源的传说很多,其中最广泛的说法是:这一天是湖南茅岗土司王覃篨蒙难之日。土家族人将覃篨血染的战袍洗净晒干,立庙祭祀,谓之"晒龙袍"。从民间传说看,六月六是土家族的一个重要的纪念性节日。

(二) 婚俗

土家族的婚姻状况,一般也是经过了原始群婚制、对偶婚制到一夫一妻制的演进过程。

三、黎族

(一) 节日民俗

黎族的节日与其历法有着密切的关系。新中国成立前,黎族的节日在邻近汉族地区和黎汉杂居地区大多都用农历,节日与汉族相同。就黎族来说,过得最隆重和最普遍的节日是春节和"三月三"。

1. 春节

在黎族地区,春节一般从正月初一一直过到十五。届时,各家各户清扫庭院,修整"船形屋",贴红对联,洗刷衣服器具,舂米和包粽子,在房门、藤萝、耕牛角等处贴上红纸,以示吉祥。大人们为小孩备鞭炮,买烟花,男女老少穿新衣。大年初一清早黎族人要互相拜年,在外面见面时要相互道贺"恭喜恭喜,年年丰收,年年幸福"。小孩子向大人拜年,以获得糖果、糕点、粽子和压岁钱。有的地方则仍按照传统习惯,从大年初一开始,男人集体狩猎,猎获物全村人共同享受。

2. 三月三

农历三月初三是黎族人民最隆重、最热闹的传统节日,黎族人民通过三月三的传统来纪念本民族的祖先和英雄人物。节日当天,各村寨都要举行祭祖仪式,青年男女盛装打扮,聚集在一起,各自以对歌的形式相邀族外的意中人。入夜,篝火燃起,人们尽情游戏娱乐。天快亮时,恋爱中的男女依依惜别,互送定情信物,相约来年"三月三"相会。除了歌谣对唱外,还有打柴舞、荡秋千、土枪射击、射箭、摔跤等娱乐活动。

(二) 婚俗

黎族实行一夫一妻制,为父系小家庭,儿女成年后即住在屋外的"寮房"里。黎族男女一般到十三四岁时就可以放寮(男女幽会之意)。寻找放寮对象,一般男子采取主动,以吹奏乐器、唱歌表达自己的感情。若双方有爱慕之心,情投意合,男方便送一些礼物和钱币、布料给女方。放寮中所生子女,丈夫必须承认,不受任何歧视。通过放寮,若双方愿结为夫妻,男方便托姨母或嫂子去说亲。求亲时,盒子里装上槟榔送给女方,女方父母若是开盒拣出一枚,便是允婚。所以,女方定亲也有吃"某某槟榔"之说,俗称"吃物定亲"。盛行婚后"不落夫家"的风俗。

专题六 东北地区部分少数民族民俗文化

一、满族

(一) 节日民俗

满族的许多节日均与汉族相同。主要有春节、元宵节、二月二、端午节和中秋节。节日期间一般都要举行珍珠球、跳马、跳骆驼和滑冰等传统体育活动。除了传统节日外，满族还有自己的节日——颁金节。

颁金节是满族"族庆"之日，以纪念皇太极正式改族名为满。1989年10月，在丹东"首届满族文化学术研讨会"上，正式把每年的12月3日定为"颁金节"。各地满族同胞在农历十月十三日满族命名日自发地举行纪念活动，以示纪念满族的诞生。

（二）婚俗

满族婚姻由父母包办，看重彩礼。请媒人说亲，前后需三次，每次需携带一瓶酒，故有"成不成，酒三瓶"的说法。结婚前一天，送亲的要喝"迎风酒"。新娘由伴娘陪伴，到男方家附近预先借好的住处下榻，俗称"打下墅"，结婚当天由男方在下榻处迎娶新娘。这种风俗源于历史上清朝军队多年征战，长年不归，满族姑娘赴军营完婚，需先在军营附近借房暂住，久而久之，便成风俗。现此俗已变，而改为在女方家迎娶。其洞房布置与迎娶过程略与汉族相同。

（三）礼节与禁忌

满族人有"儿媳敬公婆，姑爷为上客，狗肉不准吃，西炕不准坐"的风俗习惯。满族人以西为贵，西墙上都有祖宗牌和神位，不准在此挂衣物，张贴年画，也忌讳来客坐在西炕。在祭祀和悼念中，全家老少不准哭泣，不准说不吉利的话，不准外人带牲畜进院，也不准手持鞭子进家，更不欢迎戴孝之人来访。满族人不吃马肉和狗肉，尤其不准打狗或者用狗皮制作皮帽、皮衣、皮褥子，他们也不欢迎穿戴狗皮衣帽的客人来访。

二、朝鲜族

（一）节日民俗

朝鲜族的节日与汉族基本相同。除春节、清明节、中秋节外，还有4个家庭节日，即岁首节、婴儿生日节、"回婚节"（结婚六十周年纪念日）、"回甲节"（六十大寿）。

1. 岁首节

即朝鲜族的春节。能歌善舞的朝鲜族人民的岁首节活动丰富多彩。除夕时全家守岁通宵达旦，古老的伽倻琴和洞箫的乐曲声，将人们带入一个新的境界。节日期间，男女老少纵情歌舞，压跳板、拔河等。竞赛场上，热闹非凡，人们扶老携幼争相观看。正月十五夜晚，举行传统的庆祝集会，有几位老人登上木制的"望月架"，以先看到明月为福，意味着他的儿孙健康、万事如意。随后，大家围着点燃的"望月楼"，随着长鼓、洞箫、唢呐乐曲声载歌载舞直到尽兴。

2. 婴儿生日节

即婴儿周岁生日节。在朝鲜族的人生礼仪中，婴儿的一周岁纪念日最受重视，庆祝活动非常隆重。婴儿的妈妈先把自己打扮得漂漂亮亮，再给孩子穿上一套精心制作的民族服装，然后把孩子抱到已准备好的生日桌前。桌子上会摆放一些打糕、糖果、食品、笔、书、小枪等带有象征意义的东西。客人到齐后，婴儿的妈妈就叫孩子从桌子上五花八门的东西中随便拿自己喜欢的中意之物。当孩子伸手从桌子上拿一样东西时，客人们就欢腾起来，说一些祝福的话，类似汉族的"抓周"。有的地方还有老人给孩子脖子上套一团素白色线的习俗，以希望孩子像雪白的线团那样做一个洁白的人，能像长长的线那样长寿。

3. 回婚节

在朝鲜族的家庭节日中，最隆重的节日是回婚节，亦称归婚节，即结婚60周年纪念日。举行回婚节必须具备如下三个条件：一是老两口都健在；二是亲生子女都在世；三是孙子孙女无夭折。如果亲生子女或孙子孙女中有死亡者，则不能举行。因此，谁家能举办回婚节，那是种很大的荣耀，亲朋好友都要前来祝贺。一对老人穿上年轻时的结婚礼服，相互搀扶着入席，大家频频举杯祝福，比年轻人的婚礼更为热闹隆重。

4. 回甲节

朝鲜族自古就有尊敬老人的优良传统，回甲节和回婚节就是特为老人们设立的节日。所谓"回甲"是指60岁以上的老人。过节这天，朝鲜族乡村一片喜庆，老人们身穿节日服装，接受晚辈、亲朋和邻居们的祝福。家中也要准备丰盛的佳肴，为老人祝贺节日。有的地方还在这一天表彰家庭和睦的老年夫妇和孝顺的儿媳。

（二）婚俗

朝鲜族的婚姻奉行一夫一妻制。按照传统习惯，近亲、同宗、同姓不能通婚。"男主外，女主内"是一种普遍习俗。

朝鲜族婚礼的仪式比较复杂，婚礼一般分两次进行：先在新娘家举行，后在新郎家举行。在新娘家举行谓之"新郎婚礼"，在新郎家举行谓之"新娘婚礼"。新郎婚礼一般要按奠雁礼、交拜礼、房合礼、席宴礼等顺序进行。新郎在新娘家住三日后，便独自回家，随后新娘等待选定的吉日再被迎接到新郎家，新郎家也照样摆设醮礼厅，为新娘摆喜筵，第二天新娘同丈夫家的人相认、施礼，被请去招待，至此，婚礼才告结束。

三、蒙古族

（一）节日民俗

蒙古族传统节日丰富多彩，著名的节日有白节、那达慕等。

1. 白节

相当于汉族的春节，亦称"白月"。蒙古族崇尚白色，据说与奶食的洁白有关，含有祝福吉祥如意的意思。节日的时间与春节大致相符。白节那天，全家老少穿上节日盛装，欢聚一堂，吃手扒肉，也要包饺子、烙饼，拜贺新年，彻夜不眠。通常全家老少先拜祖先，然后晚辈向长辈依次献哈达、敬酒、礼拜。凌晨，全家老少以及族人走到蒙古包外，在长者的主持下举行向长生天祈祷仪式。初一的早晨，晚辈要向长辈敬"辞岁酒"。意大利旅行家马可·波罗在他的游记中，对此做了非常详细的描绘。

2. 那达慕

"那达慕"大会是蒙古族历史悠久的传统节日，每年七八月间在牲畜肥壮的季节举行。"那达慕"，蒙古语是"娱乐"或"游戏"的意思。"那达慕"大会上有赛马、摔跤、射箭，还有棋艺、歌舞等。男女老少乘车骑马，穿着节日的盛装，不顾路途遥远，都来参加或观看比赛。大会又是农牧物资交易会。除了工业和农副产品外，还有具有民族特色的饮食，如牛羊肉及其熏干制品、奶酪、奶干、奶油、奶疙瘩、奶豆腐、酸奶等。

（二）婚俗

蒙古族婚姻仪式以鄂尔多斯婚礼最为精彩，已经流传了700多年，至今保留着古老的风格和情趣。鄂尔多斯婚礼有哈达定亲、佩弓娶亲、拦门迎婿、献羊祝酒、求名问庚、卸羊脖子、分发出嫁、母亲祝福、抢帽子、圣火洗礼、跪拜公婆、掀开面纱、新娘敬茶、大小回门等一系列特定的仪式程序和活动内容。这些现已成为一种礼仪化、规范化、风俗化和歌舞化的民俗文化现象。

(三) 禁忌

蒙古族人骑马、驾车接近蒙古包时忌重骑快行，以免惊动畜群；若门前有火堆或挂有红布条等记号，表示这家有病人或产妇，忌外人进入；客人不能坐西炕，因为西面是供佛的方位；忌食自死动物的肉和驴肉、狗肉、马肉等；办丧事时忌红色和白色，办喜事时忌黑色和黄色；禁止在参观寺院经堂、供殿时吸烟、吐痰和乱摸法器、经典、佛像以及高声喧哗，也不得在寺院附近打猎。

1. 火忌

蒙古族崇拜火、火神和灶神，忌在火盆上烘烤脚、鞋、袜和裤子等。不得跨越炉灶，或脚蹬炉灶，不得在炉灶上磕烟袋、摔东西、扔脏物。

2. 水忌

蒙古族认为水是纯洁的神灵。忌讳在河流中沐浴，或者将不干净的东西投入河中。

知识拓展

中国（抚顺）满族风情国际旅游节

立秋之日，暑去凉来。8月8日，2019中国（抚顺）满族风情国际旅游节新闻发布会暨启动仪式于在辽宁友谊宾馆会议中心举行。本届旅游节筹划了24项系列主题活动，从8月8日起至10月17日，将陆续精彩呈现。

今年满族风情旅游节将举办"花开中国魅力抚顺"中国·抚顺第九届中韩文化周暨2019年抚顺市朝鲜族民俗节、夏季文化广场系列活动和2019新抚区满族风情琥珀（煤精）非遗文化展等3项文化活动。旅游活动也热闹非凡，共举办12项精彩纷呈的主体活动，其中将在月牙岛生态公园举行灯光水舞秀，在热高乐园景区举办热高8周年系列庆典活动，在皇家海洋乐园景区举办童趣海洋·触摸不一样的欢乐活动、小小记者开放月活动、海洋文化节活动，在新宾满族自治县北四平乡冯家村举行第五届蓝莓采摘节，在望花区"红"字号单位开展走红色旅游路线活动，在猴石国家森林公园举行《七巧节》和第三届收山节，在清原满族自治县南口前镇岗山花海景区举行清原第五届岗山生态户外旅游节，在皇顶山森林公园举行2019金秋采摘旅游节，还有红河峡谷漂流旅游节、热高乐园戏水狂欢节、金秋红叶节，将陆续在各县区精彩展现。其间，抚顺市文化旅游和广播电视局还将举办京津冀、粤港澳大湾区、长三角东部城市群知名旅行商——抚顺行活动，抚顺市重点景区和旅行社将与域外旅行商达成丰硕合作成果。

另外，旅游节期间还将举行辽宁省第六届三块石国际登山活动、2019年中国山地自行车联赛总决赛、辽宁省青少年足球比赛（男子）、抚顺市第五届广场健身舞大赛、全国飞镖邀请赛和中韩国标舞大赛等6项体育活动，以及天湖国际啤酒节、2019乡村美食节和"己亥年抚顺启运千台春酒业有限公司四百周年封坛大典"等3项美食活动。

本届旅游节四大特点：

一、主题突出。本届旅游节以"文旅融合全域发展"为主题，以新闻发布会的形式启动旅游节代替往届的开幕式环节。

二、模式转变。本届旅游节注重从广场活动向市场办节转变。

三、塑造品牌。本届旅游节将围绕建国70周年和抚顺文化、旅游、体育三大产业开展丰富多彩的文体旅活动，通过系列活动着重宣传推介抚顺特色文化旅游品牌，即：悠久的清前史迹、浓郁的满族风情、永恒的雷锋精神、厚重的工业文明、梦幻的冰雪世界、神奇的天女木兰、欢乐的热高乐园、激情的红河峡谷。

四、引客入抚。本届旅游节将以活跃广大群众文化生活为主线，以国家、省、市媒体和自媒体宣传推广为手段，重点开发京津冀、粤港澳大湾区、长三角东部城市群客源市场，实现引客入辽、引客入抚的目标。

抚顺是著名的历史文化名城，更是发展潜力巨大的旅游城市，在辽宁旅游业发展中具有重要地位。转眼间，中国（抚顺）满族风情国际旅游节已成功举办了19届，从1999年9月16日成立之日起，这项重大的城市节庆活动就伴随着抚顺旅游一起成长壮大，走过了二十个春秋。今年已是桃李年华，现已成为国内知名的节庆活动品牌和发掘地域文化、传播城市精神、对外交流合作、推进旅游产业发展的一个重要的平台。

（资料来源：《中国日报》）

学生讲坛

1. 由学生对上面所学内容进行复述、总结与拓展。
2. 查阅关于民族民俗资源开发与利用的资料，思考如何开发和保护民俗旅游资源。

注：鼓励学生课外自查资料。建议在该知识讲授结束时布置，在下一次课开始时进行。

项目小结

中国地域广大、民族众多，各个地区的文化水平和生活习惯又不尽相同，所以在服饰、饮食、建筑形式、婚丧嫁娶、待客礼仪、节庆游乐、民族禁忌等方面都各具特色，形成了我国丰富多彩的民俗文化景观。学生通过本章学习，能够丰富知识、开阔视野，了解我国民俗旅游开发的丰富资源。

同步测试

1. 民族民俗文化的分类与特点有哪些？
2. 我国各主要少数民族有哪些禁忌？
3. 在旅游开发的过程中，如何合理利用民俗文化提升旅游的文化品位从而产生最大的经济效益？

延伸阅读

中国文化遗产研究院：http://www.cach.org.cn/
中国民俗：http://www.chinesefolklore.com/

项目七

旅游饮食文化

学习目标

知识目标：
1. 了解中国饮食文化的发展过程及其基本特征。
2. 熟悉中国酒的发展过程及其酒文化。
3. 掌握中国茶的形成和发展，理解中国茶道精神及茶艺。
4. 掌握中国菜系文化的形成、内容及主要特点。

技能目标：
1. 能运用饮食文化知识，讲解当地的特色饮食文化，为游客提供优质服务。
2. 能运用饮食文化知识，对地方饮食文化资源进行开发。

素质目标：
1. 具有丰富的饮食文化知识，提升对饮食文化的审美品位。
2. 对中国饮食文化进行传承和创新的意识。
3. 通过合作探究，培养团队意识和合作精神。

旅游情景

中国菜名里面的文化拾趣

中国菜一向为世人所钟爱，其菜名也有学问。厨师给菜肴命名时，有点像作家撰文著书时的命题，深思熟虑，让人一看菜名便可窥出菜肴的特色或全貌。

以数字为首的菜名：一品天香、二度梅开、三色龙凤、四宝锦绣、五彩果味、六君闹市、七星豌豆、八仙聚宴、九转肥肠、十味鱼翅等。

以动物为主料的菜名：美食蟹、龙虎斗、金蛇宴、发财玉兔、北京烤鸭、麻皮乳猪、金都贵妃鸡等。

以水果命名的菜名：榴梿蛋挞、凤梨猥包、拔丝地瓜、山楂太极盏、杏奶小金猪等。

蕴含逸闻掌故的菜名：彩蝶纷飞、一掌定山河、太史五蛇羹、孔雀东南飞、霸王披金甲等。

表示象征吉兆的菜名：步步登高、发财到手等。

套用成语的菜名：游龙戏凤、花好月圆、龙凤呈祥、碧血丹心等。

（资料来源：天天营养网）

学生分析与决策

结合案例，说一说你对中国饮食文化的认识。

知识研修

专题一 饮食文化概述

饮食是人类赖以生存和发展的第一要素，人类文明始于饮食。饮食文化随着人类社会的形成而发展，随着人类社会的发展而进步，超越了单纯的生理需要，不断丰富着自身的内涵，成为社会文化生活中的重要内容，是人们物质生活和精神生活的一个部分。中国饮食文化历史悠久，源远流长，博大精深，具有鲜明的民族性和地域性，是中华民族文化宝库中一颗璀璨的明珠，也是中国旅游开发中的宝贵旅游资源。

一、饮食文化的定义

饮食文化是以饮食为核心的文化现象，指人们在日常生活中的饮食行为和习惯，主要包括食物本身的属性，制作过程和仪式，用餐的器具、环境、礼仪和风俗等。

二、中国饮食文化的基本内涵

中国人讲吃，不仅仅是一日三餐，解渴充饥，它往往蕴含着中国人认识事物、理解事物的哲理。一个小孩子生下来，亲友要吃红蛋表示喜庆。"蛋"表示着生命的延续，"吃蛋"寄寓着中国人传宗接代的厚望。孩子周岁时要"吃"，十八岁时要"吃"，结婚时要"吃"，到了六十大寿，更要觥筹交错地庆贺一番。这种"吃"，表面上看是一种生理满足，但实际上"醉翁之意不在酒"，它借"吃"这种形式表达了一种丰富的心理内涵。吃的文化已经超越了"吃"本身，获得了更为深刻的社会意义。

通过中西交流，我们的饮食文化又出现了新的时代特色。除色、香、味、形外又讲究营养，这就是一种时代进步。十大碗八大盘的做法得到了改革，这也是十分可喜的。但是，中国饮食文化在与世界各国文化碰撞中，应该有一个坚固的支点，这样它才能在博采众长的过程中得到完善和发展，保持不衰的生命力。这个支点就是优秀传统文化特质，也就是中国饮食文化需要探索的基本内涵。

因此，对于中国饮食文化基本内涵的考察，不仅有助于饮食文化理论的深化，而且对于中国饮食文化占据世界市场也有着深远的积极意义。中国饮食文化的深层内涵可以概括成四个字：精、美、情、礼。这四个字，反映了饮食活动过程中饮食品质、审美体验、情感活动、社会功能等所包含的独特文化意蕴，也反映了饮食文化与中华优秀传统文化的密切联系。

（一）精

精是对中国饮食文化的内在品质的概括。孔子说过："食不厌精，脍不厌细"。这反映了先民对于饮食的精品意识。当然，这可能仅仅局限于某些贵族阶层。但是，这种精品意识作为一种文化精神，却越来越广泛、越来越深入地渗透、贯彻到整个饮食活动过程中。选料、烹调、配比乃至饮食环境，都体现着一个"精"字。

（二）美

美体现了饮食文化的审美特征。中国饮食之所以能够征服世界，其中一个重要原因就是它美。这种美，是指中国饮食活动形式与内容的完美统一，是指它给人们带来的审美愉悦和精神享受。首先是味道美。孙中山先生讲"辨味不精，则烹调之术不妙"，将对"味"的审美视作烹调的第一要义。《晏氏春秋》中说："和如羹焉。水火醯醢盐梅以烹鱼肉，燀之以薪，宰夫和之，齐之以味。"讲的也是这个意思。美作为饮食文化的一个基本内涵，它是中国饮食的魅力之所在。美贯穿在饮食活动过程的每一个环节中。

（三）情

这是对中国饮食文化社会心理功能的概括。吃吃喝喝，不能简单视之。它实际上是人与人之间情感交流的媒介，是一种别开生面的社交活动。一边吃饭，一边聊天，可以做生意、交流信息、采访。朋友离合，送往迎来，人们都习惯于在饭桌上表达惜别或欢迎的心情；感情上的风波，人们也往往借酒菜平息。这是饮食活动对于社会心理的调节功能。过去的茶馆，大家坐下来喝茶、听书、摆龙门阵，实在是一种极好的心理按摩。中国饮食之所以具有"抒情"功能，是因为"饮德食和、万邦同乐"的哲学思想和由此而出现的具有民族特点的饮食方式。

对于饮食活动中的情感文化，有个引导和提升品位的问题。我们要提倡健康优美、奋发向上的文化情调，追求一种高尚的情操。

（四）礼

礼是指饮食活动的礼仪性。中国饮食讲究"礼"，这与我们的传统文化有很大关系。生老病死、送往迎来、祭神敬祖都是礼。《礼记·礼运》中说："夫礼之初，始诸饮食。"《三礼》中几乎没有一页不曾提到祭祀中的酒和食物。礼指一种秩序和规范，座席的方向、箸匙的排列、上菜的次序……都体现着"礼"。我们谈"礼"，不要简单地将它看作一种礼仪，而应该将它理解成一种精神，一种内在的伦理精神。这种"礼"的精神，贯穿在饮食活动过程中，从而构成中国饮食文明的逻辑起点。

精、美、情、礼，分别从不同的角度概括了中国饮食文化的基本内涵。换言之，这四个方面有机地构成了中国饮食文化的整体概念。精与美侧重于饮食的形象和品质，而情与礼，则侧重于饮食的心态、习俗和社会功能。但是，它们不是孤立存在的，而是相互依存、互为因果的。唯其"精"，才能有完整的"美"；唯其"美"，才能激发"情"；唯有"情"，才能有合乎时代风尚的"礼"。四者环环相生、完美统一，便形成中国饮食文化的最高境界。我们只有准确地把握"精、美、情、礼"，才能深刻地理解中国饮食文化，从而才能更好地继承和弘扬中国饮食文化。

三、中国饮食文化的发展过程

饮食文化是随着人类社会的出现而产生的,又随着人类物质文化和精神文化的发展而不断形成自己丰富的内涵。关于饮食文化的起源,目前说法不一。有人依据黄帝制造釜甑、教民建灶蒸谷的传说,认为他是烹饪的始祖;有人认为燧人氏"钻木取火,以化腥臊",是他揭开了烹饪史的第一页;还有人认为伏羲氏"结网罟,以教佃渔",应为中国烹饪的始祖。其实,古籍中的这些记载都是后人追记的,而且常常涂上一层神话色彩,也难免把一个时代或者一个氏族部落的某些创举集中到一个人身上。

人类原始的采集野果、捕获动物只是为了果腹,是为了充饥保体,古籍记载反映的也不过是从茹毛饮血到熟食的转化,还谈不上人类有意识的烹调的艺术。用科学眼光来看,饮食活动的产生应该是从人类吃熟食开始的。随着人类社会生产力的不断发展,剩余产品日渐丰富,社会分工日益扩大,饮食活动成了人类的一种有意识的行为,并逐步形成周期性的惯制,进而创造出了一系列与饮食相关的思想观念和行为体系,从而渐渐演变成一种艺术、一种文化。

大约在1万~4万年前,人类发明了烧石传热熟物的石烹法,这是最原始的烹调方法。原始人类或把食物直接放在火上烤熟,或把食物放在石板上加热石板烤熟而吃,这在北京周口店的考古中得到证明。到了新石器时代,中国社会进入了陶器时期,人们以陶器为炊具,或用陶鼎煮肉,或用陶鬲煮谷,或用陶甗汽蒸食物。陶制炊餐具的使用,促进了原始烹饪的发展,标志着人类正式进入了烹调时代。

夏、商、周三代到秦统一中国,是我国烹饪史上一个极其重要的阶段。随着生产力的飞跃,社会生活的各个方面发生了深刻的变化。中国自夏代以后,已进入青铜器时代。人们开始用铜制炊具,将原料改成小块,使用动物油烹制菜肴,这就使烹饪又进步到油烹法。这时豪门贵族吃饭时要奏乐击钟,用鼎盛装着各种珍馐美馔,即所谓的"钟鸣鼎食"。我国饮食文化的基本程式,就是在这个时期初步定下的。从历史的角度来看,先秦时期的饮食和原始社会时期相比有了极大的进步,如食物范围日益扩大,烹饪器具不断发展,烹饪方法有所进步,烹饪制度、饮食文化初步形成等。

汉代的饮食品种和烹饪水平都较前朝有了长足的发展。汉代以后,铁器逐渐取代铜器,植物油开始登灶入馔,已掌握了炖、煮、炒、煎、酱、腌、炙等烹调方法,对食品原料也十分讲究,烹饪操作的技术分工已趋成熟,这可以从山东出土的《庖厨图》、"厨夫俑"中得到证明。《庖厨图》描绘了一套前后连贯的烹饪制作过程的宏大场面,图中刻绘的人物个个忙碌,各司其职,从上到下有6个层次,概括了从原料准备到加工处理等各个环节,分工层次明确,是汉代烹饪文化的有力表现。"厨夫俑"则是关于厨师形象的造型,从衣着装束看,几乎与如今的厨师不相上下,这说明当时厨师已形成一种职业。汉代张骞通西域后,大量引进了葡萄、西瓜、芝麻、菠菜、芹菜、大蒜、茴香等域外食品,使传统饮食在数量、质量、结构等方面都发生了变化。

魏晋南北朝时期是我国各族人民饮食文化大交流、大融合时期,加之受道教"长生不老"思想的影响,在食馔的内容和形式上多姿多彩,追求"医食同源""药食如一"的丰富多彩的烹饪方法。此时的食品种类几乎包括了现代绝大部分常用食物,贾思勰的《齐民要术》反映了当时食文化发展的高度。另外,魏晋以后饮茶之风开始兴起,南方吴国把茶作为宫廷饮料，贵族宴会，皆设茗饮。南朝时期，饮茶已经普及到平民百姓家庭。北朝时期，士大夫把饮茶作为"华夏口味"。

唐宋时期是我国饮食文化的全盛时期。商业和手工业的蓬勃发展，水陆交通的发达和城市的兴起促进了饮食业的发展。唐代是中国茶文化的形成时期，被后人称为"茶圣"的陆羽所著的《茶经》的问世，使中国茶文化进到一个新的境界，即由饮用变为品饮，由一种习惯、爱好升华为一种修养、一种文化。到了宋代，茶更成为人们生活的必需品，特别是宋代的瓷器食具还以其精美绝伦滋润着我国饮食文化。饮食文化生活成为文人士大夫重要的社交文化活动，文人们对饮食讲究美食、美味、美器、美境，强化了饮食文化的审美性质。

明清时期，饮食文化得到进一步的发展，内容更为丰富多彩。无论是宫廷饮食、贵族饮食和官府饮食，还是民族饮食、地方饮食和民间饮食都出现了蓬勃发展的趋势。特别是清朝统一全国后，饮食文化呈现出熔南北美食于一炉的特征，其典型代表是满汉全席的出现。满汉全席以其礼仪隆重、用料华贵、菜点浩繁、场面豪富而著称，是能与享有盛名的法式大餐媲美的中国名菜之一。

四、中国饮食文化的旅游吸引力

尽管目前饮食文化旅游的发展不很理想，但长远看，中国饮食文化旅游市场是一个充满生机和活力的大市场，蕴藏着巨大的市场潜力。

1. 注重产品文化内涵

文化是当今社会人们的一大追求，是旅游产品开发的灵魂。目前饮食文化旅游产品基本上以品尝佳肴为主，开发者往往忽视对中国几千年深厚的饮食文化传统的发扬，旅游者所看到的往往只是菜肴表面的色、香、味、形。因此，饮食文化旅游产品的开发应注重文化内涵，要特别注意把握产品的文化特色，在"文化"上做文章。

2. 突出当地特色

为迎合复杂多变的口味需要，各地纷纷引进外地菜肴，仿制其他地区的口味，以此来吸引更多的游客，增加经济收入。由于家家仿照，就难以把握原汁原味，从而使各大菜系纷纷串味，失去了原来的风味特色，失去了中国饮食文化独特的魅力。因此，饮食文化旅游产品的开发一定要立足于当地，保持本土化，突出地方特色。

3. 坚持可持续发展

坚持开发和保护并重，注重保护旅游生态环境是 21 世纪旅游产品开发最重要的原则。对于食品而言，从表面上看，似乎与生态资源的保护并没有太大的联系，而实际上，食品原料的采集很大程度上取决于当地良好的自然环境，保护好环境，才有可能拥有更多的原料提供给食品生产。

专题二　丰富多彩的食文化

中国食文化以其悠久的历史渊源、广泛的流传地域、众多的食用人口、卓越的烹调技艺、丰美的营养菜式、深蕴的文化内涵而享誉世界，成为人类饮食文化宝库中的明珠。

一、食文化的成因

中国是个素来重视饮食的国度，在几千年的文明演进中，形成了丰富多彩的食文化。

中国饮食悠久的历史，丰富的文化积淀，使中国赢得了世界"烹饪王国"的美誉，中国菜肴也跻身于世界四大名菜之列。与其他国家或民族的烹饪艺术相比，中国烹饪无论是在食料选取、烹饪技法上，还是在菜肴设计、调味的处理上，以及菜点的命名上，都有自己的特色。

首先就自然条件来看，中国地理环境优越，地大物博，气候变化多样，动植物品种繁多，为食料的选取提供了丰富多样的来源。

其次就历史条件来看，稳定、漫长的农业生活，重历史、重家族和重传统技艺（包括烹调、酿造等方面的技术）的传统，使"祖传"的烹饪手艺得以承继和补充。中国不分食的合家共餐的传统吃法，起着情感交流、维系家族与家庭团结的重要作用。

再次就政治条件来看，古代中国大一统的集权力量，把各地的美味佳肴荟萃到帝王贵族的餐桌上来，构成富丽多彩的宴席。中国的饮食文化是以士大夫阶级的生活为基础，以封建专制下的王公贵族为中介，尤以宫廷的饮膳为集中代表积累、保存、流传和发展而来的。中国帝王登峰造极的奢侈，也就是中国传统饮食文化的最高体现。

最后就文化条件来看，中国农业文化主张"食不厌精，脍不厌细"，认为食是人之"大欲""食为民天"，因此重食。众多的人口、丰富的物产和缓慢的生活节奏，决定了时间是最不值钱的。为了制作一桌丰盛的山珍海味宴席，不惜花费大量的人力和物力，精雕细刻，力求达到完美无瑕的地步，以供达官贵人享用。中国的食文化如同音乐、舞蹈、书法、绘画、戏剧一样，是中国数千年灿烂的民族文化遗产的重要组成部分，是宝贵的旅游资源，具有重要的旅游开发价值。

二、中国食文化的特色

中国食文化在漫长的历史发展过程中形成了极为鲜明的民族特色，主要表现在以下几个方面。

1. 五味调和是中国食文化最大的特色

中国食文化在烹调上无论是对品位的追求上，还是对菜肴的制作上都以五味调和为最高原则。五味调和的原则贯穿于中国食文化整体之中，是中国食文化的精髓。

五味调和首先是满足人们饮食口味的需要和选择食品原料的要求。五味，是指酸、甜、苦、辣、咸；五味调和是指这五种口味既有变化，又能搭配合理，保持和发挥食物的本味或真味。五味调和还要合乎时序，对食品原料的选择，不同时令有不同侧重。《礼记·内则》中就有"凡和，春多酸、夏多苦、秋多辛、冬多咸，调以滑甘"的说法，强调既要满足人们的口感需要，又要与四时变化和人的生理需求和谐一致。五味调和也是对烹调过程的要求。《吕氏春秋·孝行览第二》曾描述过这一过程和要求：五味谁先放后放，如何掌握时机，放多放少，如何调配才能合适，都很有讲究。在烹调过程中，锅中异常微妙的变化难以用语言说明白，关键在于烹饪者把握适当的"度"，使菜肴具有"久而不弊，熟而不烂，甘而不浓，酸而不酷"的上乘特色，其宗旨是将诸味中和成协调的有机体。

2. 追求色、香、味、形、器、境有机统一的美食观

中国食文化具有很强的审美功能，不仅仅追求五味调和之美，还有对色、香、味、形、器、境综合之美的偏好，这是中国食文化的审美文化特性。中国烹饪素有"吃的艺术""吃的美学"之称。在中国饮食中把色美放在首位，可见辨色对触动食欲的重要，孔子就提出

"色恶不食"，菜肴色彩搭配组合的优劣往往是筵席成功与否的关键。菜肴的香气，能引发人们品评菜点的欲望和动机，同时香的感受能够加深和促进人们对色与形的审美愉悦。饮食中的愉悦以"味"为主体，与色、香、形结合的美味是饮食审美感觉的高潮，"重味"是中国饮食文化区别于西方饮食文化的主要特征之一。形美，有助于饮食审美情调与氛围的营造。美味配美食，犹如琴瑟和鸣，相得益彰，相映成趣。境美，主要是指优雅和谐的饮食空间环境和情感环境，它能使宴饮锦上添花，令人畅神悦情。

色、香、味、形、器、境诸美的和谐统一，使饮食活动不仅仅是满足生理需求的行为，而且具有明显的审美欣赏、审美体验的价值，而烹饪与宴饮的设计与安排则有着艺术创造的意义。

3. 共食同餐的进食方式

中国人对待饮食，从来都不把它仅仅看作果腹的手段，而习惯于用它作为联络人与人感情的纽带。在进食方式上，多喜"共食"。西方人虽然也有同桌而食，却是各吃各的"分餐"吃法，与中国人同吃一菜、共饮一汤不同。虽然"分餐"的吃法从卫生的角度而言是科学的，但是中国人宴饮中的"共食"追求的则是一种人生境界。中国古代君王通过宴饮"以通上下之情"，借以获得国家的长治久安；民间宴饮则是通过吃喝联络感情、清除隔阂、和睦家庭、相亲邻里乃至团结民族。无论是文人墨客雅集宴饮的吟咏唱和，还是民间酒肆游戏的相互争逐，在对不同口味菜肴的共同品尝中，在诗情画意的宴饮氛围中，达到人与自然、人与人之间和谐美的人生境界。

孔子在2 000多年前说："有朋自远方来，不亦乐乎"。这句话集中体现了中国人民热情好客的传统。中国现代旅游饮食文化仍然遵循这一传统，热情接待来自各国的旅游者，在宴饮中追求感情的融洽，主宾之间情感的交流与沟通。但在饮食中应充分尊重客人的饮食习惯，在"共食"的方式中用公筷，或保持共食的形式而采用分餐的进食方式，使西方旅游者既感受到我国饮食文化和谐的诗意氛围，又能在心理和习惯上与之适应，也使当代中国饮食文化适应现代人对生活的卫生质量要求。

4. 追求诗意的宴饮情趣

把饮食作为人生体验的中国食文化，重视从色、香、味、形、器、境的和谐统一中获得精神上的愉悦，进入诗意的生活环境，充分体验饮食的乐趣和美好。对宴饮诗意情趣的追求最早起源于文人士大夫。晋代王羲之等名流会集于有"崇山峻岭，茂林修竹，又有清流激湍"的兰亭，"一觞一咏，畅叙幽情"，这种"曲水流觞"的宴饮与咏诗唱和一直延续到明清时期。在诗情画意的自然环境中聚饮，又在宴饮中追求和创造诗情与画意，对宴饮环境的诗意氛围的追求，已经成为中国饮食文化的重要传统。唐宋以来，茶楼、饭馆或建于风光旖旎的湖边江畔，或建于水榭花坛、竹径回廊之中，还力求通过室内环境的装饰安排，创造与自然相联系的环境气氛。茶楼、饭店的名称力求具有诗意的情趣，匾额、楹联和字画的装点进一步渲染宴饮的气氛。这样的遗风一直延续到今天，我国许多风景名胜都有这样的宴饮场所。

三、著名菜系及其名品

长期以来，各地由于选用不同的原料、配料，采用不同的烹调方法，因而形成了各自的独特风味和不同的菜系。在不同的历史时期，根据不同的分类标准，可将中国菜划分为不同的流派。从原料性质来看，可将中国菜划分为素菜（宫廷素菜、寺院素菜、民间素菜）和荤菜；从菜肴功用来看，可将中国菜划分为普通菜和保健医疗菜；从地域角度来看，可将中国菜划分为四大菜系，即鲁菜、粤菜、川菜和淮扬菜。它们都是在各个地域的内外经济和文化的交流中形成的，具有鲜明的地域文化特征。这里对四大菜系做些简单介绍。

（一）鲁菜

鲁菜，又称山东菜系，由胶东与济南两地地方菜发展而成。鲁菜风味不仅扩展到京津，而且远播至白山黑水之间，成为最有影响的菜系之一。明清两代，鲁菜成为宫廷御膳的主体，是我国北方菜的代表。鲁菜的特点：选料精细，精于制汤，以清香、鲜嫩、味纯而著名，讲究丰满实惠。另外，山东曲阜的孔府菜，对鲁菜的形成也具有影响。现在，曲阜根据《孔府档案》记载的明清时期孔府向皇帝进贡的菜单和孔氏家族日常筵席食谱，进行仿制的菜品深受国内外旅游者的欢迎。

代表名菜：糖醋鲤鱼、德州扒鸡、锅贴豆腐、九转大肠、清汆赤鲤鱼、红烧大虾、油爆海螺、孔府一品锅等20余味。点心小吃：周村酥烧饼、武城暄饼、荷叶饼、潍县杠子头火烧、煎饼、糖酥煎饼、锅贴、高汤小饺、开花馒头、煎包、金丝面、余子面、蛋酥炒面、福山拉面、蓬莱小面、鸡肉糁、甜沫等。

（二）粤菜

粤菜，又称广东菜，是由潮州、广州、东江（惠州）三大流派组成。广东菜的特点：选料广博奇杂，配料较多，注重装饰，讲究鲜嫩爽滑；擅长小炒，善于掌握火候，油温恰到好处；注意季节搭配，夏秋力求清淡，冬春偏重浓醇。以广州菜为代表的粤菜影响闽、台、琼、桂诸地。

广州菜特点：制作精细、花色繁多，重视蒸炸，烧腊也很精湛，花色菜形生动。在动物原料方面，除猪、牛、羊外，还有蛇、猫、鼠等，尤其是以蛇入菜，由来已久，西汉《淮南子》中就有"越人得蛇以为上肴"的记载，故民间有"食在广州"之誉称。18—19世纪，随着对外通商和"下南洋"，粤菜也逐步走向世界。据称，现在仅美国纽约就有粤菜馆数千家。潮州菜以烹制海鲜见长，以菜汤最有特色，刀工精细，甜味较浓，注意保持主料原味。东江菜则下油重，味偏咸，主料突出，朴实大方，具有乡土风味。

代表名菜：脆皮乳猪、白云猪手、龙虎斗、烤鹅、蛇羹、太爷鸡、杏元鸡脚炖海狗、鼎湖上素、东江盐焗鸡、护国菜、脆皮炸双鸽等20余味。点心小吃：成珠鸡仔饼、皮蛋酥、煎堆、冰肉千层酥、大良膏煎、酥皮莲蓉包、叉烧包、粉果、伦教糕、马蹄糕、肠粉、蜂巢芋角、松糕、蟹黄灌汤饺、薄皮鲜虾饺、干蒸烧卖、沙河粉、荷叶饭、及第粥、艇仔粥、大良双皮奶等。

（三）川菜

川菜，又称四川菜，以成都、重庆两地菜肴为代表，在我国享有很高的声誉。川菜重视选料，规格讲究一致，分色配菜主次分明、鲜艳协调，自古有"尚滋味""好辛辣"的饮食传统。川菜的特点：麻辣、鱼香、味浓、注重调味，离不开"三椒"（即辣椒、胡椒、花椒）和鲜姜，以辣、酸、麻、香脍炙人口，享有"一菜一格，百菜百味"的美名，地方风味十分浓郁，有"食在中国，味在四川"的美誉。因此有人把川菜特点归纳为"清鲜见长，麻辣见称"。川菜对湘、鄂、黔、滇也有影响。川菜历史悠久，秦末汉初就已显露锋芒，现今川菜馆已遍布世界各地。

代表名菜：宫保鸡丁、回锅肉、鱼香肉丝、夫妻肺片、麻婆豆腐、灯影牛肉、鸳鸯火锅、干烧岩鲤、家常海参、锅巴肉片、干煸冬笋等 20 多味。点心小吃：荷叶蒸饼、蒸蒸糕、蛋烘糕、鸡蛋熨斗糕、青城白果糕、崇庆冻糕、锅盔、宜宾燃面、龙抄手、红油水饺、玻璃烧卖、担担面、赖汤圆、芝麻圆子、广汉三和泥、川北凉粉、小笼蒸牛肉、顺庆羊肉粉等。

（四）淮扬菜

淮扬菜，又称江苏菜，主要以苏州、淮安、扬州、南京等地为代表。淮扬菜的特点：以炖、焖、烧、煨、炒著名，重于酥烂、鲜香、原汁原汤、浓而不腻；口味平和，咸中带甜，咸甜适中，适应性强。烹调上，用料考究，注意配色，讲究造型，菜谱四季有别。南京菜口味和醇，花色菜玲珑细巧，用鸭制菜负有盛名。扬州菜清淡适口，主料突出，刀工精细，醇厚入味，以制江鲜、鸡类著名。苏州菜口味偏甜，配色和谐，以烹制河鲜、湖蚌见长。淮扬菜影响江、浙、皖、赣等地，并早已蜚声海内外。据统计，在世界五大洲 70 多个国家里都有淮扬风味的饭店，目前旅居国外的扬州人中 60% 的从事餐饮业。

代表名菜：金陵盐水鸭、水晶肴肉、清炖蟹粉狮子头、文思豆腐、三套鸭、叫花鸡、梁溪脆鳝、松鼠鳜鱼、霸王别姬、沛公狗肉等 20 多味。点心小吃：黄桥烧饼、葱油火烧、文蛤饼、金钱萝卜饼、太湖船点、五香茶叶蛋、无锡王兴记馄饨、淮饺、文楼汤包、蟹黄蒸汤烧卖、三丁包子、藕粉圆子、淮安茶馓、苏州糕团等。

我国对菜系的划分至今尚无统一的看法。由于我国文明历史悠久，地广物丰，政通人智，自然差异显著，各地都有自成系列的肴馔，形成本区食客所喜爱的"菜系"。在餐饮业，除了上述四大菜系之外，还有八大菜系（加上湖南菜、江浙菜、福建菜、安徽菜）、十大菜系等说法。

专题三　博大精深的酒文化

中国酒已有 5 000 年以上的悠久历史，在漫长的发展过程中形成了独特的风格，孕育了光辉灿烂的中华酒文化。酒文化作为一种特殊的文化形式，在传统的中国文化中有着特殊的地位，几乎渗透到社会生活中的各个领域。从酒中可以了解中国社会的各个方面，政治、经济、农业、商业、历史文化等都可以在酒文化中找到可贵的资料。酒是饮食文化中一朵绚丽的花朵，是社会文明的标志。

一、酒史

酒是用高粱、麦、米、葡萄或其他水果等原料经过糖化、发酵制成的含有食用酒精（乙醇一度以上方能称为酒）等成分的饮料。从酿造技术来看，中国是世界上最早懂得酿酒技术的国家之一。早在新石器时代中期，我们的祖先就已懂得酿酒。但至今，人工酿酒始于何时何人尚难确定。有仪狄酿酒说，也有杜康酿酒说，后世一直把仪狄、杜康奉为酒神。此外，还有"猿猴造酒"说、黄帝酿酒说等。虽然说法纷纭，但国内学者普遍认为我国酿酒技术在龙山文化时期就较为发达。从其发展来看，中国酒可分为启蒙期、成长期、成熟期、发展期、繁荣期五个阶段。

1. 从新石器时代的仰韶文化至夏朝初年为启蒙期

这一时期为原始社会晚期，先民们用发霉但已发芽的谷物制酒。人工酿酒的先决条件是农业文明的发达和陶器的出现。在仰韶文化遗址中,既有陶罐,也有陶杯。由此可以推知,约在 6 000 年前人工酿酒就开始了。

2. 从夏王朝至秦王朝,大约 1 800 年,为中国酒的成长期

这一时期,由于农业中已有五谷六畜,酿酒业中发明了曲蘖,使中国成为最早使用曲酿造酒的国家。同时,随着酿酒工艺的迅速发展,加速了酿酒行业开始作为独立手工部门与农业分离的步伐。朝廷开始设官治酒,以掌管重大的国事和王室的饮宴活动。酒官的设置,标志着酿酒已成为独立的手工业部门,这对于规范和提高酿酒技术,总结和推广酿酒经验都具有重要作用。

西周酒业的发展状况基本奠定了中国酒文化发展的两个方向:一是用曲发酵,从古到今,这是中国的国酒——黄酒和白酒与用菌种发酵的洋酒生产工艺的根本区别;二是把酿酒、饮酒和用酒都纳入法制化、礼制化、礼仪化的轨道,大大增加了酒的精神文化价值,减少了酒的负面作用。

3. 从秦王朝至北宋,大约 1 200 年,迎来中国酒的成熟期

这一时期有汉唐盛世,经济贸易发展,中西文化交融,李白、杜甫、杜牧、苏东坡等酒豪文人辈出,加之东汉末至魏晋长达两个世纪的战乱,失意文人借酒浇愁,狂饮空谈,从反面也促进酒业大兴。在马王堆西汉墓中出土的《养生方》和《杂疗方》中,记载了人们对酒的药用功能已有一定深度的认识。在东汉时的画像石和画像砖上,酒是常见的题材。最引人注目的是山东诸城凉台出土的《庖厨图》中的酿酒场景,它是对当时酿酒全过程的描画。《齐民要术》等有关饮食及造酒的科学技术书籍的面世,为中国酒业的成熟提供了理论基础。

4. 从北宋到晚清,历时 800 多年,是中国酒的发展期

这一时期,蒸馏器从西域传入中国,给中国白酒的发明提供了物质基础。白酒也称烧酒、白干酒。《本草纲目》记载:"烧酒非古法也,自元时起始创其法。"从这一时期出土的不少小型酒器判断,度数较高的白酒已迅速普及到一般庶民百姓中。明中叶以后,以高粱为原料,以大麦制曲,用蒸馏方法制造的烧酒渐渐取代黄酒而占据主导地位,在北方发展很快。蒸馏白酒发展提高的同时,黄酒、葡萄酒、果酒、药酒也得以提高发展,使中国的酒文化迎来灿烂多彩的时代。

5. 新中国成立之后,特别是改革开放以来,中国酿酒业迎来繁荣时代

20 世纪 90 年代初,中国白酒年产量已达 720 余万吨,约占世界烈性酒总产量的 40%,居第一位。

二、酒俗

历史上,儒家的学说被奉为治国安邦的正统观点,酒的习俗同样也受儒家酒文化观点的影响。儒家讲酒,以"德""礼"二字为要。

(一) 酒德

酒德即酒行为的道德。酒德最早见于《尚书》和《诗经》。《尚书·酒诰》中有"饮惟祀"(只有祭祀时才能饮酒)"无彝酒"(不要经常饮酒,平日少饮以节粮,只有在有病时才宜饮酒)"执群饮"(禁止聚众饮酒)"禁沉湎"(禁止饮酒过度)的说法。儒家并不反对饮酒,用酒祭祀敬神,养老奉宾,都是德行。此外,饮酒时,还应遵守一定的饮食礼仪。如主宾共饮时,要相互跪拜。晚辈与长辈同饮,叫侍饮,通常要先行跪拜礼,然后坐入次席。

长辈命晚辈饮酒，晚辈方可举杯；长辈酒杯中的酒尚未饮完，晚辈也不能先饮尽。总之，中国人的酒德简言之为"量力而饮，节制有度"。

（二）酒礼

酒礼即酒行为的礼仪，用以体现酒行为中的贵贱、尊卑、长幼乃至各种不同场合的礼仪规范。为了保证酒礼的执行，历代都设有酒官。周有酒正、汉有酒士、晋有酒丞、齐有酒吏、梁有酒库丞等。古代饮酒的礼仪约有拜、祭、啐、卒四步，即先作出拜的动作，以示敬意；接着把酒倒出一点在地上，祭谢大地生养之德；然后尝尝酒味，并加以赞扬令主人高兴；最后仰杯而尽。主人向客人敬酒叫酬，客人要回敬主人叫酢，并互致几句敬酒辞。客人之间相互敬酒叫旅酬，依次向主人敬酒叫行酒。敬酒时，敬酒的人和被敬酒的人都要"避席"（起立）。普通敬酒以三杯为度。

三、酒文化旅游

我国的饮酒历史要追溯到父系氏族鼎盛的龙山文化时期。几千年来，各种文化印记中都有"酒"的身影，可以说，"酒"作为一种文化元素，已经渗透到中华几千年文化之中。酒、酒器、酒礼以及由此衍生或者映射的各种社会现象也说明我国具有悠久的、深远的酒文化史。国际上，法国、德国等国家也有着悠久的酒文化历史，波尔多的葡萄酒、慕尼黑的啤酒节已经成为两国酒文化的代表。而新兴的澳大利亚葡萄酒以及葡萄酒旅游成为一枝独秀，吸引着众多的游人。

酒文化旅游在我国尚算是新的事物，虽然酒文化与旅游结合的现象早已存在，但真正作为一种产业被研究、被重视，也是2003年以后的事情。2004年，我国公布的第一批全国工业旅游示范点（共103家），杏花村汾酒集团有限公司、泸州老窖集团公司、青岛啤酒厂、烟台张裕集团、衡水老白干酿酒（集团）有限公司、北京燕京啤酒集团公司等17家酒厂为了全国第一批工业旅游示范点；2005—2007年，公布的全国工业旅游示范点名单中，贵州省茅台酒厂、宜宾五粮液工业园区、烟台中粮长城葡萄酿酒有限公司、秦皇岛朗格斯酒庄、中国长城葡萄酒有限公司、宿迁洋河酒厂工业园等纷纷入榜。2007年，以酒为主题的旅游活动才开始有了一定的发展，但仍然停留在非常初级的阶段。

同样是具有深远的酒文化，我国的酒文化旅游却远远落后于法国、德国，甚至落后于澳大利亚这样新兴的酒文化国家。这与我国旅游业整体发展较晚有关。但近年来酒文化旅游项目如中国绍兴黄酒城旅游综合体、江苏宿迁洋河新城及洋河酒厂也颇受关注，青岛啤酒博物馆、青岛红酒坊、张裕酒文化博物馆、中国酒文化博物馆、九江双蒸博物馆、茅台酒艺术博物馆、汾酒博物馆等一系列以酒为主题的博物馆也说明酒文化旅游在我国已经逐渐受到重视。发展中的中国酒文化旅游，需要在借鉴成功经验的基础上，走一条属于自己的发展道路。

专题四　源远流长的茶文化

茶叶是以茶树新梢上的芽叶嫩梢（称鲜叶）为原料加工而成的饮品，它与咖啡、可可并称为世界三大饮料。中国是茶的故乡，是茶树的原产地，又是最早发现茶叶功效、栽培茶树和制成茶叶的国家。茶文化是我国民族文化宝库中的精品，茶文化是中国饮食文化的重要组成部分。

一、茶文化在我国的发展历程

茶的发现和利用，相传起源于神农时代，距今已有四五千年的历史。陆羽《茶经》记载："茶之为饮，发乎神农氏。"东汉华佗《食论》中有："苦茶久食，益意思"，记录了茶的医学价值。西汉将茶的产地命名为"茶陵"，即湖南的茶陵。三国时魏国的《广雅》中已最早记载了饼茶的制法和饮用。

茶以文化的面貌出现是在汉魏两晋南北朝时期。最早喜好饮茶的多是文人雅士，汉代司马相如的《凡将篇》、扬雄的《方言》都是有名的茶赋，一个从药用，一个从文学角度分别谈到茶。两晋南北朝时，一些有眼光的政治家提出"以茶养廉"，以对抗当时的奢侈之风。魏晋以来天下骚乱，文人无以匡世，渐兴清谈之风。饮宴成了终日高谈阔论的助兴之物，所以最初的清谈家多酒徒，如竹林七贤。后来清谈之风发展到一般文人，但豪饮终日不醉者毕竟少数，而茶则可长饮，且始终保持清醒。于是清谈家们就转向好茶，所以后期出现了许多茶人。

唐代是我国茶文化的辉煌时期。唐代中叶，陆羽撰成了中国也是世界上第一部茶叶专著《茶经》。《茶经》的问世具有划时代的意义，使茶学真正成为一种专门的学科，从而使茶文化发展到一个空前的高度。《茶经》的面世，奠定了中国茶文化的理论基础。中唐以后，陆羽被奉为茶神，茶作坊、茶库、茶店、茶馆都有供奉。唐朝茶文化的形成与当时的经济、文化发展相关。

宋代是我国茶文化的兴盛期。我国素有"茶兴于唐，盛于宋"之说。进入宋代，宫廷兴起的饮茶风俗极大地推动了茶业发展，市民茶文化和民间斗茶之风兴起，茶成了人民生活的必需品。茶叶流通非常兴盛，大中城市、小市镇茶房林立，甚至在茶叶运输线上兴起了若干商业城市。由于宋代著名茶人大多数是著名文人，加快了茶与相关艺术融为一体的过程。著名诗人有茶诗、书法家有茶帖、画家有茶画，使茶文化的内涵得以拓展，成为文学、艺术等精神文化的直接关联部分。宋代市民茶文化主要是把饮茶作为增进友谊与社会交际的手段。北宋汴京民俗，有人乔迁，左右邻居要彼此"献茶"；邻居间请喝茶叫"支茶"。到了元代，饮茶简约之风大为流行，在此影响下，关于茶的著书极少，只是在诗文中偶有写茶的作品。

明清时期我国茶文化得到了进一步的普及和发展。明代的茶文化主要特点：大量制作和普及散茶，并完成炒青工艺，刻意追求茶叶特有的造型、香气和滋味，于是绿茶、青茶、黑茶、白茶等精品纷纷出现；茶的饮法由煮饮改为冲泡，从而简化了饮茶的烦琐过程，易于人们品茶；一改宋代崇金贵银的习气，陶质、瓷制茶具大受欢迎，紫砂之具尤为推崇；茶书兴盛，对茶文化的各个方面加以整理、阐述和开发，其结果一直影响至今。由于清代盛行向皇上进贡茶，因而诞生了不少名茶，如龙井茶、碧螺春茶、六安瓜片、铁观音、武夷大红袍等都因曾是贡茶而名扬天下。此外，清朝还开创了红茶制作的先河，这也是清代对我国茶文化的一大贡献。

新中国成立后，我国茶叶产量增长很快，为我国茶文化的发展提供了坚实的物质基础。1982年，在杭州成立了第一个以弘扬茶文化为宗旨的社会团体——"茶人之家"；1999年在陆羽的故乡——湖北天门成立了"陆羽茶文化研究会"；1991年，中国茶叶博物馆在杭州正式开放；1993年，"中国国际茶文化研究会"在湖州成立；1998年，中国国际和平茶文化交流馆建成等。随着茶文化的兴起，各地茶艺馆越办越多。各省市及主产茶县纷纷主办"茶叶节"，如福建武夷的岩茶节，河南信阳的茶叶节等，不胜枚举。

二、茶文化的功能

1. 正礼仪

西周时，茶已成为各国进贡天子的物品之一；唐及以后，茶是朝廷祭天祀祖之物；宋代以茶宴群臣，有严格的等级规定，体现出上下级地位的不同。

2. 明序伦

茶事活动中的敬茶，必先尊长者，依次进行。中国人重视血缘关系、家庭关系，主张敬老爱幼、长幼有序，这些在茶礼中都有充分的表现。古代大家庭有清早子女向长辈问安敬茶的习俗。汉代逢年过节全家团聚，谁来沏茶、谁来敬茶、先敬谁、后敬谁都有一定之规。

3. 遵风俗

作为象征纯洁、坚定不移（茶籽只能种而生，不能移植，故又叫"不迁"）、多子多福（茶多籽）的茶，无论在汉族还是少数民族都具有同样的意思。男方求婚要送"敲门茶"，订婚纳彩叫"下茶礼"，结婚前一天要送"茶酒利市"，结婚有"定茶礼"，入洞房有"合茶礼"。湖南、江西等地民间有"喝茶定终身"之说。浙江湖州地区小孩满月剃头，用茶汤洗，叫"茶浴开石"，祝愿早开智慧，长命富贵。

4. 广结交

以茶会友是社会广泛的交际手段。古代人们推崇茶的清净高洁，以茶交友为君子之交。唐代就有"茶会"、五代有"茶社"、后人有"会茶""打茶围"等，人们以饮茶为契机，广泛交友。

5. 平和心情

古人认为，茶有平和、浓于水而淡于酒的品格，人能通过饮茶而认识大自然和社会。一套茶具，盖、托、盏代表天、地、人"三才合一"。在分茶中，强调茶水均等，精华共享；在饮茶中，推崇静谧和谐，人与自然相通而获得精神上的升华。

6. 修身养性

古人认为，茶可雅志、养廉。清茶一杯，不涉豪侈，利于养成节俭的品德；茶生于高山野林，吸清风、餐风露，远尘表，避嚣秽，清净无染，饮之可消解人的贪心欲念；茶历风霜，经严寒，受天地之露，蓄日月之精华，味苦而性寒，品之可使人志趣高雅，树立高尚情操。

三、茶文化旅游

茶文化旅游指在休闲、放松的旅游过程中，细细品味茶的文化、内涵，体味茶的风俗、礼仪，鉴赏茶叶的品质并参与其间的能陶冶旅游者身心的一种特色旅游项目。茶文化旅游是现代茶业与现代旅游业交叉结合的一种新型旅游模式，即茶叶人文生态旅游。它是将茶叶生态环境、茶生产、自然资源、茶文化内涵等融为一体进行旅游开发。通过开展茶文化旅游、茶产品会展旅游、茶文化节庆旅游等使我国传统茶文化得以继承与发展，同时由旅游带动的旅游购物、餐饮、娱乐等相关行业，发展以茶文化旅游为核心的茶消费，这也是弘扬我国传统茶文化的重要途径。

1. 以茶资源及相关文化为依托开展的绿色生态观光游备受游客青睐

我国的茶资源十分丰富，且茶园大多位于自然环境优美、风光旖旎之处，将这一资源优势与相关的文化（神话、传说、典故等）有机结合，正可迎合现代人追求自然美感和文化体验的需要。如杭州是西湖龙井茶的产地，中国茶叶博物馆也坐落于此；有茶都之称的福建安溪现建有茶叶博物馆、凤山茶叶大观园和大坪生态茶园等。

2. 依托茶的药用价值及保健功能开发的生态保健游日益升温

茶叶所含成分丰富，有500多种化学成分，其中相当一部分已被证明对人体有明显的保健和药用价值。《神农食经》《新修本草》《千金翼方》等总结了茶的24种功效；日本高僧荣西禅师在《吃茶养生记》中也写道："茶乃养生之妙药，延龄之妙术。山若有之，其地则灵；人若饮之，其寿见长。"旅游过程中饮茶可以消除疲乏劳顿，促进生理机能的迅速恢复；长期饮茶更可以强身健体、延年益寿。这正是开展与茶相关的生态保健游的价值和意义所在。

3. 以茶艺表演为代表的茶文化活动不断涌现

所谓"茶艺"，就是通过艺术加工，展示茶的冲、泡、饮等的技艺。茶艺是茶道精神的物质载体和具体外化，观看技艺精湛的茶艺表演，游人不仅可以了解其中择、冲、泡、品茶的高超技艺，还可以体会到其所包含的茶道精神和茶文化内涵，同时在物质和精神上获得美的享受。自1980年杭州建立"茶人之家"以来，全国已相继建立了北京"老舍茶馆""福州茶艺馆""青藤茶艺馆"等数百家以品茶为主旋律的茶文化活动场所。这些场所的建立及其活动的开展，不仅为茶文化注入了新的活力，也为茶文化旅游增添了新的项目，大大促进了茶文化旅游的发展。

4. 以欣赏、参与特色茶俗为主题的茶俗风情游发展迅速

我国有着丰富的茶俗旅游资源，如云南大理白族的三道茶、土家族的擂茶、傈僳族的雷响茶等都是特色鲜明、文化底蕴深厚的茶俗旅游资源。参加茶都民俗风情游，旅游者不仅可以学到知识、获得美的享受，而且还能形成对生活和人生价值的体味，达到文化旅游的高层境界。现在，黄山的绿茶探源、安溪的茶都观光和铁观音探源、大理的三道茶民俗游等都非常火爆，正逐步成为我国茶文化旅游中的精品。

5. 茶文化研讨会、茶文化旅游节等活动推动了国际茶文化交流

文化的交流为茶文化旅游发展创造了新的契机。由中国国际茶文化研究会主办的前8届国际茶文化研讨会都取得了很好的效果。尤其是2003年在中国重庆永川举办的国际茶文化旅游节的效果更突出，其间共接待参展会商和游客达50万人次，吸引投资近13亿元人民币，极大地促进了当地经济和旅游业的发展。其他如日照茶博会、景德镇茶文化旅游节、成都茶文化旅游节等，都在宣传和弘扬茶文化的同时，不同程度地推动了茶文化旅游的发展，拓展了文化旅游的发展空间。

知识拓展

满 汉 全 席

满汉全席起兴于清代，其取材广泛，用料精细，山珍海味无所不包，并且菜点精美，礼仪讲究，形成了独特的风格。乾隆年间李斗所著的《扬州书舫录》中记有一份满汉全席食单，是关于满汉全席的最早记载。满汉全席，由大型酒宴演变而来，共有108款菜点，分作三天四餐供客人享用。菜式有咸有甜，有荤有素，令人尽可领略中国饮食文化的博大精深。

满汉全席原是官场中举办宴会时满人和汉人合坐的一种全席。因此突出满族菜点的特殊

风味，烧烤、火锅、涮锅几乎是不可缺少的菜点；同时又展示了汉族烹调的特色，扒、炸、炒、熘、烧等兼备。满汉全席是集满族与汉族菜点精华而形成的历史上著名的中华大宴，实乃中华菜系文化的瑰宝。

学生讲坛

1. 由学生对上面所学知识进行复述、总结与拓展。
2. 查找资料，进一步加深理解中国饮食文化知识，传承祖国饮食文化。

注：鼓励学生课外自查资料。建议在该知识讲授结束时布置，在下一次课开始时进行。

项目小结

本项目系统介绍了中国饮食文化的历史和饮食文化特征，我国著名的四大菜系的特点及代表性菜肴，源远流长的酒文化和茶文化，通过学习让学生感受中国饮食文化的博大精深，更好地服务于游客。

同步测试

1. 我国有哪十大菜系？其主要特点各是什么？
2. 请简要归纳中国传统饮食文化的特征。
3. 中国茶道精神表现在什么方面？
4. 为什么说品茶就是品人生？

延伸阅读

中国文化旅游网：http://www.cnctrip.com/
世界旅游文化网：http://www.sjlywh.com/
中国文化网：http://www.chinaculture.net/
中国酒文化网：http://www.jiuwenhua.cn/

项目八

旅游文学艺术

学习目标

知识目标：
1. 了解游记的发展和民歌的艺术特点。
2. 熟悉楹联的特点和类型，理解楹联在旅游中的价值。
3. 掌握欣赏旅游诗词的方法。
4. 掌握中国的书法、绘画艺术文化的相关知识。
5. 掌握中国戏曲文化的相关知识。

技能目标：
能运用旅游文学艺术知识进行赏析，提高旅游审美能力。

素质目标：
1. 具备丰富的旅游文学艺术知识，具备较高的文学艺术鉴赏力，提升审美情趣。
2. 通过合作探究，培养团队意识和合作精神。

旅游情景

中国国家主席习近平夫人彭丽媛于2014年5月21日邀请出席亚信上海峰会的部分国家领导人夫人游豫园，共同观看中国非物质文化遗产展示和文艺演出，这些展示和演出用视、听、味的曼妙"多重奏"，向世界展现了中国传统文化的深厚底蕴。

彭丽媛陪同来宾们观看金山农民画、面塑、顾绣、木版水印、扎染。她们边看边听取上海工艺美术博物馆负责人的介绍，饶有兴趣地欣赏非物质文化遗产传承人的绝活儿，对民间艺术家们的精湛技艺赞不绝口。在还云楼，彭丽媛和来宾们欣赏少儿歌舞、京剧、昆曲、沪剧、太极拳、书法、剪纸艺术。浓浓的中国元素、精彩的文艺演出，赢得来宾们阵阵掌声。

（资料来源：第一旅游网，2014年5月22日）

学生分析与决策

1. 为什么彭丽媛要邀请来宾欣赏戏曲？
2. 结合材料分析如何利用中国戏曲提升旅游目的地的旅游价值。

知识研修

专题一　中国旅游诗词

　　旅游诗词是以旅游景物、旅游者及其活动为对象的文学作品，主要有旅游诗词、散文、楹联。它们从不同的角度和方面揭示和歌颂了我国的自然风光和风土人情，表达了作者的思想、情感和审美情趣，是旅游资源中极其重要的部分。

一、旅游诗词的发展轨迹

　　旅游诗词大致包括山水田园诗、边塞诗、咏史怀古诗等，其中山水诗是旅游诗词的主要部分。

（一）山水田园诗

　　山水田园诗，是中国诗歌的一种，以山水名胜及田园生活为主题，表现山水自然美和田园宁静、淡薄的意蕴。原本田园生活与中国古代文人的价值观、人生观有点背道而驰，因此，传统的旅游文学是不包括田园诗词的。但是，在现代快节奏生活以及人际相隔、都市文明并发症的困扰下，田园成为享受大自然惬意、呼吸纯净空气的代名词，"农家乐""田园行"，一时成为流行和时尚，使山水田园诗重新受到重视。

　　山水田园诗既是旅游活动的一部分，又可为旅游活动增添文化色彩和艺术魅力，促进旅游资源的扩大和深化，与旅游的联系最为紧密，对旅游资源的开发作用很大。

　　山水田园诗的起源很早。西周时期，我国第一部诗歌总集《诗经》中，就有不少涉及山水或以山水起兴的篇章或诗句。而山水田园诗的最早代表应该是《击壤歌》："日出而作，日入而息。凿井而饮，耕田而食。帝力于我何有哉！"

　　战国后期，南方的楚国诞生了最伟大的浪漫主义诗人屈原。屈原一生经历坎坷，屡被小人谗害。在颠沛流离的放逐生活中，更加深了他对祖国山河的热爱，因此写下了许多优美的山水诗句。

　　汉代乐府诗和著名的《古诗十九首》，亦有不少写景的佳句或片段。如乐府民歌《江南》的"江南可采莲，莲叶何田田，鱼戏莲叶间"，写鱼在莲叶间嬉戏游动的情景，诗句轻松愉快。

　　山水田园诗以完整、独立的文学形式出现在中国文学史上，始于魏晋南北朝时期。这个时期出现的第一首完整的山水诗是曹操的《观沧海》："东临碣石，以观沧海。水何澹澹，山岛竦峙。树木丛生，百草丰茂。秋风萧瑟，洪波涌起。日月之行，若出其中。星汉灿烂，若出其里。幸甚至哉！歌以咏志。"通过描写辽阔雄壮的沧海景色，表现了诗人开阔的胸怀和豪情壮志。这首诗在山水诗的发展史上具有里程碑的意义。

但第一个大量写作山水诗的著名诗人是谢灵运,他也被称为山水诗的鼻祖。其山水诗绝大部分是其任永嘉太守后所创作。这一时期,他恣意邀游山水,用富丽精工的语言描绘了永嘉、会稽、彭蠡湖等地的自然景色,使山水有了一种疏宕清丽之美。谢灵运善于摹景状物、炼字锻句,其名句多脍炙人口。如"池塘生春草,园柳变鸣禽""春晚绿野秀,岩高白云屯""野旷沙岸静,天高秋月明"等,有得之自然的神来之笔。但谢灵运的山水诗还不能做到真正的情景交融和风格完整,只是在山水诗的产生和日趋成熟的过程中,起了重要的过渡作用。

与谢灵运同时期的谢朓,其人生经历与谢灵运相似,诗歌创作也受到谢灵运的影响。现存诗140余首,其中有三分之一是山水诗。从总体看,其诗风与谢灵运富艳精工、典丽厚重颇有不同,清新流丽,较少繁复词句及炫言成分,其中脍炙人口的佳句很多。诗的意象很像一幅萧疏淡远的水墨画,平淡而富有思致。其名作有《游敬亭山》《游东田》《晚登三山还望京邑》等。加上其他诗人如鲍照、沈约、庾信、王籍、江淹、何逊等的创作,进一步确立了山水诗人的地位。

中国文学史上真正的田园诗人唯陶渊明一人,他的诗被称为"田园诗"的代表作。陶渊明生活于东晋末年,早年就爱慕自然,企羡隐逸。他因出身寒族,在重视门第等级的东晋,几次出仕都郁郁不得志,于是便退隐乡野。他还亲自参加劳动,这对于文人来说,无论是当时还是后世都是了不起的大事。在诗人笔下淳朴、宁静的田园风光,既与现实生活息息相关,又是诗人舒畅精神、寄托情怀的对象,更是诗人澄怀观道的媒体,具有我与物浑然交融的意象和平淡纯美的风格。这种自由而恬静的心境在《饮酒》诗中鲜明地表现出来:"结庐在人境,而无车马喧。问君何能尔?心远地自偏。采菊东篱下,悠然见南山。山气日夕佳,飞鸟相与还。此中有真意,欲辨已忘言"。

唐代是旅游山水诗的繁荣期,名家辈出,名作如星。初唐四杰与陈子昂、张若虚、张九龄等都创作了不少描绘山水胜景的佳句,如王勃《滕王阁序》中的"画栋朝飞南浦云,珠帘暮卷西山雨",而张若虚的《春江花月夜》更是千古名篇。

孟浩然是唐代大量创作山水田园诗的著名诗人。他的前半生主要是在家闭门苦学,曾一度隐居鹿门山。中年入长安,投靠王维,但入仕无望,在各地漫游,后重回故乡隐居,诗风以恬淡孤清为主。他的山水诗少部分写在秦中、吴越、巴蜀等地,大部分写的是其故乡襄阳的山山水水。他虽未必亲身参加过劳动,但毕竟大半生住在乡间,生活气息相当浓厚。如《过故人庄》:"故人具鸡黍,邀我至田家。绿树村边合,青山郭外斜。开轩面场圃,把酒话桑麻。待到重阳日,还来就菊花。"其虽缺乏陶诗的理想境界,也缺乏劳动生活的体验,但写农家生活,却简朴而亲切;写故人情谊,也淳淡而深厚,给人以历久难忘的印象。他的山水诗名篇名句很多。写景如"八月湖水平,涵虚混太清。气蒸云梦泽,波撼岳阳城"(《临洞庭湖赠张丞相》)、"水落鱼梁浅,天寒梦泽深"(《与诸子登岘山》)等,气势豪迈,笔力雄健。写山水情怀如"风鸣两岸叶,月照一孤舟""荷风送香气,竹露滴清响""夕阳度西岭,群壑倏已暝""松月生夜凉,风泉满清听",以及《夜归鹿门山歌》中的"山寺钟鸣昼已昏,渔梁渡头争渡喧。人随沙岸向江村,余亦乘舟归鹿门。鹿门月照开烟树,忽到庞公栖隐处。岩扉松径长寂寥,惟有幽人自来去"等句,融入游子的漂泊之感,由于心情的孤寂,使山水也染上了一层冷清的色彩。

王维是一个多才多艺的人,能诗,精通书画与音乐。他为人所称道的《辋川集》绝句,就有许多描摹山水的优美之作。他的山水田园诗题材多样，风格也多有变化，既有陶诗的平淡自然，又继承了谢诗的精工秀丽。而他对自然美敏锐的感受力和细致的观察力，使他笔下的景物形象鲜明，气韵生动，如"独坐幽篁里，弹琴复长啸。深林人不知，明月来相照"（《竹里馆》），以自然平淡的笔调，描绘出清新诱人的月夜幽林的意境。"空山不见人，但闻人语响。返景入深林，复照青苔上"（《鹿柴》），写空山幽静空灵之美，正映人物之清。"空山新雨后，天气晚来秋。明月松间照，清泉石上流。竹喧归浣女，莲动下渔舟。随意春芳歇，王孙自可留"，景、物、人和谐地融合在一起，别具声色，好像一幅恬静优美、清雅娴丽的山水画。（《山居秋暝》）"楚塞三湘接，荆门九派通。江流天地外，山色有无中。郡邑浮前浦，波澜动远空。襄阳好风日，留醉与山翁（《汉江临眺》）"，通过视觉、感觉，写出了雄浑壮丽的汉水与荆山的全貌。"太乙近天都，连山到海隅。白云回望合，青霭入看无"（《终南山》），表现了终南山千沟万壑的气象变幻。"斜光照墟落，穷巷牛羊归。野老念牧童，倚杖候荆扉。稚雏麦苗秀，蚕眠桑叶稀。田夫荷锄立，相见语依依。即此羡闲逸，怅然吟式微"（《渭川田家》），描绘了暮春时分农村的景色和气氛。正如苏轼所评："味摩诘之诗，诗中有画；观摩诘之画，画中有诗。"

李白一生过着游历的生活，写下了无数优秀的山水诗篇。他酷爱自由、追求解放的独特性格常常借这些诗篇表现出来，诗风时而豪放雄壮，时而清新俊逸。他喜欢的山水往往不是宁静的丘壑、优雅的林泉，而是高峰绝壑、天外飞瀑、江河奔流、山川雄险。《梦游天姥吟留别》《蜀道难》当为这方面的代表作，《望庐山瀑布》二首、《庐山谣》也是历来传颂的名篇。

杜甫的山水诗也非常有名。他曾长期漫游，结交诗人无数，晚年长期漂泊，从而接触到祖国无比壮丽的山河，不仅充实了他的生活，也扩展了他的视野和胸襟。在景物描写中常常融入身世飘零之感和忧国忧民之情，这是杜甫山水诗的最大特色。他的名篇如《望岳》《登岳阳楼》等，诗句气势磅礴，表现了景物的宏大之美。同时他还有一些清新流利的诗句，如"细雨鱼儿出，微风燕子斜""穿花蛱蝶深深见，点水蜻蜓款款飞""星垂平野阔，月涌大江流"等，精练苍劲，体现了杜甫细致入微的观察力和高度的概括力。

中唐时期的著名诗人白居易也创作了大量的山水诗。它曾任职杭州，写下了不少赞誉西湖山水的诗歌，如"孤山寺北贾亭西，水面初平云脚低。几处早莺争暖树，谁家春燕啄春泥。乱花渐欲迷人眼，浅草才能没马蹄。最爱湖东行不足，绿杨阴里白沙堤"（《钱塘湖春行》），紧扣环境和季节特征，描绘了西湖生机盎然的早春景象，寄景于情，把诗人春天般的心情与自然之美表现得很真切。

晚唐诗人杜牧，山水诗多描摹江南风光，也极具特色。如"千里莺啼绿映红，水村山郭酒旗风。南朝四百八十寺，多少楼台烟雨中"（《江南春》）；"远上寒山石径斜，白云生处有人家。停车坐爱枫林晚，霜叶红于二月花"（《山行》）；"烟笼寒水月笼沙，夜泊秦淮近酒家。商女不知亡国恨，隔江犹唱后庭花"（《泊秦淮》）。其词采华丽，意境幽深，写景而能寓景于情。此外如贾岛、孟郊、李商隐、李贺、韩愈、温庭筠、韦应物等都有出色的山水诗作。如贾岛的"秋风生渭水，落叶满长安"、温庭筠的"鸡声茅店月，人迹板桥霜"、韦应物的"春潮带雨晚来急，野渡无人舟自横"等，写景中都有一种淡淡的愁绪，具有很深的艺术感染力。

刘禹锡长期流贬巴渝、湘沅等少数民族居住的边远地区，他也写下了大量反映少数民族劳作嫁娶、狩猎竞渡、风情民俗的诗歌。这些诗犹如一幅幅民情风俗画，具有珍贵的史料价值，尤其是刘禹锡学习民间歌谣，改写创作了《竹枝词》《浪淘沙》《踏歌》等，其中一些诗作写出山水景物优美婉转，别具一格。

（二）边塞诗

边塞诗在唐诗中可谓蔚为壮观，成为有影响的一个流派，以描写边塞风光、军旅生活及渴望建功立业的胸怀为主要内容。其杰出代表人物是高适、岑参、王之涣、王昌龄、李颀、王翰等。

高适两次出塞，边塞诗最负盛名，著名诗篇有《燕歌行》《别董大》《营州歌》等。《燕歌行》创作于开元二十六年的梁州，以错综交织的笔触，写绝漠荒凉、战斗之烈、士兵之思，风格悲壮淋漓、雄厚深广。"营州少年厌原野，狐裘蒙茸猎城下。虏酒千钟不醉人，胡儿十岁能骑马"（《营州歌》），反映了生长在塞上少数民族的习俗。

岑参的边塞诗常描写西域边境雄起壮丽的风光，茫茫戈壁、漠漠风沙、巍巍天山、皑皑白雪，境界空前开阔，爱好新奇事物的特点使他的创作在边塞困苦的环境中，独具绚丽之美、浪漫色彩。其代表作有《走马川行奉送封大夫出师西征》《白雪歌送武判官归京》《轮台歌奉送封大夫出师西征》。

（三）咏史怀古诗

咏史怀古诗就是以史事或古迹为主题，见景生情，追求古昔抒写抱负的诗。一般也与山水景物有关联，却不落于山水景物之窠臼，而能放眼宇宙，纵观古今，或抨击时事之弊端，或感怀身世之不遇，使山水古迹平添历史的厚重之感。这类诗历代皆有，唐代更是大量创作的时期。

初唐的陈子昂，纵横任侠，以国家安危、民生疾苦为心，诗多感时怀古之作，其《登幽州台歌》（"前不见古人，后不见来者。念天地之悠悠，独怆然而涕下"），成为千古绝唱。

中唐诗人刘禹锡，亦有不少咏史怀古诗作，见解独到。著名的诗篇有《西塞山怀古》："王濬楼船下益州，金陵王气黯然收。千寻铁锁沉江底，一片降幡出石头。人世几回伤往事，山形依旧枕寒流。从今四海为家日，故垒萧萧芦荻秋。"在其感叹中深寓历史教训。《乌衣巷》："朱雀桥边野草花，乌衣巷口夕阳斜。旧时王谢堂前燕，飞入寻常百姓家。"沧海桑田的变化，仿佛只是静静的一瞬间，无声无息之中旧日的华堂已换成百姓人家的陋室，使人对现实和历史都产生了无限感慨，沉重之至。

晚唐诗人杜牧，山水诗与咏史怀古诗都独标风姿，议论精辟，寓意精深，含蓄隽永，极有特色。《赤壁》："折戟沉沙铁未销，自将磨洗认前朝。东风不与周郎便，铜雀春深锁二乔。"《题乌江亭》："胜败兵家事不期，包羞忍耻是男儿。江东子弟多才俊，卷土重来未可知。"见微知著，有史论特色。

（四）词、曲

词出于晚唐，白居易、张志和等是较早的作家。白居易的《忆江南》三首，张志和的《渔歌子》五首都是很有名的。如白居易词中的名句有"日出江花红胜火，春来江水绿如蓝"。张志和词描绘水乡风光，在理想化的境界中，寄托了自己热爱自然、追慕自由的情趣。最著名的《渔歌子》第一首："西塞山前白鹭飞，桃花流水鳜鱼肥，青箬笠，绿蓑衣，斜风细雨不须归。"

宋词中有相当一部分作品与旅游有关，这些词或抒羁旅之愁，或状自然之景，或悼古迹遗踪，都很有欣赏价值。

柳永是北宋著名词人，其词多写都市风光、市民生活。由于长期漂泊不定的生活，他的词作中抒写羁旅行役之愁苦的作品最具特色。写都市的名篇如《望海潮》，表现杭州的奢华景象和西湖"三秋桂子，十里荷花"的庆历风光。《雨霖铃》（寒蝉凄切）、《夜半乐》（冻云黯淡天气）、《满江红》（暮雨初收）等写旅途所见所感，深婉曲折，极富艺术感染力。其中名句有"杨柳岸，晓风残月""断鸿声远长天暮""桐江好，烟漠漠。波似染，山如削。绕严陵滩畔，鹭飞鱼跃"等。

范仲淹镇守陕西，生活经历不同，他的词写边塞生活，开始出现了境界开阔、格调苍凉之作，其《渔家傲》《苏幕遮》都脍炙人口，给宋初词坛注入了一股新鲜血液。

秦观的《踏莎行·郴州旅舍》是他谪官郴州后所作。景则迷离、情则感伤，刻画细腻，意境凄婉，是宋代羁旅词的典范。

苏轼作为词的革新家，极力打破诗词境界，把艺术的笔触伸向了广阔的现实生活和个人极其丰富的内心世界。他扩大了词的题材，提高了词的意境，丰富了词的表现手法，使词成为独立的抒情诗体。苏轼的词达到了"无意不可入，无事不可言"的境界。他用词来写景、抒情、怀古、感旧、记游，甚至说理谈禅，高歌入云、逸怀浩气，具有很高的艺术成就，给宋词带来了新气象，启迪了南宋豪放词派的诞生。其作品既有山水之作，也有田园之风。佳句如"翻空白鸟时时见，照水红蕖细细香""江汉西来，高楼下、葡萄深碧。犹自带、岷峨云浪，锦江春色""明月如霜，好风如水""日暖桑麻光似泼，风来蒿艾气如薰"等。《念奴娇·赤壁怀古》和《水调歌头》（明月几时有）更是传颂千古的名篇。其诗描写自然之景物，抒发怀情之作不仅数量多，而且风格多样，极有个性。名句如"欲把西湖比西子，淡妆浓抹总相宜""不识庐山真面目，只缘身在此山中""野桃含笑竹篱短，溪水自摇沙水清"等，流传极广。

李清照描写自然景物的词，有轻灵之气，典雅之态。早年的一首小令《如梦令》（"常记溪亭日暮，沉醉不知归路。兴尽晚归舟，误入藕花深处。争渡争渡，惊起一滩鸥鹭"），描写春日郊游，纯用描白手法，写得率真活泼。

南宋陆游有不少描写农村风光、啸咏山水之作。其"衣上征尘杂酒痕，远游无处不销魂。此身合是诗人未？细雨骑驴入剑门"《剑门道中遇微雨》，正如一幅水墨画。"小楼一夜听春雨，深巷明朝卖杏花"《临安春雨初霁》，"山重水复疑无路，柳暗花明又一村"《游山西村》，更是传颂千古的名句。

范成大以田园诗著称，有《四时田园杂兴》六十首，写尽田园之况味。杨万里的《晓出净慈寺送林子方》，王安石的《泊船瓜州》，陈师道的《十七日观潮》等，都是不可多得的优秀旅游诗作。

辛弃疾也有一些描写农村风光的词，格调轻快，大有诗情画意。如"茅檐低小，溪上青青草。醉里吴音相媚好，白发谁家翁媪？大儿锄豆溪东，中儿正织鸡笼。最喜小儿无赖，溪头卧剥莲蓬"《清平调·村居》；"明月别枝惊鹊，清风半夜鸣蝉。稻花香里说丰年，听取蛙声一片。七八个星天外，两三点雨山前。旧时茅店社林边，路转溪桥忽见"《西江月·夜行黄沙道中》。其能于日常所见，发觉诗意而引人入胜。虽有闲适之趣，但联系辛弃疾平生以抗金为事业，便能品味其中悲辛。其登临怀古之词最为突出。如《永遇乐·京口北固亭怀古》《南乡子·登京口北固亭有怀》等,气魄宏大,苍凉悲壮。

金代元好问、元朝萨都剌都是当时的大家。元好问的山水及写景诗内容丰富,很有特色。名篇如《水调歌头·赋三门津》,气势豪迈,风格接近苏辛一脉。萨都剌诗多塞外风光,词多怀古之作。"金陵城上,望天低吴楚、眼空无物。指点六朝形胜地,唯有青山如碧。蔽日旌旗,连云樯橹,白骨纷如雪。一江南北,消磨多少豪杰。寂寞避暑离宫,东风辇路,芳草年年发。伤心千古,秦淮一片明月"《念奴娇·金陵怀古》,景物与历史交织在一起,很有沧桑之感。

元曲中的散曲,无论山水抑或咏史怀古,颇多佳作。如马致远的《双调·落梅风·潇湘八景》及《天净沙·秋思》,张养浩的《山坡羊·潼关怀古》,都有其独到之处。

清初以王士禛为诗坛领袖,山水风景之作,意境澹远。如《真州绝句》:"江干多是钓人居,柳陌菱塘一带疏。好是日斜风定后,半江红树卖鲈鱼。"

纳兰性德工词,感情真挚。他曾多次出入古北口,又随康熙西征,多塞上之作。如《百字令·宿汉儿村》,上片写塞上荒凉萧索,凄冷苦寒之景,再借庾郎之典映己,表达了凄然伤感的情怀。下片以"便是""何况"的迭进句法,并用文园憔悴等典实,突出此刻的乡愁客思,愁怀难遣。结穴处以"惟有清啸"宕起远神,情韵更为深挚感人。"山重叠。悬崖一线天疑裂。天疑裂。断碑题字,古苔横啮。风声雷动鸣金铁。阴森潭底蛟龙窟。蛟龙窟。兴亡满眼,旧时明月。"《忆秦娥·龙潭口》,苍凉慷慨,寄思遥深,其不胜兴亡之叹,无限惆怅之情,确是深致绵缈,感人之至。《长相思》写征战西域,雪夜露营的景象,寄意遥深。这些词大有唐人边塞诗的风格,很受词家激赏。而《浣溪沙》则写梅雨江南,山水如画,自然清婉。

清中期的袁枚,曾漫游各地,性喜登山临水,寻幽探胜,诗作真率自然,别有灵性。如《同金十一沛游栖霞寺望桂林诸山》《登华山》等。

近代魏源也擅长山水诗,其代表作有《湘江舟行》(六首)、《天台石梁雨后观瀑歌》《三湘棹歌》等。其诗充满力度,动人心魄。

康有为的山水诗,多借景抒怀,其诗想象丰富奇特,用语瑰丽。名篇有《登万里长城》《庐山谣》《泛漓江至桂林》《将至桂林望诸石峰》等。

二、旅游诗词的艺术特征

(一)描景状物逼真

旅游诗词的景物描写,如同绘画一般,使我国的山川景色跃然纸上,栩栩如生。如王维的"大漠孤烟直,长河落日圆",《红楼梦》第四十八回,香菱学诗,就曾说:"想来烟如何直?日自然是圆的。这'直'字似无理,'圆'字似太俗。合上书一想,倒像是见了这景的,若说再找两个字换这两个,竟再找不出两个字来。"孟浩然的《宿建德江》:"移舟泊烟渚,日暮客愁新。野旷天低树,江清月近人。"在异常开阔的远景的背景之上,是清幽的近景,衬托出月下的孤寂与清旷,幽、远本不同,却又互相映衬,统一于暮色之中。其他名篇亦复如是。

(二)意境诗情深远

中国的文学有托物寄情的传统,讲究意外之旨、弦外之音。因而特别注意对意境的营造,同时又注意意境与诗情画意的融合。如唐代张继的《枫桥夜泊》:"月落乌啼霜满天,江枫渔火对愁眠。姑苏城外寒山寺，夜半钟声到客船。"诗中天空、落月、水面、渔火、清霜、江枫等无声之景中，已营造出优美而凄清的意境，加上乌啼、钟声，静物、声音、光影，更添羁旅之苦，成为千古绝唱。其他如陶渊明的"采菊东篱下，悠然见南山"、柳宗元的"孤舟蓑笠翁，独钓寒江雪"、崔颢的"日暮乡关何处是，烟波江上使人愁"，除深邃、隽永、含蓄之外，还有难以言说的悠悠情怀，不尽之意令人久久回味。

（三）景物哲理交融

中国诗歌到成熟阶段，在写景时，很少为了写景而写景，总是力求通过诗歌传达自己的感悟和认知，这也符合中国文人提倡的"文以载道""以诗言志"的传统。这类诗词俯拾皆是，著名的佳句如王之涣的"欲穷千里目，更上一层楼"、杜甫的"会当凌绝顶，一览众山小"、李商隐的"夕阳无限好，只是近黄昏"、苏轼的"不识庐山真面目，只缘身在此山中"、辛弃疾的"青山遮不住，毕竟东流去"等，都深得景、理交融之妙。

（四）景、史结合，感喟良深

这类诗除咏史之外，更加入自己对生活、生命的感悟，悼古伤今，借古喻今，借古讽今，使诗的境界得到了升华。如苏轼《念奴娇·赤壁怀古》的"大江东去，浪淘尽，千古风流人物"，时空的背景十分壮阔而又深远，然而无论什么样的盖世英雄，最终仍不免随着千古奔流不息的大江而湮灭在历史的风烟之中，这是苏轼对生命无奈的喟叹，整首词气魄宏大，声韵高亢。表面看是羡慕周瑜，表明自己怀才不遇、壮志难酬的感慨，而字里行间又透露出作者渴望建功立业的豪迈情怀。

三、名篇选读

（一）曹操：《观沧海》

东临碣石，以观沧海。水何澹澹，山岛竦峙。树木丛生，百草丰茂。秋风萧瑟，洪波涌起。日月之行，若出其中；星汉灿烂，若出其里。幸甚至哉！歌以咏志。

【赏析】

《观沧海》是曹操北征乌桓，胜利班师途中登临碣石山时所作。这首四言诗借诗人登山望海所见到的自然景物，描绘了祖国河山的雄伟壮丽，既刻画了高山大海的动人形象，也表达了诗人豪迈乐观的进取精神。《观沧海》是建安时代描写自然景物的名篇，也是我国古典写景诗中出现较早的名作之一。全篇写景，其中并无直抒胸臆的感慨之词，但是诵读全诗，仍能令人感到他所寄托的诗人的情怀。通过诗人对波涛汹涌、吞吐日月的大海的生动描绘，使我们仿佛看到了曹操奋发进取、励志统一国家的伟大抱负和壮阔胸襟，触摸到了作为一个诗人、政治家、军事家的曹操，在一种典型的环境中思想感情的流动。全诗语言质朴，想象丰富，气势磅礴，苍凉悲壮，为历代读者所激赏。沈德潜在《古诗源》中评价此诗"有吞吐宇宙气象"，这是很精当的。

（二）孟浩然：《秋登兰山寄张五》

北山白云里，隐者自怡悦。相望试登高，心随雁飞灭。愁因薄暮起，兴是清秋发。时见归村人，沙行渡头歇。天边树若荠，河畔洲如月。何当载酒来，共醉重阳节。

【赏析】

这是一首临秋登高望远、怀念旧友的诗。开头四句，先点自悦，然后登山望张五；五六句点明秋天节气；七八句写登山望见山下之人；九十两句写望远所见，最后两句写自己的希望。全诗情随景生，以景烘情，情景交融，浑然一体。"情飘逸而真挚，景情淡而优美"，诗人怀故友而登高，望飞燕而孤寂，临薄暮而惆怅，处清秋而发兴，自然希望挚友到来一起共度佳节。"愁因薄暮起，兴是清秋发"，"天边树若荠，江畔洲如月"，细细品味，耐人寻味。

（三）张孝祥：《念奴娇·过洞庭》

洞庭青草，近中秋、更无一点风色。玉鉴琼田三万顷，著我扁舟一叶。素月分辉，明河共影，表里俱澄澈。悠然心会，妙处难与君说。应念岭表经年，孤光自照，肝胆皆冰雪。短发萧骚襟袖冷，稳泛沧溟空阔。尽挹西江，细斟北斗，万象为宾客。扣舷独啸，不知今夕何夕？

【赏析】

此词为月夜泛舟洞庭的写景抒情之作。上片描写广阔清静、上下澄明的湖光水色，表现作者光明磊落、胸无点尘的高尚人格。下片抒发豪爽坦荡的志士胸怀，表现了大无畏的英雄气概。"肝胆皆冰雪"可谓是一切志士仁人的共同品性，是人类最可宝贵的品格。结尾几句以西江北斗、宾客万象的奇思妙想和伟大气魄，表现他淋漓的兴致和凌云的气度及对宇宙奥秘、人生哲理的深深领悟，达到了一种超越时空的极高的精神境界。全词将清奇壮美的景色与词人的主体人格相一致，达到一种宠辱皆忘、物我浑然不分的境界，充满了浪漫主义色彩。

专题二　中国旅游文学

旅游文学主要有旅游诗词、游记及名胜楹联等形式，它们从不同角度和方面揭示和歌颂了我国自然风光和风土人情，表达了作者的思想、情感和审美情趣，在旅游文化中占有极其重要的地位。总体上看，旅游文学具有作家的群体性和风格多样性，关注现实和寄托理想以及纪实和写意等特点。

一、旅游诗词

旅游诗歌在旅游文学中是产生较早、作品最为丰富的一个品种。古代旅游诗词主要包括大部分山水诗词，部分田园诗词、边塞诗词和咏史怀古诗词等，而山水诗词是旅游诗词的主要部分。

山水田园诗，是中国诗歌的一种，以山水名胜及田园生活为主题，表现山水自然美和田园宁静、淡泊的意蕴。原本田园生活与中国古代文人的价值观、人生观有点背道而驰，因此，传统的旅游文学是不包括田园诗词的。但是，在现代快节奏生活以及人际阻隔、都市文明并发症的困扰下，田园成了享受大自然悠然惬意、呼吸纯净空气的代名词，"农家乐""田园行"，一时成为流行和时尚，使田园诗词重新受到重视。

山水田园诗既是旅游活动的一部分，又可以为旅游活动增添文化色彩和艺术魅力，促进了旅游资源内涵的扩大和深化，与旅游的联系最为紧密，对旅游资源的开发作用很大。

山水田园诗的起源很早，西周时期，我国第一部诗歌总集《诗经》中，就有不少涉及山水起兴的篇章和诗句。而田园诗的最早代表应是《击壤歌》："日出而作，日入而息。凿井而饮，耕田而食。帝力于我何有哉！"

战国后期南方的楚国，诞生了最伟大的浪漫主义诗人屈原。屈原一生经历坎坷，屡被小人谗害。在颠沛流离的放逐生活中，更加深了他对祖国山河的热爱，因此写下了许多优美的山水诗句。

二、赋与散文

（一）赋

赋是我国古代的一种文体，盛行于汉魏六朝，是一种韵文和散文的综合体，通常用来写景叙事，代表了汉代文学的最具特征的成就。从旅游文学的观点而言，赋也是汉代最具旅游文学特色的文学形式。

今天能看到的汉赋还有125篇，大部分与旅游内容有关，如描写地理、城郭、宫殿的赋有杜笃的《首阳山赋》、班固的《览海赋》《两都赋》、张衡的《温泉赋》《南都赋》、李尤的《函谷关赋》《德阳殿赋》、王延寿的《鲁灵光殿赋》、枚乘的《梁王逸园赋》。这些"赋"的撰写者，不仅有着丰富的游历，而且怀着强烈的旅游审美观念。

杜笃的《首阳山赋》所谓"长松落落，卉木蒙蒙"，描绘了苍莽山野郁郁葱葱的景象。班固《两都赋》虽然落脚点在批西都之奢靡，赞东都政治清明、社会和谐，但文中对两都的建筑都进行了详细的描述，让我们从中窥见两都的繁华富丽。张衡的《归田赋》，是东汉抒情小赋的开山之作，抒发作者入世的感慨与厌倦，描写了回归山水田园后悠然逍遥的生活，表达了作者出世的愿望，可以看作是最早的田园文学。贾谊的《吊屈原赋》，叙屈原之不幸，实写自己生不逢时，可以看作咏史类的文学形式之开篇。

汉赋对自然景物、人文景物的审美兴趣，为魏晋南北朝文学的勃兴和成熟奠定了良好的基础，也为后世山水旅游文学开拓了广阔的题材，并对后世写景抒情言志有深远影响。

魏晋南北朝的赋，形式多样，题材范围广。在这个时期出现了大量的登临览胜的景物抒情赋，可以说都与旅游有关，代表作有王粲的《登楼赋》、曹操的《沧海赋》、曹丕的《登台赋》《济州赋》、刘祯的《黎阳山赋》、曹植的《游观赋》《临观赋》。其中王粲的《登楼赋》，突出特点是善于运用景物来衬托作者心情，达到了情景交融的境界，可以说借景抒情之赋始于此赋，后世对此赋多有推崇。

唐朝以后，赋体文学逐渐衰落，虽仍有作品，而名篇不多，与旅游相关联的更少，且多为律赋，讲究四六骈俪偶对。著名的有唐王勃的《滕王阁序》、宋欧阳修的《秋声赋》、苏轼的《前赤壁赋》《后赤壁赋》。

（二）散文游记

旅游散文，包括那些描写、议论旅游生活或旅游服务的文字。我国的旅游散文出现较早，可谓源远流长。先秦就已成书的《山海经》《穆天子传》，就具有游记的雏形。从《论语》和《庄子》中，也可以看到古代游记的端倪，如《庄子·天地》记载有"黄帝游乎赤水之北，登乎昆仑之丘而南望"，这是对黄帝旅游活动的真实写照。

两汉时，文学作品中的旅游成分更多了。光武帝刘秀封禅泰山，马第伯为之撰写了《封禅仪记》，描写了泰山的险峻登山的艰难和途中所见景色的壮丽，是今存记述攀登泰山的最早文字，具体而生动，使人如临其境、如见其险。从这里也可看到，游览及所见所闻构成的文字，已经独立成章，不再居于附庸的地位。

到了东晋南北朝，游记作品正式产生。同时，文人的书信中也用精美的文字来描述风光，抒发情感。正式的游记如谢灵运的《游名山志》（已逸，其片段保留于《初学记》和

《太平御览》等类书中），袁崧的《宜都记》（片段存于《水经注》）。这些游记从内容到形式虽然还很不成熟，但在整个游记发展史上，却是十分珍贵的资料。描写山水的著名作品，有东晋慧远的《庐山诸道人游石门诗序》，刻画了庐山石门山水的雄起秀丽；鲍照的《登大雷岸与妹书》，则以雄浑之笔，写长江沿岸所览之景物，略抒胸中之壮志与深慨；陶弘景的《答谢中书书》，描写山水有动有静，色彩明丽；吴均的《与宋元思书》以"风烟俱净，天山共色"起笔，描绘了富阳至桐庐一带奇峭、清幽、秀丽的山川景色，文辞清丽，文情俱茂，传诵千古，深得人们喜爱；丘迟的《与陈伯之书》"江南三月，暮春草长，杂花生树，群莺乱飞"，情景交融，清新明丽，更是历来为人传诵的名句。这些片段往往文字清隽，笔触生动，极具表现力，对后世文学创作产生了一定的影响。

这个时期独立成篇的山水游记中，主要是完整成熟的骈文，却没有散文。因为当时文人的观念认为散文并非文学语言。这时有两部地理学专著，却是用散文写成的，其中有不少描写山水风景的精彩片段，实际上成为柳宗元游记的"先导"。一部是郦道元的《水经注》，另一部是杨衒之的《洛阳伽蓝记》。前者着力叙述有关历史故事和风光景物，笔触生动，富有山水情趣；后者写北魏时期洛阳佛寺的兴衰及寺院建筑的壮丽，文采斐然，言简意赅，很有表现力。

唐代初期，游记延续南朝文风，多用骈俪之文，如王勃的《滕王阁序》，盛唐王维的《山中与秀才裴迪书》，既是写景，亦是抒情，抒孤寂之情怀。

柳宗元是中国文学史上第一个大量和精心写作游记散文的作家，写有《永州八记》等20多篇游记，不仅数量多，更以其卓越的艺术特色为后人津津乐道，被公认为集大成的模山范水的能手。柳宗元把游记散文这种文学体裁发展到一个崭新的阶段，从而确立了游记散文在中国史上的地位。此外，韩愈的《燕喜亭记》、白居易的《冷泉亭记》《庐山草堂记》等，都各具特色，风致嫣然。

宋代的游记更趋繁盛，硕果累累，无论是内容还是形式都臻于完善，作家个性突出，风格各异，富于创新。一些著名的大家及作品，更是名传千古，如欧阳修的《醉翁亭记》、王禹偁的《黄冈竹楼记》、范仲淹的《岳阳楼记》、苏轼的《游沙湖》《承天寺夜游记》、苏辙的《黄州快哉亭记》、曾巩的《墨池记》、周密的《观潮》等。这一时期还出现说理游记，如王安石的《游褒禅山记》、苏轼的《石钟山记》《放鹤亭记》等。王安石的《游褒禅山记》不以记游为重点，而是就游山所见谈感受、发议论，意在说明无论研究高深的学问，还是创立宏伟的事业，都必须有勇往直前、百折不挠的道理。苏轼的《石钟山记》描写了山中巨石的森然耸立，山水之间的各种声音，写景状物绘声绘色，给人一种如临绝壁、如泊深潭的奇险感受，揭示一个深刻的哲理，即凡事都应该进行实际的考察而不应该主观臆断。全文把形象的描写和理性的分析巧妙地融合起来，洋溢着一种理趣。另外还出现了两部日记体游记，即陆游的《入属记》、范成大的《吴船录》，其中有许多精彩章节着力表现了山川奇景。

明清两代，游记散文空前繁荣，游记中山水、古迹之记叙，往往寄托遥深，抒写情怀，艺术风格鲜明独特。

明初，宋濂、刘基、高启鼎足三分，作品分别有《游钟山记》《松风阁记》《游天辛山记》。明中期"公安派"的"三袁""竟陵派"的钟惺、谭元春等作家，都以各具特色的游记为整个游记文学增辉添彩。晚明的山水游记创作最为出色，张岱的《陶庵梦记》，文笔清雅，意境新奇，不限于写自然之景而能出入人文景观，其《西湖七月半》《湖心亭看雪》，皆属妙品。徐宏祖的《徐霞客游记》最为杰出。他旅游30多年间，东渡普陀，北历燕冀，南涉闽粤，西南至云贵边陲，西北直攀太华之巅，足迹遍于现在的19个省市地域，对祖国的名山大川进行了实地考察和记载，确属科学与游记文学高度结合之作，自然景观、人文景观、风土人情、传闻逸事皆入卷中，大大开拓了游记的题材，是游记散文创作的又一发展。

清朝后期的龚自珍，才气横溢，诗文自成一家。其游记多议论、感慨之词，政论性很强，并具有深刻的现实意义，可谓杂感性游记。其《己亥六月重过扬州记》，记述自己重过扬州时所见、所遇、所感，揭露了士大夫的庸俗堕落，对现实做了深刻的针砭，明显的呈现出与一般游记不同的另一种风貌，颇有开创性意义。

三、旅游楹联

（一）对联的历史演变

对联的产生，与中国古诗的偶对有关，如《诗经》中就有许多这样的连句。汉代的赋体文学，为了追求语言的铿锵节奏，也主动使用骈偶。当南朝刘宋、沈约发现"四声八病"之后，律诗得到发展和完善，又为对联，尤其是短联提供了平仄相对交互使用的写作手法。

最早的对联是春联，而春联最初是写在桃符上的。早在秦汉以前，我国民间过年就有悬挂桃符的习俗。所谓桃符，即把传说中的降鬼大神"神荼"和"郁垒"的名字，分别写在两块桃木板上，悬挂于左右门，以驱鬼镇邪。这种习俗持续了1 000多年。到了五代，人们才开始把联语题于桃木板上。据《宋史属世家》记载，五代后蜀主孟昶"每岁除，命学士为词，题桃符，置寝门左右"。公元964年，学士幸寅逊撰词，昶以其非工，自命笔题云："新年纳余乐，嘉节号长春"，这是我国最早出现的春联。

宋代以后，民间新年悬挂春联已经相当普遍，王安石诗中"千门万户曈曈日，总把新桃换旧符"之句，就是当时盛况的真实写照。由于春联的出现和桃符有密切的关系，所以古人又称春联为"桃符"。

到了南宋，楹贴盛行。朱熹（1130—1200）撰有明伦堂联、书舍联、读书处联、格言联、赠联，附载于《朱子全集》，得以流传。朱熹对楹联发展有三大贡献：一是以骈文句式同边自对撰联。这是短联发展为长联的契机。例如，题建宁府学明伦堂："学成君子，如麟凤之为祥，而龙虎之为变；德在生民，如雨露之为泽，而雷霆之为威。"二是将骈文句式与律诗句式结合，创四七格。例如："鸟识元机，衔得春来花上弄；鱼穿地脉，挹将月向水边吞。"三是最早创作永韵联。例如，赠漳州士子："东墙倒，西墙倒，窥见家室之好；前巷深，后巷深，不闻车马之音。"

到明代，人们才开始用红纸代替桃木板，出现了我们今天所见的春联。明太祖朱元璋定都金陵后，除夕前，曾命公卿士庶家门须加春联一副，并亲自微服出巡，挨门观赏取乐。而后，文人学士无不把题联作对视为雅事。清代是楹联的鼎盛时期。康熙六十寿诞（1713年）和乾隆八十寿诞（1790年）两次庆祝活动，以及乾隆敕儒臣撰写的紫禁城宫廷春联，形成了精品楹联创作高潮。例如，康熙六十寿灯栅牌楼："辇道风清，蕟官万年调玉露；瑶池春暖，华灯年夜彻琼霄"。

由于最高统治者的爱好和提倡，清代联家辈出，高官名士无不擅长撰联，如李渔、孙髯、曹雪芹、梁同书、纪昀、李调元、阮元、梁章钜、林则徐、曾国藩、左宗棠、彭玉麟、薛时雨、俞樾、张之洞、王闿运等。其中李渔的《笠翁对韵》，孙髯的《昆明大观楼长联》和梁章钜的《楹联丛话》，标志着楹联已经成为自成体系的独立文体，可以与诗词曲赋骈文并驾齐驱，媲美争艳。从此，春联、寿联、挽联、赠联；门联、厅联、亭联；名胜联、商业联、格言联、讽刺联、游戏联，成为社会生活中的时尚流风之盛，不因战乱革命而衰落。

1949年新中国成立后，虽然春联在中国继续流行，革命领袖和知识分子亦多爱好楹联，但未能形成风气。20世纪80年代以来，随着改革开放，楹联文学进入了复兴时期。1984年成立中国楹联学会，1985年创办《对联·民间对联故事》，1987年创办《中国楹联报》。地方楹联组织的发展如雨后春笋，征联活动接连不断，楹联网站丰富多彩，出现了群众性的楹联创作和理论研究高潮。尤其可喜的是，书法与楹联的结合，网站与楹联的结合，为楹联的发展增添了强大的两翼。

随着各国文化的发展，对联还传入越南、朝鲜、日本、新加坡等国，这些国家至今还保留着贴对联的风俗。

（二）对联的特点

对联要求对仗工整，平仄协调，上联尾字仄声，下联尾字平声。这些特点都和律诗有某些相似之处，所以有人把对联称为张贴的诗。但对联又不同于诗，它只有上联和下联，一般来说较诗更为精练，句式也较灵活，可长可短，伸缩自如。对联可以是四言、五言、六言、七言、八言、九言，也可以是十言、几十言。在我国古建筑中，甚至还有多达数百字乃至1 620字的长联。对联无论是咏物言志，还是写景抒情，都要求作者有较高的概括力与驾驭文字的本领，才可能以寥寥数语，做到文情并茂，神形兼备，给人以思想和艺术美的感受。

对联既要用诗一般的精练语言表达完整统一的语义，又要以工整巧妙的形式和优美和谐的韵律来体现其含义。形式工整和韵律优美是对联最突出的特点，具体来讲，一副好的对联应满足以下4个要求。

1. 字数相等

这是对联的基本要求，也是对联形式工整的前提。一般要求对联最少要四个字以上，如字数过少，则难以达到艺术韵律美的特点。

2. 断句一致，词性相对

上联的一个字对应下联的一个字，上联的一个词对应下联的一个词，上联的一个短语对应下联的一个短语。同时，对应位置上的字词应具有相同的词性，即名词对名词，动词对动词，形容词对形容词，副词对副词等。

在这方面，一般分工对、宽对、借对。工对即对仗时上下联词性完全一样，对得十分工整、严谨、妥帖。宽对则是词性相近或主词相对，修饰词可能有出入，即半对半不对。借对则是借字音或字义互用。如读音用字音，意思用字意，或正好相反。如梁章钜题苏州沧浪亭联："清风明月本无价；绿水遥山皆有情"，上联"清"字，即取"清"之意，同时又借"清"之音与"青"同，与下联"绿"相对。

3. 语义相关

上下联所表达的含义要互相关联，上下联内容合起来要表达一个完美的语义。可以分为正对、反对、流水对。

正对是上下联内容并列，意思可以互补，表现共同主题。如济南大明湖对联："四面荷花三面柳；一城山色半城湖"。山、荷花、城、柳共同构成大明湖独特的景观。反对是上下联一正一反,互相映衬。古人也说:"反对为优,正对为劣"。如杨应琚的"小楼容我静,大地任人忙。"小与大,静与忙相对比,写出罗浮山的幽静与清旷。流水对也叫串对,特别注重动感,注意上下联的呼应,上下联内容上有一种递进、转折、条件、因果等关系,如拆开意思便不完整。如"若有灵机能悟道;何愁妙笔不生金"。上句说的是因,下句说的是果,因果结合,自然阐述。

4. 仄起平落,平仄相合

上联的最后一个字用仄声,下联的最后一个字用平声。除此以外,上下联对应位置上的字要尽可能平仄相反,使得对联读起来抑扬顿挫、优美动听。

(三) 对联的分类

(1) 按内容用途,对联可分为:春联、喜联、寿联、挽联、胜迹联、述志联、格言联、述事联、状景联、抒情联、晓理联、评论联、趣联等。春联又分为:通用联、行业联、生肖联等。趣联又分为:回文联、地名联、叠字联、重字联、嵌字联、同旁联、双关联、顶真联、绕口联、隐字联、谜联等。

(2) 按联语出处分类,有集句联、集字联、摘句联和创作联等。

(3) 按贴(刻、挂)的位置,对联可分为:门联、堂联、楹联(楹是厅堂前部的柱子,贴在楹上的对联称为楹联)。

(4) 按字数的多少,对联可分为:短联和长联。习惯上,七字以内的称为短联;十个字以上的称为长联。也有把单句式对联称为短联,双句式及多句式对联称为长联。

(四) 常见对联的修辞方法

1. 比喻法

"墙上芦苇,头重脚轻根底浅;山间竹笋,嘴尖皮厚腹中空。"这是一副对仗工整的、形象鲜明的好联。它用来比喻一些没有真才实学、夸夸其谈的人,生动而贴切。这样的比喻手法,就是用人们熟知的事物或现象,去显示事物的性质,启发人们思考;或者把一些较为抽象的名词概念变为具体的形象去感染人。

2. 人格化

不但诗歌有这种体现手法,对联也有。且举其中的一例:"烛向灯云,靠汝遮光作门面;锣对鼓曰,亏侬空腹受拳头。"这是在封建制度下,某地元宵节的一副民间庆灯对联。烛、灯、锣、鼓,都是常见物,但经此摆布,似是人们的一席对话。烛燃着发光,毕竟是在灯里面,只有依傍灯笼作门面,才吸引人"欣赏";而锣的鸣响则是因诉说空腹遭受拳头之苦。彼此处境不同,感受各异。而这一席对话的内容,恰好体现了当时社会上人与人之间的关系。

3. 问答法

由于对联有着排偶的特点,上下两联之间互为关联,采用一唱一和的"问答法"较为方便。

从前,有人通过戏台演戏中的情景,用联语把旧社会的生涯做一番对照,通俗感人。如是:"穷的富的,贵的贱的,睁睁眼看他怎的;歌斯舞斯,哭斯笑斯,点点头原来如斯。"又如在新中国成立前,有人替一家财主撰联云:"只有几文钱,你也求,他也求,给谁是好?不做半些事,朝来拜,夜来拜,使我为难。"通过这样一问一答,一针见血地揭示了那些财迷心窍者的丑陋面目。

4. 衬托法

对联写作的衬托法，通常有两种：一是侧面衬托；一是反面衬托。所谓侧面衬托，是对主题不做正面描写，而是通过旁边的有关事物显示出来，使主题思想含蓄，引人寻味。在民族英雄郑成功祠有一副对联：

东海望澎台，风景不殊，举目有山河之异；

南天留祠宇，雄图虽渺，称名则妇孺皆知。

作者并不正面叙述郑成功当年如何反抗侵略，如何收复台湾的事迹，只是用"澎台""风景"作示意，接着以"不殊"和"之异"作对立面，衬托下句。这样，人们很自然地联想到这位民族英雄当年的光辉伟绩。

5. 对比法

事物的好与坏，是事物矛盾的两个对立面，这是客观存在的。但要使他们取得正确的认识，或加深人们的认识，就要突出事物之间的矛盾所在。这样，最好是运用"对比法"。俗话说，"不怕不识货，就怕货比货"，即此道理。运用"对比法"来写对联，亦算常见。例如郭沫若少年时代戏作"昨日偷桃，钻狗洞不知是谁；他年攀桂，登月宫必定有我"。不同的时代，将有不同的作为。这个"对比法"，词意概括，形象鲜明。

6. 集句法

集句，是对联写作的手法之一。古今以来，集句成联的范围很广，如集诗句、词句、贴句、俗语、成语、格言等。在古代对联中，集句联占着很大的分量，这里，只略举数例。

"好雨好山兼好客；宜烟宜雨复宜情"，这是用于广东惠州西湖晴雨亭的对联，都是集自唐句，既切合亭名，又适宜于描绘亭榭风光。

有些集句联，不是完全集自原句，而是带有借意性质的。有人撰江西省九江琵琶亭联："灯影幢幢，凄绝暗风吹夜雨；荻花瑟瑟，魂销明月绕船时。"上联采自唐代元稹诗句之意，显得自然贴切。

郭沫若曾摘取毛泽东同志词句成联"江山如此多娇，风景这边独好"。上联为《沁园春·雪》词句，下联为《清平乐·会昌》词句。不但对仗工整，意境亦清新。读后，爱国主义之情油然而生，使人充满了信心和力量。

像这样的集句法，它的特点是用现成的语句，按照对联的形式格调凑在一起，构成一种新的意境，有时浑如天成，比自己创作的还好。

专题三　中国主要传统艺术文化

一、书法艺术文化

我国是四大文明古国之一。在漫长的生产和生活实践中，我们的祖先留下了极其丰富、光辉灿烂的文化遗产。独具特色的书法艺术就是其中的重要组成部分，至今仍在人类文化的宝库中熠熠生辉。它主要通过汉字的用笔用墨、点画结构、行次章法等来表现人的气质、品格和情操，从而达到美学境界。世界上拥有书法艺术的民族屈指可数，中国的书法具有悠久的历史。

（一）中国书法艺术概述

书法是汉字的书写艺术。它不仅是中华民族的文化瑰宝，而且在世界文化艺术宝库中独放异彩。世界上拥有书法艺术的民族屈指可数,其中唯有中国书法历史最悠久、传播最广泛、同民族文化关系最密切。书法是中国古代文化的重要组成部分,具有3 000多年的悠久历史,我们的汉字从图画、符号到创造、定型,由古文大篆到小篆,由篆而隶、楷、行、草,各种形体逐渐形成。在书写应用汉字的过程中,我国逐渐形成了世界各民族文字中独一无二、自成门类的书法艺术。书法比较集中地体现了中国艺术的基本特征。因此,书法被誉为"无言的诗,无形的舞,无图的画,无声的乐"。

(二) 汉字的起源与演变

说起书法,就不得不提到汉字,"书法是依附于汉字,以汉字为载体的",有了汉字才有可能有书法。汉字是汉族的祖先经过长期社会实践而创造出来的一种文字符号系统,也是世界上历史最悠久的文字体系。世界上也曾经存在过许多其他古老文字,如古埃及的圣书字、苏美尔象形符号等,但它们早已失去记录语言的功能而变为历史陈迹,只有汉字从古代一直沿用至今。

1. 汉字的起源

关于汉字的起源,中国古代文献上有种种说法,如"结绳""八卦""图画""书契"等,其中以"仓颉造字说"影响最大,流传最广。实际上,汉字是广大劳动人民根据实际生产生活需要,通过长期的社会实践慢慢地丰富而发展起来的。

(1) 结绳说。学者据《周易·系辞下》"上古结绳而治,后世圣人易之以书契,百官以治,万民以察"的论说,推断"文字起源于结绳"。

(2) 八卦说。孔安国《尚书》(虽系伪作,但年代久远)序里说:"古代庖牺氏之王天下也,始画八卦,造书契,以代结绳之政,由是文籍生焉"。

(3) 仓颉造字说。据说仓颉是古代中原部落联盟领袖黄帝的史官。由于当时社会进入较大规模的部落联盟阶段,联盟之间交往日益频繁,迫切需要建立一套各联盟共用的交际符号。因此,史官仓颉便承担了搜集及整理共用文字的工作。

(4) 图画说。现代学者认为,汉字真正起源于原始图画。一些出土文物上刻画的图形,很可能与文字有渊源关系。西安半坡遗址出土的仰韶文化彩陶盆和晚商青铜器上的鱼形图案,形态逼真,栩栩如生。他们的刻画符号多保留在彩陶上,这可以看作是原始的中国文字,也就是我们现在所说的陶文。

2. 汉字字体的演变过程

中国书法是一门古老的艺术,从甲骨文、金文演变而为大篆、小篆、隶书,至定型于东汉、魏晋的草书、楷书、行书诸体,书法一直散发着艺术的魅力。

(1) 甲骨文。甲骨文是中国书法艺术的开端,因为甲骨文已经具备了中国书法的三个基本要素:线条、结体、章法。

① 线条。甲骨文的线条犀利挺直、瘦劲峭拔。这些高度抽象的、有意义的线条,将书法与绘画区别开来。

② 结体。甲骨文字形式偏于瘦长,字体一方面具有均衡对称之美和一字多形的变化美,另一方面又具有方圆结合、开合揖让等结构形式,为以后篆书、楷书的结体提供了有益的启示。

③ 章法。甲骨文行款严谨,大多为竖行排列,与后世的书写行款基本相同,但却不顾及横列的平直,字形大小不一。

(2) 金文。金文具有与甲骨文同样的书法意味。

① 西周金文。西周是金文的鼎盛时期，在书法艺术上，西周金文超越商代甲骨文，迅速走向成熟，构成书法发展的主流形态。这时期的金文上承甲骨文传统，下开小篆新风，是大篆书体鼎盛时期的杰出代表。

② 东周金文。东周时期，金文书法形成了各自独特的地域风格，这在中国书法发展史上颇有特色。东周金文地域文化的风格类型主要包括三种形态：齐系文字、楚系文字、秦系文字。三种地域风格在差异中又表现出线条匀称化、结体规整化、章法严谨化的统一趋势。

(3) 大篆。大篆是西周时期普遍采用的字体，相传为伯益所创。大篆有两个特点，一是线条化，早期粗细不匀的线条变得均匀柔和了，线条十分简练生动；二是规范化，字形结构趋向整齐，逐渐离开了图画的原形，奠定了方块字的基础。其缺点是字体繁复，书写不方便。

(4) 小篆。小篆又称秦篆，是在秦始皇统一中国后，由宰相李斯负责，在秦国大篆的基础上，删繁就简创制而成的文字。小篆看起来很美观、规范，给人以刚柔并济、浑圆挺健的感觉，对汉字的规范化起了很大的作用。

(5) 隶书。隶书是小篆的简便写法，最早流行于秦代下层人物中间，相传御史程邈将其整理成一种新字体。到了汉代隶书逐渐成熟，占据了主要地位，而且文字的易读性和书写速度都大大提高。隶书第一次确定了横平竖直的汉字笔画形体和四四方方、结构整齐匀称的整字形体，为现代汉字的形成奠定了基础。

(6) 草书。草书又称破草、今草。草书源于章草，章草带有比较浓厚的隶书味道，因其多用于奏章而得名。章草进一步发展而成为"今草"。今草较章草及行书更趋于简洁。到了唐朝，又有了抒发情怀，寄情于笔端而表现的"狂草"。草书给予观者豪放不羁、流畅之感。

(7) 楷书。又称真书，是融合隶书和草书而成一体的字体。三国时期的钟繇是在楷书加工整理上有巨大贡献的人。到了唐朝，文化高度发展，书法也发展到了顶峰，出现了一批擅长写楷书的名家，如欧阳询、虞世南、褚遂良、颜真卿、柳公权等。我们今天所用的印刷体，就是由楷书变化而来的。

(8) 行书。行书是介于楷、草之间的一种字体，它书写流畅，用笔灵活，生动巧致，产生于东汉之末，真正繁荣是在东晋时期。"书圣"王羲之的《兰亭序集》被誉为"天下第一行书"。由于行书比楷书实用，书写比楷书便利，又不像草书那样难认，所以直到今天仍是最常用的字体。

中国文字的演变，大体经历了甲骨文—大篆—小篆—隶书—草书—楷书—行书几个阶段，这是符合文字的发展由繁到简、由不规范到规范的规律的。各个历史时期所形成的各种字体，有着各自鲜明的艺术特征。如篆书古朴典雅；隶书静中有动、富有装饰性；草书风驰电掣、结构紧凑；楷书工整秀丽；行书易识好写，实用性强，且风格多样，个性各异。篆、隶、楷、行、草构成了中国书法的五种字体。

(三) 中国古代书法发展简史

书法的历史源远流长，最初它只是作为文字的现实形式来立身存世的，后来经过文人艺术家们的介入与开拓才逐渐发展成为一种独具特色的、具有深厚文化内涵的艺术表现形式。总的来说，书法从殷商到今天，经历了发展、成熟和繁荣三个阶段。

1. 从殷商到西汉，是书法艺术的发展期

在这一阶段，由于文字的使用和书写都是为贵族服务的，所以使用面非常狭小。书法在当时还完全属于一种政治或生活的实用工具，但作为独立审美艺术的书法还没有诞生。甲骨文、金文和篆书虽然书契工具不同，字体也略有差异，但是书法特征基本相同：一是结体繁复，字形带有较重的象形意味；二是线条单纯，没有明显的粗细变化和形式区别。

2. 从东汉到唐代前期，是我国书法艺术的成熟期

这一时期的书法发展出现了一个质的飞跃，即书法在承担政治工具、生活工具的同时，产生了"纯艺术"的倾向。但此时的书法作品仍不是为"艺术而艺术"的自觉创作，绝大多数都是承载着一定生活内容的书牍。当时，近代意义上的自觉"书法艺术创作"作品还没有出现。而且，这种状况一直延续到唐朝前期。

3. 从盛唐以后开始，我国的书法艺术进入了繁荣期

这一时期，字体的发展已经终结，书法艺术主要朝着书体多样化的方向发展，力求在同一字体上通过点画和结体的变化，创造出各种各样的风格面貌，形成形式多样的书体。以唐代楷书为例，就有欧（欧阳询）体、虞（虞世南）体、褚（褚遂良）体、李（李邕）体、颜（颜真卿）体、柳（柳公权）体等。行草书写起来则更自由、变化更大，更能充分表达作者的思想感情和审美趣味，因此书体也就更多了。它们或者沉雄豪健，气如幽燕老将；或者和婉清丽，形同绝代佳人；有的浑穆苍古，神似山村野老；有的端庄凝重，貌似谦谦君子。

从宋代开始，书法家在书法史中引入了"伦理""道德"的概念。苏轼认为：书法的形式从某种程度上说可以展现君子、小人之性。而宋代另一位大书法家黄庭坚也提出：人的品格决定书法的品格，书法家必须将"读书""修身""养德"作为书法的后盾，只有品格高尚才能克服书法中的"俗气"，拥有高雅美妙的书法艺术的"灵"韵。就这样，宋人把伦理学引入了书法艺术。

元代书法家赵孟頫，明代书法家祝允明、文徵明、董其昌都以各自个性驰骋书坛。

清代是我国书法历史上书道中兴的一代，尤其是出现了一些群体书法家，如扬州八怪，他们打破馆阁体的僵死书风，创造出一代崭新的书风。如郑板桥就宣称过："凡作文者，当作主子文章，不可作奴才文章。"他的诗、书、画并称板桥"三绝"，其所以称三绝是因为有"三真"，即真气、真意、真趣。

（四）书法与旅游

我国旅游和书法是紧密相连的，书法已成为旅游的重要资源。书法作品、书写工具、书法景观已成为旅游场所中引人注目的内容之一。

1. 专项书法展览精品纷呈

综合性博物馆里无一不收藏中国书法作品，而专题博物馆，如中国美术馆、荣宝斋、上海书画社、杭州西泠印社等都有数千或数万件书法珍品。这些珍贵的作品就是开展旅游活动的有形无形的资源。

2. 对联匾额是景区建筑重要的组成部分

中国厅堂有自己的民族布置方法：室内的书法中堂、条幅，立柱上的楹联抱柱，堂上悬挂的匾额都是书法作品。比如故宫乾清宫，中间"正大光明"匾是清顺治皇帝御笔所书。颐和园中"留佳""寄澜""秋水""清遥"等匾额，皆是慈禧太后亲书，再做成金字匾额的。可以说这些对联匾额、书法作品都是古今名人此地彼时写成，成为点睛之笔。

3. 摩崖石刻与碑林

我国的旅游景观中碑林的人文价值多是通过碑刻实现的，而摩崖石刻也借助高山丘陵的石壁，将名人的书法刻于其上。我国的碑林很多，秦汉时即有刻石记功、记事的习俗，其后大体有三种情况：一是专题性碑林，如山东曲阜孔庙内的历代碑石；二是以内容丰富多彩取胜的碑林，如西安碑林；三是园林中的书条石碑刻，如苏州园林中的一方方诗条石。

4. 书法名人故地

我国一些人文景观专为书法名人而设，原因是这些景点与名人的经历和书法有自然的联系，而后人凭吊活动多是围绕名人书法展开的。

二、绘画艺术文化

中国绘画在古代无确定名称，一般称为丹青，主要指的是画在绢、纸上并加以装裱的卷轴画。近现代以来为区别于西方输入的油画（又称西洋画）等外国绘画而称为中国画，简称国画。它包括水墨画、墨笔画、彩墨画、工笔重彩画、白描画等。中国画是我们中华民族灿烂文化的组成部分，在世界美术艺苑中独树一帜。中国画融诗、书、画、印为一体，代表了一个国家、一个民族的文化修养和内涵，是中华民族的瑰宝和骄傲。

（一）中国古代绘画发展简史

中国绘画艺术历史悠久，源远流长，经过数千年的不断丰富、革新和发展，形成了独具中国意味的绘画语言体系，在东方以至于世界艺术中都具有重要的地位与影响。

中国绘画的历史最早可追溯到原始社会新石器时代的彩陶纹饰和岩画，原始漆器、青铜器纹饰、楚国出土帛画等，都已达到较高的水平。

秦汉时期绘画艺术空前发展与繁荣。尤其是汉代盛行厚葬之风，其墓室壁画及画像砖、画像石以及随葬帛画，生动塑造了现实、历史、神话人物形象，具有动态性、情节性，在反映现实生活方面取得了重大成就。

魏晋南北朝时期战争频繁，苦难给佛教提供了传播的土壤，佛教美术勃然兴起。如甘肃麦积山石窟、敦煌莫高窟都保存了大量的该时期壁画，艺术造诣极高。这一时期还涌现出一批有文化教养的上流社会知名画家，如顾恺之等。这一时期玄学流行，文人崇尚飘逸通脱，画史画论等著作开始出现，山水画、花鸟画开始萌芽，以文学为题材的绘画日趋流行。

隋唐时国家统一，经济繁荣，对外交流活跃，给绘画艺术注入了新的生机。在人物画方面虽然佛教壁画中西域画风仍在流行，但吴道子等人具有鲜明中原画风的作品占了绝对优势，展子虔、李思训、王维、张璪等人的山水画、花鸟画工整富丽，取得了较高的成就。

两宋时期，中国绘画艺术出现了一个鼎盛时期。朝廷设置画院，扩充机构编制，招揽人才，并授以职衔，宫廷绘画盛极一时。文人学士亦把绘画视作雅事，并提出了鲜明的审美标准，故画家辈出，佳作纷呈。此时风俗画兴起，尤其是张择端的《清明上河图》已成为举世闻名的杰作。

元明清时期的绘画，在题材上，山水画、花鸟画占据了绝对的地位。文人画兴起，借绘画以示高雅，表现闲情逸趣，强调人品、画品的统一，并且注重将笔墨情趣与诗、书、印有机融为一体，形成了独特的绘画样式，涌现了众多的杰出画家、画派，如元代以赵孟頫为代表的"元四家",以唐寅为代表的"吴门四家",以石涛、八大仙人为代表的"四大高僧",以王时敏为代表的"四王"山水画,以金农、郑板桥为代表的"扬州八怪"。

(二) 中国绘画的分类

(1) 按装裱形式,可分为手卷、册页、堂幅、条幅、屏条、横批、对联、扇面等。

(2) 按画面内容,可分为人物画、山水画、花卉画、禽鸟走兽虫鱼画、界画等。

(3) 按画的形式或颜色,可分为水墨画、青绿、金碧、浅绛等。

(4) 从画的技巧上可分为粗笔(泼墨)、细(工)笔、写生、写意、法、白描、没骨、指头画等。

(5) 从画的时代上可分为古画、新画、近代画、现代画等。

(三) 中国绘画艺术的特征

传统的中国画具有悠久的历史,适应中国的文化土壤而生根开花,在立意、构图、技法和程式化等诸多方面,都具有自己的特点。

1. 首重立意,胸有成竹——中国画的构思

中国画创作,以立意为先,许多绘画理论家都首先强调这一点。不管是画山水、画人物,还是画花鸟,要立意在先,画中才能有变化、有奇意。

2. 以线造型,以形传神——中国画的造型规律

中国画是以线存型的,通过线勾出轮廓、质感、体积来。中国画无论对山水的坡线或衣服的纹线,都积累了非常丰富的线形,巧妙地描绘着各种形象。"以形写神"是晋代画家顾恺之的一句名言,从而确立了中国艺术神高于形的美学观,即画人不仅仅于形似,还要神似,画出人的精神面貌。在这一理论指导下,历代出现许多传神写照的佳作,成为指导绘画的一个重要准则。

3. 多点透视,计白当黑——中国画的构图法则

中国画既用焦点透视法,也用散点透视法,既有严守真实的画面空间和布白,也有打破真实按构图需要而平列的空间和布白,这样就使物象在画面出现时,可以按实物在画面上的艺术需要,伸长或缩短变化其形象,更换其位置。

中国画在空白处尤其注意经营,常常借用书法上的计白当黑,即没有画面的部位要像有画面的部位一样作认真的推敲和处理。

4. 随类赋彩,色彩相和——中国画的色彩法则

中国画的色彩,不拘泥于光源冷暖色调的局限,比较重视物体本身的固有色,而不去强调在特殊光线下的条件色。画一件物品,就赋予一件物品的基本色,达到色与物、色与线、色与墨、色与色的调和。

5. 情景相生,气韵生动——中国画的意境

中国画要求笔与墨合、情与景合。现实中无限丰富的景象,绘画家以强烈的形象感受能力进行创作,于是作品作为情景相生的复写而重现,使情景交融在一起。

至于气韵生动,即是画家所创造作品的艺术灵境,应富有生气,新鲜而活泼,有诗一般的韵味。

6. 诗、书、画、印、纸、笔——中国画的独特形式

只有中国画,才有题字盖印的做法,不仅文人画可以显示其诗、书、画三绝之长,即使一般的画作,也总要题字盖印,这样才有传统艺术的浓厚风味。中国画的工具和材料之性能，也决定着中国画的特色。中国画是运用绢和纸作画，特别是生宣纸的出现，更加体现了中国画的笔趣和墨彩。宣纸的渗性，毛笔的尖锥，使得笔锋无穷变化，产生奇妙的效果。

（四）绘画与旅游

我国旅游与绘画史紧密相连，绘画已成为旅游的重要资源，绘画作品、绘画景观已成为旅游景观中独具魅力的内容之一。

1. 专项绘画展览

凡综合性的博物馆都以名人绘画作为镇馆之宝，而专题博物馆，如中国美术馆、荣宝斋、上海书画社、杭州西泠印社等，都有大量的绘画作品，又如故宫博物院的绘画馆，以皇极殿西庑房为馆址，常年分期、分批、分类展出明清两代书画，每年10月还要展出晋、隋、唐、宋、元的书法绘画精品。

2. 景点厅堂的条幅字画

我国古典园林室内布置绘画是不可缺少的，它是厅堂的点睛之笔，决定着厅堂的品位及主人的喜好志趣，成为景观的镇景之宝。如山东曲阜孔府有大量的名贵字画，多为历代名家的书画珍品。

3. 寺观壁画

宗教绘画艺术是人类宝贵的艺术财富。寺观壁画早期多为洞窟壁画，晚期多为殿观壁画。我国现存的古代壁画较多，如敦煌莫高窟壁画达45 000多平方米，麦积山石窟壁画也达1 300多平方米。

4. 汉代画像石

画像石是一种特殊的画，原是墓葬石室绘画，因埋于地下而至今鲜亮明晰如初。其上石刻内容飨宴会饮、车骑出行、博弈游戏、乐舞百戏、射御比武，几乎无所不含，是最真实的汉代生活全景图。汉代画像石在中国美术史上占有承前启后的重要地位。

5. 摩崖壁画

我国人民一直有摩崖壁刻的传统，因此摩崖壁画遗存众多，是旅游的重要景观。如江苏连云港孔望山摩崖造像，就为自然山势凿成，画面东西长15.6米，高9.7米，110余尊人像，大小不一，姿态各异。专家考证为东汉晚期的遗存，是我国最早的佛教摩崖造像，早于敦煌石窟200年，被称为"九州第一窟"。

6. 绘画名人故居

我国绘画名人的故居很多，明清代以前由于战乱频发，很多故居都难寻真迹，但后人往往会依史书记载重建、复建，如四川眉山市的三苏祠，就是清代康熙四年重建的。明清距今不远，所以几乎都能找到著名画家的故居或漂泊异乡的作画场所，如绍兴青藤书屋、兴化郑板桥故居、扬州金农故居等。

三、雕塑艺术文化

中国古代雕塑是中国古代艺术的另一精华，在题材内容、形式风格、雕塑技法以及所使用的材质上都具有鲜明浓郁的民族特色、时代特色。中国古代雕塑充满了写意传神的特点，由外在形象引出独特的感觉、意境，引人遐想。

（一）中国古代雕塑发展概况

雕塑，是雕、刻、塑三种创制方法的总称，是造型艺术的一种，指用各种可塑材料

（如石膏、树脂、黏土等）或可雕、可刻的硬质材料（如木材、石头、金属、玉石、玛瑙等），创造出具有一定空间的可视、可触的艺术形象，借以反映社会生活，表达艺术家的审美感受、审美情感、审美理想的艺术。雕塑的产生和发展与人类的生产活动紧密相关，同时又受到各个时代宗教、哲学等社会意识形态的直接影响。中国古代雕塑创作非常发达，各个历史时期在雕塑领域都有着辉煌的建树。

1. 史前雕塑

旧石器时代晚期已出现雕刻艺术品，如河北出土的带有水波纹及斜格纹的鹿角化石，刻纹清晰优美，是旧石器时代晚期骨雕艺术的珍贵实物。进入新石器时代后，陶塑与泥塑成为当时最流行的雕塑品种，此外还有玉雕、骨雕、牙雕、木雕等品种。

2. 夏商周雕塑

夏商周时代青铜雕塑的成就最突出。该时期已出现圆雕和装饰性浮雕，兼具庄重典雅和神秘瑰奇的风格。至战国时代才突破了这种程式，向着生动活泼的方向发展。

3. 秦汉雕塑

秦汉时代雕塑艺术得到蓬勃发展。秦汉时代的雕塑以拙重、粗犷为特色，缺乏细腻感。这种阳刚之美，成为秦汉时代积极进取、刚健有力的文化精神的象征。该时期代表作有秦始皇陵陶塑兵马俑。其雕塑手法写实，整体气势磅礴，是秦始皇"示强威、服海内"思想的产物。石雕代表作有西汉霍去病墓石雕，包括马踏匈奴、跃马等大型作品16件。

4. 魏晋南北朝雕塑

魏晋之后，南北对峙，北部混战，南朝受玄学影响，崇尚清静无为。在这种背景下，该时代的雕塑由秦汉时代的阳刚之美分裂为南方风格与北方风格，即阴柔之美与阳刚之美。该时期，佛教兴盛，佛教造像之风极其浓烈。南朝佛像俊逸秀丽。北朝佛像主要有敦煌莫高窟、天水麦积山石窟。佛像面相雄健，躯体粗壮，代表作有北魏时期云冈石窟的"昙曜五窟"。

5. 隋唐五代雕塑

隋唐五代是中国雕塑艺术的鼎盛时期。疆土的统一促成了雕塑风格的统一，即南方的阴柔之美与北方的阳刚之美的融合。这一时期的雕塑风格被看作是中国雕塑史上的"理想的风格"。

唐代雕塑融刚健粗犷的生命力量与精致华美的自然灵气为一体，同时将对征服外物的描写与内心的刻画相统一。总之，唐代雕塑充溢着美满与和谐。在佛教雕塑上，唐代造型有中国化与世俗化倾向，如敦煌莫高窟第45窟的菩萨躯体呈"S"形扭动，在陵墓雕塑上，内容的丰富及墓葬制度的完善，为后世开创了典型。"昭陵六骏"是唐代陵墓雕塑中的经典作品。在明器雕塑上，唐代墓俑表现的社会气息浓郁，在中国明器雕塑的历史上是空前绝后的。

6. 宋辽金元雕塑

这一时期，中国雕塑由"理想风格"开始向"愉快风格"过渡，宋代雕塑最具代表性。究其原因，在于宋代文化的整体精神气质是文弱无能、苟且偷安，其艺术导向必然倾向于对个性化情感意志的表现。这一文化精神特质能够促进文学绘画的发展，但却对雕塑、舞蹈类艺术的发展造成障碍。

这一趋向在雕塑中的具体表现是佛教雕塑的世俗化，如重庆大足宝顶山大佛湾摩崖造像，出现大量反映世俗生活情节的雕刻；陵墓雕塑人物拘谨，动物温驯，如宋太宗永熙陵和宋真宗永定陵的雕塑；纪念性雕塑重视人物内心的刻画，以太原晋祠圣母殿宫女雕塑为代表。

7. 明清雕塑

明清是雕塑艺术更加世俗化并走向衰萎的时期。中华民族的文化精神在这一时期日趋贵族化、文人化和女性化。

在这种文化背景下，雕塑艺术缺失了精神的支柱，就只能依靠华丽的外表取悦于人，其风格在此时期完全演变为"愉快的风格"。以石狮为例，汉代石狮凶猛，唐代石狮丰满，明清石狮则驯顺温良。

明清雕塑的成就主要体现在工艺性雕塑上，其以巧妙的构思、高超精致的工艺水平著称于世。著名遗迹有明代福建德化窑的白瓷达摩立像、福州田黄石雕观音及弥勒佛等。清代的工艺雕刻，以《大禹治水清玉山子》最为著名。天津晚清捏像大师张名山所作《渔樵问答》《惜春作画》等案头泥塑作品，也是案头雕刻佳作。

（二）中国古代雕塑的分类与特点

1. 中国古代雕塑的分类

中国古代雕塑主要分为四大类。一是陵墓雕塑，包括陵墓表饰（华表、石人、石兽等）、墓室雕塑饰（墓门、墓道、宫床等墓内建筑雕饰及墓内肖像）、明器艺术（陪葬用的俑和动物造型、建筑模型和器物模型）。陵墓雕塑的最高成就在地上，特别是陵墓门前和神道上的雕塑。中国最优秀的作品都出现在这里，如霍去病墓前的马踏匈奴、顺陵的石狮。二是宗教雕塑，包括佛教寺庙和佛教石窟里的塑像、浮雕。历朝历代都有很多优秀的宗教雕塑，如云冈石窟大佛塑像、敦煌彩塑菩萨等。三是建筑装饰，包括宫殿、民居、桥梁等建筑上的装饰性雕塑。四是工艺雕塑，包括工艺性的泥塑、瓷塑、木雕、石雕、玉雕、骨雕等。

2. 中国古代雕塑的特点

（1）题材广泛性。中国雕塑的题材相当广泛，如人物、动物（包括想象、虚构的动物）、自然山水、历史神话等。与西方雕塑以人为雕塑的中心表现对象不同，中国雕塑中人物雕塑作品虽然比较多，但相对却不特别醒目。这种取材特点根植于中国人的思想内涵，中国人认为人的精神品格需要通过现实社会实现。

（2）社会功利性。中国雕塑总是用来满足人们实际生活的需要，如工艺性雕塑、建筑装饰性雕塑；此外还与社会功利目的联系在一起，如宗教雕塑、墓葬雕塑。这一特点是雕塑的艺术性在中国被削弱甚至被遗忘，这对中国古代雕塑来说是一个极大的悲剧，导致雕塑在古代中国的发展与成就存在很大的局限性。

（3）缺乏独立性。中国历史上，从事雕塑的是工匠，雕塑被视作"皂隶之事"，并形成了古代中国重绘画、轻雕塑的传统。因此，古代雕塑不能在艺术上获得独立地位。这一地位差异直接导致中国雕塑在古代没有出现完整系统的理论。这一点与西方异彩纷呈的雕塑理论相比，区别是明显的。

（4）与绘画的互通性。"塑绘不分""塑容绘质"是中国雕塑的一个特点。中国雕塑与绘画的相融性表现在多方面。首先，在色彩上，中国古代雕塑一般都是上色的。在西方，是否用颜色是绘画与雕塑的一个重要区别。其次，线是中国雕塑中重要的表现手段之一。与此相对，西方雕塑更重体积、团块。如中西方雕塑表现衣纹时，中国雕塑以线表现而西方古典雕塑则以丰富的空间变化来体现。因此，通常中国雕塑表面光滑，而西方雕塑多有明暗起伏的细微变化。最后，中国雕塑的题材雕塑也受绘画的影响。如自然雕塑是受到山水画的影响。另外，中国人物雕塑与绘画相同，也讲究以形写神。

（5）艺术写意性。中国雕像在艺术上的表现以写意取胜。写意是表现神韵的重要的方式之一。这与中国古代美学讲究"传神""以形写神"是一致的。中国雕塑不刻意追求表现对象外形上的酷肖，而是力求把握对象的内在精神。这与西方雕塑注重比例、解剖、透视的精确形成了鲜明的对比，如汉代的《李冰像》《说唱俑》，成功地表现出人物的神采和意蕴。

（6）多样性与灵活性。中国雕像在空间上灵活多样。与西方的"面面俱到"的圆雕艺术不同，中国圆雕更注重正面效果，如陵墓仪卫人物正面雕刻细致、背面则简略概括。此外，浮雕在其中占有相当大比重，如建筑装饰、工艺性雕塑等。有时为了更有助于表现艺术效果，将圆雕、浮雕、透雕、线刻等艺术方式混合使用，更将雕绘混合，如杨慧之的"山水塑壁"、郭熙的泥塑等。

（7）儒道精神化。中国艺术精神主要受儒道两家思想影响，反映在风格上则或为崇高、庄严、壮丽，或为飘逸、淡泊、天真。中国雕塑具备这两个系统的风格特征，如佛教造像和陵墓仪卫性雕刻，一般具备儒家风格。明器雕塑中的俑和动物雕塑多属道家风格。

四、戏曲艺术文化

（一）中国戏曲概述

中国戏曲与希腊悲喜剧和印度梵剧并称为世界三大古老的戏剧文化。

中国戏曲是集文学、音乐、舞蹈、武术、杂技、表演、舞台美术等多种艺术手段于一身的综合性舞台艺术。中国戏曲包括宋元南戏、元明杂剧、明清传奇以及近代影响很广的京剧和各种地方戏曲，统称为中国传统戏剧文化。中国的戏曲起源于原始社会的歌舞，在12世纪才形成完整形态，走向成熟。中国戏曲经800多年推陈出新、繁荣发展至今，300多个戏曲剧种和数以万计的剧目至今仍在广袤的中华大地上演，呈现出旺盛的生命力和不衰的艺术感染力。

（二）中国戏曲的产生和发展

1. 中国戏曲的孕育

早在原始社会时期具有象征性与拟态性的歌舞之中已经具备了某些戏剧因素，可以说在原始歌舞当中孕育着中国戏剧的诞生。

原始人为了表现自己对图腾的崇拜，经常举行祭祀活动。在这种活动当中，原始歌舞逐渐增强了自身的戏剧因素。随着祭祀仪式的不断发展，出现了专职的巫（女性）、觋（男性），从事侍奉天地鬼神和为人占卜、祈祷的工作。巫觋祀神的乐舞已经非常接近中国戏剧的初级形态，为中国戏剧的发展奠定了基础。

西周末年出现供贵族娱乐的"倡优""俳优"，主要以歌唱、舞蹈、滑稽、杂技等形式供人取乐调笑，他们的表演具备了后代戏剧的种种因素，是戏剧艺术的萌芽，对后代戏剧艺术的发展有重要影响。

2. 汉代至隋代的百戏、散乐

中国封建制度的建立，统一封建国家的产生，为戏剧的发展提供了广阔的天地。各地杂技幻术、装扮人物或动作的歌舞、简单的叙事表演等集成的"百戏"，在汉武帝时达到极盛。百戏当中最具戏剧因素的是角抵戏（大角抵），其中最出色的是《东海黄公》，其演出具备了原始的戏剧形态，在中国戏剧史中具有重要意义。

南北朝以后，称百戏为"散乐"。其中《代面》（又以故事内容命名《兰陵王》）、《踏谣娘》等以歌舞表演为主的歌舞小戏在演出形式（歌舞结合，唱白互用等）上和道具（面具、脸谱）的使用上对后世戏剧发展产生重大影响。隋代百戏重兴，隋炀帝时"总追四方散乐，大集东都"，戏场绵延八里，演出盛况空前。

3. 唐代的歌舞参军戏

盛唐时期，南北文化空前融汇，中外文化大规模交流。歌舞戏沿着《代面》《踏谣娘》等剧目的流传日臻精妙，戏剧效果十分强烈；而由先秦俳优滑稽表演衍变发展而来的参军戏则成为唐代最主要的戏剧样式。参军戏以讽刺贪官参军（官职名）创制，有参军（被嘲弄者）、苍鹘（从旁戏弄者）两角色，以表演科白为主，以后逐渐加进歌舞以及弦管鼓乐成分，并有女演员参加表演歌唱。参军戏在唐代流传非常广泛，唐代李商隐《骄儿诗》有"忽复学参军，按声唤苍鹘"。

4. 勾栏瓦肆与宋杂剧、金院本

在宋代，"参军戏"和其他歌舞杂戏进一步发展融合产生了宋杂剧。宋杂剧虽仍是滑稽短剧，但所形成的戏剧结构、角色行当等都已经具备中国戏剧的雏形，更加接近成熟的戏剧。宋杂剧的出现不是偶然的。宋代都市里已经有了固定的大型游艺场所——勾栏瓦肆。勾栏瓦肆汇集各种民间技艺，吸引了一批"书会人才"与艺人们共同创造。在这样的条件下，宋杂剧应运而生，脱颖而出，成为当时非常盛行的戏剧艺术形式。

到了北方金国，宋杂剧直接发展成"金院本"。金院本体制与宋杂剧相同，是北方宋杂剧向元杂剧过渡的重要形式。

5. 中国戏剧的第一个繁盛期——元杂剧

元代是中国戏剧史上的黄金时代。元代戏剧凭借北曲杂剧（元杂剧）和南曲戏文（南戏）呈现出的成熟戏剧艺术形态，并且涌现出的大量杰出的戏剧作品，成为当时文学艺术发展的主流，为中国戏剧发展开启了新的天地。

（1）元杂剧概况。元杂剧有时也称元曲，它是金末元初在金院本和诸宫调的基础上广泛吸收多种词曲和技艺发展而成的戏曲艺术。它产生、兴盛于中国北方，元灭南宋以后逐渐流传到南方，在元代后期趋于衰落。元杂剧之文学以质朴自然取胜，后世戏曲文学无有出其右者；著名作家有被称为"元曲四大家"的关汉卿、马致远、白朴、郑光祖，以及王实甫等。优秀作品有《窦娥冤》《西厢记》《赵氏孤儿》《李逵负荆》《倩女离魂》等，多方面反映了当时的社会生活，对后来的戏曲艺术和戏曲文学有着深远的影响，在中国戏曲艺术和文学史上都占有相当重要的地位。

（2）南戏概况。南戏是"南曲戏文"的简称，是中国戏曲最早的表现形式。因其最早产生浙江温州（故称永嘉）一带的民间，故名"杂剧""永嘉杂剧"等，兴起于两宋之交，盛行于南宋至元末。南戏广泛吸收各种歌舞音乐、说唱艺术的营养，形成包括歌、念、诵、科泛、舞蹈等组成的综合艺术，通过人物的表演来表现复杂而完整的故事，成为中国最早成熟的戏剧样式。明代成化、弘治以后，南戏进一步发展演变为传奇，对明清两代的戏曲影响很大。

南戏的代表作是《琵琶记》《荆钗记》《白兔记》《杀狗记》《拜月亭记》五大传奇。其中元末高明所作《琵琶记》，是中国戏曲史上第一步闪烁启蒙思想光辉的剧作，是元末明初南戏振兴的标志之一，被称为"南戏中兴之祖"，对中国戏曲发展具有深远的影响，后世有不少剧种将其改编演出。

6. 中国戏曲的第二个繁盛期——明清传奇

明清时期传奇继承了元代戏剧艺术成就，尤其是沿着南戏的发展脉络，占领明代初年至清代后期近400年的戏曲舞台。

传奇是指明清时期以演唱南曲为主的篇幅较长的戏曲。其剧本文学曲词典雅、体制庞大，名篇佳作不胜枚举，表演上则日趋成熟，多用昆曲演唱。代表作有明代汤显祖的《牡丹亭》、清代洪昇的《长生殿》、孔尚任的《桃花扇》等。

7. 中国戏剧的转型期——地方戏的兴起

昆曲从清代中叶起渐渐衰落，植根于民间的诸"花部"声腔争放异彩。地方戏曲舞台的兴旺掀起中国戏曲发展的新高潮。

（1）花、雅之争。清代戏曲历来有"花""雅"之分。雅部即昆曲；花部，指除昆曲以外的所有戏曲声腔。清代乾隆以后，昆曲和传奇开始衰落，充满活力的花部地方戏相继在弋阳腔、秦腔与昆曲之间，徽班与昆、戈腔之间的抗衡中不断发展壮大。最终以京剧的形成结束了花、雅之争。

（2）徽班进京与京剧形成。乾隆五十五年（1790年），为庆祝乾隆的八十寿辰，三庆徽班进京献艺，带来了与昆曲截然不同的一种地方曲调——徽调，给京城观众以耳目一新之感。道光时期，又有四喜、和春、春台三个徽班陆续来京，合称"四大徽班"。四大徽班逐渐形成了各自不同的艺术风格，表现为："三庆的轴子（指三庆班以连演整体大戏见长）；四喜的曲子（指四喜班以演唱昆曲戏著称）；和春的把子（指以擅演武戏取胜）；春台的孩子（指以童伶出色）"。四大徽班演员阵容整齐，拥有程长庚、张二奎、余三胜等著名艺人。"四大徽班"进京，被视为京剧诞生的前奏。

继徽班进京之后，嘉庆、道光年间，汉调艺人进京，参加徽班演出，形成"徽汉合流"的局面。徽班艺人以徽调中的"二黄"和汉调中的"西皮"为基础，吸收京腔、昆腔、秦腔以及其他地方戏和民间曲调的营养，经过数十年的发展，终于在1840年前后形成一种独具北方特色的皮黄腔京剧。京剧拥有雄厚的群众基础，也得到统治者的大力扶持，使其成为剧坛魁首和"国剧"。

（3）新兴地方戏的产生——越剧、评剧、黄梅戏等。20世纪初，一批新兴地方戏开始在各地戏曲舞台上出现，包括越剧、评剧、黄梅戏等。它们均由民间小戏发展而来，具有极为浓郁的民间乡土气息，进入城市后，它们吸收京剧、梆子等老剧种的艺术营养，表演上得以成熟。

（三）中国戏曲的主要特征

中国传统戏曲的主要特征为综合性、虚拟性和程式性。

1. 综合性

戏曲是一门综合艺术，是时间艺术和空间艺术的综合。这种综合性不仅表现在它融汇各个艺术门类（诸如舞蹈、杂技等）而别出新意方面，而且体现在它精湛涵厚的表演艺术上。唱、念、做、打在演员身上的有机构成，便是戏曲的综合性最集中、最突出的体现。唱，指唱腔技法，讲究"字正腔圆"；念，即念白，是朗诵技法，要求严格，所谓"千斤话白四两唱"；做，指做功，是身段和表情技法；打，指表演中的武打动作，是在中国传统武术基础上形成的舞蹈化武术技巧组合。这四种表演技法有时相互衔接，有时相互交叉，构成方式视剧情需要而定，但都统一为综合整体，体现出和谐之美。

2. 虚拟性

中国戏曲中最重要的一个特征是虚拟性。它是指以演员的表演，用一种变形的方式来比拟现实环境或对象，借以表现生活。中国戏曲的虚拟性首先表现为对舞台时间和空间处理的灵活性方面，所谓"三五步行遍天下，六七人百万雄兵""顷刻间千秋事业，方丈地万里江山""眨眼间数年光阴，寸柱香千秋万代"。其次是在具体的舞台气氛调度和演员对某些生活动作的模拟方面，诸如刮风下雨、船行马步、穿针引线等，更集中、更鲜明地体现出戏曲虚拟性特色。戏曲脸谱也是一种虚拟方式。中国戏曲的虚拟性，是一种美的创造。它极大地解放了作家、舞台艺术家的创造力和观众的艺术想象力，从而使戏曲的审美价值获得了极大的提高。

3. 程式性

中国戏曲另一个艺术特征是它的程式性。程式是指对生活动作的规范化、舞蹈化表演并被重复使用。戏曲表演中的关门、推窗、上马、登舟、上楼等，皆有固定的格式。除了表演程式外，戏曲从剧本形式、角色行当、音乐唱腔、化妆服装等各个方面，都有一定的程式。

综合性、虚拟性、程式性是中国戏曲的主要艺术特征。这些特征凝聚着中国传统文化的美学思想精髓，构成了独特的戏剧观，使中国戏曲在世界戏曲文化的大舞台上闪耀着它独特的艺术光辉。

（四）中国戏曲剧种简介

中国戏曲历史悠久，剧种繁多，据不完全统计，我国各民族地区的戏曲剧种约有360多种，传统剧目数以万计。近半个世纪以来，流传和分布最广泛，观众群最多的有京剧、评剧、豫剧、越剧、黄梅戏，它们被称为"五大剧种"。

1. 京剧

京剧是中国的"国粹"，又称"京戏""国剧""皮黄"。如果从四大徽班进京算起，已有200多年的发展史。清乾隆五十五年（1790年）安徽四大徽班进京后与北京剧坛的昆曲、汉剧、弋阳、乱弹等剧种经过五六十年的融汇，演变成为京剧，是中国最大的戏曲剧种。其剧目之丰富、表演艺术家之多、剧团之多、观众之多、影响之深均为全国之冠。2006年5月20日，京剧经国务院批准列入第一批国家级非物质文化遗产名录。

2. 评剧

评剧是我国北方地区的一种地方戏，在华北、东北及其他一些地区流行很广，俗称蹦蹦戏、落子戏，又称平腔梆子。1910年左右形成于河北唐山一带。评剧女腔起初是由月明珠等人创造的，男腔是由倪俊生等人创造的。评剧在现代戏的创作演出方面影响很大，如新中国成立初期小白玉霜演出的《九尾狐》《小女婿》，新凤霞演出的《刘巧儿》《祥林嫂》《小二黑结婚》《艺海深仇》等。

新中国成立前评剧出了一大批表演艺术家，如李金顺、刘翠霞、爱莲君、喜彩莲、白玉霜等。新中国成立后有刘小楼、喜彩苓、韩少云、小俊亭、花淑兰等名伶。在北京评剧界有小白玉霜、新凤霞、李忆兰、花月仙、马泰等。

3. 豫剧

豫剧也称河南梆子、河南高调，是河南省的主要剧种之一。豫剧产生于明末清初，初时以清唱为主,深受老百姓的喜爱,因而发展非常迅速。豫剧在国内外影响仅次于京剧。

豫剧代表剧目有《对花枪》《三上轿》《提寇》《铡美案》《十二寡妇征西》等。新中国成立后,经过推陈出新,出现一批优秀传统剧目,如《穆桂英挂帅》《破洪州》《唐知县审诰命》等,普遍受到人们的欢迎,成为全国人民喜闻乐见的一种戏曲形式。

豫剧的代表人物有常香玉、陈素真、崔兰田、马金凤、阎立品,她们被称为"豫剧五大名旦"。小生赵义庭、王素君,须生唐喜成、刘忠河和刘新民,黑脸李斯忠,丑角牛得草也成为各具特色的著名演员。新中国成立后的现代戏创作又涌现出高洁、马琳、魏云、王善朴、柳兰芳等"豫剧五大主演"。

4. 越剧

越剧是中国传统戏曲形式。发源于浙江省绍兴地区嵊县(今为嵊州市)一带(古越国所在地)的农村。最初称为"小歌班",多是农村艺人在农闲之际业余组合唱戏,后逐渐组成职业"小歌班",并于1916年进入上海,吸收绍剧、京剧所长,在茶楼以"绍兴文戏"之名演出。演员初由男班演出,后改男女混合班或全部女班。1938年,绍兴文戏改称越剧,被称为中国第二大剧种。越剧有很多优秀剧目,如《梁山伯与祝英台》《红楼梦》《追鱼》《碧玉簪》《柳毅传书》《打金枝》《西厢记》《玉堂春》《琵琶记》《孔雀东南飞》等。著名演员有袁雪芬、傅全香、戚雅仙、范瑞娟、徐玉兰、尹桂芳、王文娟、张桂凤等。

5. 黄梅戏

黄梅戏是安徽的主要地方戏曲剧种,原名"黄梅调"或"采茶戏"。黄梅戏用安庆语言念唱,唱腔淳朴流畅,以明快抒情见长;表演质朴细致,以真实活泼著称。黄梅戏来自民间,雅俗共赏、怡情悦性,其以浓郁的生活气息和清新的乡土风味感染观众。

新中国成立以后,先后整理改编了《天仙配》《女驸马》《罗帕记》《赵桂英》《慈母泪》等一批传统剧目。其中《天仙配》《女驸马》《牛郎织女》相继被搬上银幕,在国内外产生了较大影响。严凤英、王少舫、吴琼、马兰等是黄梅戏的著名演员。

古今第一长联

知识拓展

始建于清康熙年间的昆明大观楼,叠阁凌虚,层楼映水,含烟晓雾,金碧联辉,但是使这一昆明名胜闻名遐迩的不是心旷神怡的风景,而是数十年后横空出世的180字长联。

上联:五百里滇池,奔来眼底,披襟岸帻,喜茫茫空阔无边。看东骧神骏,西翥灵仪,北走蜿蜒,南翔缟素。高人韵士,何妨选胜登临。趁蟹屿螺洲,梳裹就风鬟雾鬓;更苹天苇地,点缀些翠羽丹霞,莫辜负四围香稻,万顷晴沙,九夏芙蓉,三春杨柳。

下联:数千年往事,注到心头,把酒凌虚,叹滚滚英雄谁在。想汉习楼船,唐标铁柱,宋挥玉斧,元跨革囊。伟烈丰功,费尽移山心力。尽珠帘画栋,卷不及暮雨朝云;便断碣残碑,都付与苍烟落照。只赢得几杵疏钟,半江渔火,两行秋雁,一枕清霜。

大观楼长联气势磅礴。上联写滇池风物,似一篇滇池游记;下联记云南历史,似一篇读史随笔。全联180字,如一篇有声、有色、有情的骈文,妙语如珠,诵之朗朗上口。该联想像丰富,感情充沛,一气呵成,被誉为"海内外第一长联"。

长联抒情叙事,层次分明,情景交融;对仗工整,字句洗练;内涵美质,外溢华彩,意境高妙，气势非凡。是对联史上不朽的杰作，影响甚巨。大观楼长联是诗、是画、是历史的镜子，它揭示了封建王朝必然衰亡的历史命运，这种远见卓识，隐寓于联中的字里行间。正因如此，该联在历史上曾多次被篡改、更换，但始终没有消失，反而更提高了其在对联史上的地位。

学生讲坛

1. 由学生对上面所学知识进行复述、总结与拓展。
2. 查找有关中国古代旅游文学艺术的资料，进一步提升自己的旅游文学艺术欣赏水平。
注：鼓励学生课外自查资料。建议在该知识讲授结束时布置，在下一次课开始时进行。

项目小结

我国传统艺术的遗产极其丰富和辉煌。书法、绘画、戏曲、雕塑等，都有几千年的积累，这些伟大的创造显示了五千年文明古国深厚的文化底蕴。这是中华民族的宝贵财富，也是全人类的宝贵财富。通过学习，学生增长旅游文化知识，增强艺术熏陶与感染，提升个人旅游文化内涵。

同步测试

1. 简述我国书法发展的历史，说出历代名家及其代表作。
2. 请举例说明中国著名剧种。
3. 简述中国画的分类。
4. 结合自己的理解谈谈为什么说文房四宝除具有实用性外，还是一种工艺美术品。

延伸阅读

中国文化网：http://cn.chinaculture.org/
中国书画网：http://www.chinashj.com/
中国戏曲网：http://www.xi-qu.com/

参考文献

[1] 甄尽忠. 中国旅游文化 [M]. 郑州：郑州大学出版社，2002.
[2] 张岱年，方克立. 中国文化概论 [M]. 北京：北京师范大学出版社，2004.
[3] 熊庆年. 古代科举 [M]. 上海：东方出版中心，2008.
[4] 曹师图，孙静. 旅游文化学概论 [M]. 北京：中国林业出版社，2008.
[5] 沈祖祥，李萌. 旅游宗教文化 [M]. 北京：旅游教育出版社，2008.
[6] 朱桂凤. 中国人文旅游资源概论 [M]. 北京：中国林业出版社，2009.
[7] 高照明，赵昭. 中国旅游文化 [M]. 北京：冶金工业出版社，2009.
[8] 金秋鹏. 中国古代科技 [M]. 北京：中国国际广播出版社，2010.
[9] 赵宏. 中国旅游文化概览 [M]. 西安：西安交通大学出版社，2010.
[10] 王玉. 中国旅游文化 [M]. 成都：西南财经大学出版社，2011.
[11] 梅鹏. 中国旅游文化 [M]. 北京：中国人民大学出版社，2011.
[12] 朱伟. 旅游文化学 [M]. 武汉：华中科技大学出版社，2011.
[13] 钱穆. 中国历史精神 [M]. 北京：九州出版社，2012.
[14] 沈智慧. 旅游文化学 [M]. 杭州：浙江大学出版社，2012.
[15] 李贵录，石玉秋，阎丽. 旅游文化 [M]. 长沙：湖南师范大学出版社，2014.
[16] 罗兹柏. 中国旅游文化 [M]. 上海：上海人民出版社，2014.
[17] 尹华光. 旅游文化 [M]. 北京：高等教育出版社，2014.
[18] 王兴华，王兆明. 中国旅游历史文化 [M]. 北京：旅游教育出版社，2015.